한국말, 무엇이 문제인가?

세종의 실수

김 완 (金 莞) 지음

일러두기

1. 인명에 대한 존칭은 일체 생략하였다.

2. 책 이름, 신문, 사전, 온라인 사전 따위는 『 』안에, 법령, 논문 제목, 수록 작품 따위는 「 」안에, 협회, 학회, 기관 따위는 < > 안에 넣었다.

감사의 말

누리집에 올라온 자료와 온라인 사전이 이 책을 쓰는 데 많은 도움이 되었다. 자료를 올리고 사전을 만든 이름 모를 분들께 무한히 고맙다.

『어리둥절 한국말』 머리말

아래 한문은 조선 말 실학자 다산 정약용 (丁若鏞) 이 지은 『아언각비』 서문의 일부이다. 번역문은 고승제의 『다산을 찾아서』 (중앙일보사, 1995 년) 로부터 가져왔다.

學者何。學也者。覺也。覺者何。覺也者。覺其非也。覺其非奈何。于 雅言覺之爾。言之而 喚鼠爲璞。俄而覺之曰是鼠耳。吾妄耳。言之而 指鹿爲馬。俄而覺之曰是鹿耳。吾妄耳。旣覺而愧焉悔焉改焉。斯之 謂學。

배움이란 무엇인가? 배움이란 깨달음이다. 깨달음이란 무엇인가? 깨달음이란 그릇됨을 깨닫는 것이다. 그릇됨을 어떻게 깨달을 것인가? 평소 사용하는 말에서부터 그릇됨을 깨달아야 한다. 가령, 말을 하되 쥐를 불러 옥돌이라 하다가 그것을 깨달았다면 '그건 쥐였구나, 내가 망령되었다.' 할 것이며, 말을 하되 사슴을 가리켜 말이라 하다 문득 그것을 깨달았다면 '그건 사슴이었구나, 내 잘못이었구나.' 할 것이다. 이미 깨달았다면 그 그릇됨을 수치로 여겨 뉘우치며 고쳐야 한다. 이것이 배움을 이룬다는 것이다.

『아언각비』는 다산이 1819 년에 펴낸 책으로서, 당시에 일반적으로 널리 쓰이던 말 가운데, 잘못 쓰이는 450여 어휘를 골라 어원을 밝히고 용례를 들어, 그 참뜻을 합리적으로 설명한 것이다. '아언 (雅言) 으로, 즉, 바른 말로 각비 (覺非), 즉, 그릇됨을 깨닫게 하다.' 라는 뜻이다. 굳이 요즈음 말로 하자면, '바른 말 그른 말' 정도라 할 수 있다.

이 책은 우리가 일상에서 거의 무의식적으로 잘못 쓰는 말에 관한 것이다. 잘못을 고치기 위해서는 먼저 잘못이 잘못인줄 알아야 한다. 이 책의 목적은 잘못 쓰는 수십 가지 한국말을 제시해, 그 그릇됨을 깨달아 바르게 하기 위함이다. 당연히 반론이 있을 수 있으며, 또 그래야만 한다. 아무쪼록, 『아언각비』 서문을 들먹인 것이 부끄럽지 않기를 바랄 뿐이다.

머리말

1 년여 전에 필자는 『어리둥절 한국말』이란 책을 지었다. 그 책은 한국어를 배우는 외국인이 한국어에 대해 상식적으로 이상하게 느낀 소감을 풀이하는 형식으로 구성되었다. 외국인의 그 소감은 필자가 평소에 의아해하던 혹은 바로잡아야 한다고 생각하던 주제들과 일치한다. 예를 들어, '물을 어떻게 먹지?', '잔디는 파랗고, 하늘은 푸르다.', '내 생각은 너와 틀려.' 따위이다.

언어가 만들어지는 과정은 옷이 될 것 같지 않은 재료들을 어떻게든 이리저리 다듬어 옷감을 만드는 과정과 같다. 누에고치로 비단을, 짐승 털로 모직물을, 목화로 무명을, 삼 (麻) 으로 베를 짠다. 당연하지만, 누에고치로 베를 만들 수 없으며, 삼으로 비단을 만들 수 없다. 누에고치로 다할 수 있는 최선은 최고의 비단을 만드는 것이며, 삼으로 다할 수 있는 최선은 최고의 베를 만드는 것이다. 재료는 바꿀 수 없지만, 주어진 재료로 사람이 할 수 있는 일은 좋은 옷감을 만들기 위해 최선을 다하는 것이다.

언어에도 생물과 같이 유전자가 있다. 삼 (麻) 이 누에가 될 수 없듯이, 언어학적 유전자의 근본은 바뀌지 않는다. 수천 세대를 내려가도, 한국말이 중국말이나 일본말이 될 수 없다. 하지만, 유전자가 똑같은 일란성 쌍둥이라 할지라도, 환경에 따라 30%는 다르게 반응하는 것을 보면, 환경이 얼마나 중요한지 알 수 있다. 언어도 환경을 바꿈에 따라, 좋아질 수도, 나빠질 수도 있다. 우리가 할 일은 좋은 언어 환경을 만드는 것이다.

언어를 이미 지어져 부술 수 없는. 그리고 앞으로 영원히 살아가야 할 집으로 치면, 좋은 언어 환경이란 집 안의 쓸데없는 물건들은 버리고 필요한 물건들을 있을 자리에 두어 가지런하게 정돈하고, 집 밖은 깨끗하게 쓸고 잡풀을 베어 집 주변을 보기 좋게 하는 것에 비유할 수 있다.

우리는 우리말이 가지는 문제를 제대로 알아 어법을 올바르게 하고, 문법이 서로 어긋나지 않게 다듬고, 언어가 외부로부터 오염되지 않게 막아야 한다. 말을 말답게 하는 일은 국민과 정부가 함께 하는 범국가적 사업이 되어야 한다. 전문가들은 어법과 문법을 바로잡고, 일반인들은 말을 제대로 쓰고자 노력하고, 언론이 언어 정책이 올바른 방향으로 나가는지 살피고, 정부는 이를 백 년의 대계로 지원해야 한다. 한국말의 다듬이질은 조선 말 주시경으로부터 태동하여. 1931 년 <조선어 학회> 에 의해 체계가 잡혔으니, 이제 100 년이 채 안 된다. 들여다보면, 한국말의 갈 길은 멀고도 멀다.

한 마디 덧붙이자면, 국민의 언어 생활에 지대한 영향을 끼치는 방송이 무분별하게 외국어를 남용해서 언어 환경을 오히려 오염시키는 오염원이 되는 것 같아 안타까울 뿐이다. 언어 제도권 밖에 있는 유튜브는 더 말할 나위 없다. 시간이 지나면, 우리에게 남는 것은 한탄뿐일 것이다.

차 례

감사의 말 iii
『어리둥절 한국말』머리말 v
머리 말 vii
들어가는 말 1

첫째 마당   한글 자음 'ㄹ'

꼭지 1. 세종의 실수 5
꼭지 2. 쌍리을 17
꼭지 3. 5%를 배려한 두음법칙, 그러나 27
꼭지 4. 텃말의 두음법칙 39

둘째 마당   띄어쓰기

꼭지 5. 붙여쓰기 47
꼭지 6. 괄호(括弧) 띄어쓰기 59
꼭지 7. 부호와 조사 69
꼭지 8. 불편한 조사 79

셋째 마당   혼돈의 한국어

꼭지 9. 알겠습니까? 97
꼭지 10. 세대어 107
꼭지 11. 신의 언어 119
꼭지 12. 글쓰기 149

넷째 마당   한자어

꼭지 13. 한글전용의 역사 161
꼭지 14. 한자 제대로 익히기 171
꼭지 15. 알면 재미있는 한 글자 한자어 181
꼭지 16. 알면 재미있는 두 글자 한자어 193
꼭지 17. 알면 재미있는 세 글자 한자어 217
꼭지 18. 잘못 알고 있는 사자성어 239

다섯째 마당   외래어

꼭지 19. 「외래어 표기법」 유감 249
꼭지 20. 외래어 표기 기호 259
꼭지 21. 누가 이 사람을 모르시나요? 271
꼭지 22. 최첨단 해적 281
꼭지 23. 흥민 쏜 287
꼭지 24. 일본식 영어 외래어 295
꼭지 25. 낭만에 대하여 305

맺는 말 311

부 록 315
도움이 된 자료 339
도움이 된 누리집 345
찾아보기 347

들어가는 말

상황에 따라, 그리고 감정에 따라, 우리말, 한국말, 한국어를 섞어 쓴다. 우리말은 주관적인 표현이고, 한국어는 객관적인 표현이다. 한국말은 우리말과 한국어의 중간쯤 된다.

이 책은 24 개의 독립된 주제로 구성되었으나, 비슷한 주제를 모아 다섯 마당으로 꾸며졌다. 책 제목 '세종의 실수' 는 25 개 주제 가운데 하나로, 대표적 수필이나 소설을 책 제목으로 하듯이, 이 책의 제목도 그런 식으로 정했다. 그러니까,「세종의 실수」를 제외한 24 개 주제는 「세종의 실수」와 아무 상관이 없다.

이 책의 머리말에서 또는 바로 위의 절에서 무엇이든 약간 이상한 점을 느꼈다면, 당신의 눈썰미는 상당히 좋다고 할 수 있다. 그것은 부호 뒤에 오는 조사를 부호로부터 한 칸 띄어 쓴 점이다. '조사는 앞말에 붙여 쓴다.' 라는 맞춤법은 일종의 한국어 문법 명제 가운데 하나라는 것을 고려하면, 조사의 띄어쓰기는 일종의 도발이다. 이런 면에서 이 책은 일종의 한국어 실험서이다. 첫째 마당에서 한글 자음 'ㄹ' 과 두음법칙에 대하여, 둘째 마당에서 띄어쓰기, 부호, 조사에 대하여 문제점을 거론하였다. 특히, 부호 띄어쓰기와 부호 뒤에 오는 조사의 띄어쓰기를 책 전체에 걸쳐 일관되게 실험하였다.

1 년여 전에 내놓은 『어리둥절 한국말』 과 이번에 내놓는 책 『세종의 실수』의 내용은 서로 사뭇 다르다. 전자는 '외국인이 본 한국말' 에 관한 것이고, 후자는 '한국인이 본 한국말' 에 관한 것 정도의 차이라고 할까?

전자의 내용은 가벼운 반면, 후자의 내용은 무겁다고 해야 할까? 하지만, 『세종의 실수』는 『어리둥절 한국말』의 후속편이라 할 수 있다. 전체로 보아, 두 책은 '한국말, 무엇이 문제인가?'라는 주제로 일관하기 때문이다.

이 세상에 수많은 언어가 있지만, 정도의 차이만 있을 뿐, 문제없는 언어는 없다. 그렇다면, 한국말의 문제는 무엇인가? 여기서, 문제란 고칠 수 없는 문제가 아니라, 고칠 수 있는 문제이다. 고칠 수 있는 문제를 고치는 첫걸음은 문제가 무엇인지 아는 것이다. 과연, 한국말의 문제는 무엇인가?

첫째 마당 한글 자음 'ㄹ'

꼭지 1. 세종의 실수

이 꼭지의 주제는 한글 자음 'ㄹ'에 관한 것이다. 'ㄹ'을 보고 식겁 (食怯) 한 사람이 있다면, 성씨가 이 (李), 유 (柳, 劉), 나 (羅) 중의 하나일 가능성이 크다. 두음법칙을 떠올린다면, 국어 교육을 착실하게 받은 사람일 가능성이 크다. 'ㄹ'은 다른 자음에 비해 상대적으로 발음하기 어려운 글자라는 사실을 안다면, [리] 발음에 애먹은 아이의 엄마일 가능성이 크다. 우리말에 두 종류의 [리] 발음이 있다는 것을 안다면, 우리말에 지대한 관심을 가진 사람이라고 할 수 있다.

이 꼭지의 주제를 좀 더 좁히면, 한글 자음 'ㄹ'의 발음과 표기에 관한 것이다.

『훈민정음』「해례」에 나오는 'ㄹ'을 기술된 순서대로 정리하면 다음과 같다. 박지홍의 해석을 따랐다 (박지홍, 『풀이한 訓民正音』, 주석과학사, 1984). 내용의 일부에 반치음 (ㅿ) 이 함께 기술되었기 때문에, 'ㄹ'에 국한해서 편집하였다.

1. 제자해 (制字解)

    반혓소릿자 'ㄹ'은 혀의 꼴을 본떴다.

2. 초성해 (初聲解)

    'ㄹ' (閭) 이 이에 따른다.

3. 종성해 (終聲解)

    3-1. ㄹ은 우리말의 실 (絲) 의 끝소리와 같다.

    3-2. 반혓소리의 'ㄹ' 은 마땅히, 우리말에서만 쓸 것이며, 한문에서 써서는 안 된다.

3-3. 'ㄹ'을 써서 彆 (활 뒤틀릴 별) 자의 종성을 삼으면, 그 소리는 천천하고 느려져서 입성이 되지 못한다.

3-4. 'ㄹ'은 우리말에만 맞고, 한문에는 맞지 아니한다. 'ㄷ' 소리가 가벼워져 'ㄹ'이 생겼는데, 이는 세간의 습관이니라.

4. 합자해 (合字解)

4-1. 반혓소리에는 가볍고 무거운 두 소리가 있다.

4-2. 그러나 운서의 자모에서는 오직 하나이며, 또한 우리말에서는 가볍고 무거움을 나누지 않고서도, 'ㄹ' 만으로 모두 말소리를 이룰 수 있다.

4-3. 만약에 갖추어서 쓰고자 하면 입술가벼운 소리의 보기에 따라 'ㅇ' 자를 'ㄹ' 자 아래에 이어 쓰면, 반혀가벼운 소리가 되는데, 이때 혀가 잠시 웃잇몸에 붙는다.

5. 용자례 (用字例)

5-1. 'ㄹ'이 무뤼 (雹), 어름 (氷) 과 같다.

5-2. 'ㄹ'이 돌 (月), 별 (星) 과 같다.

위 정리에 들어있는 전문 용어는 반설음 (半舌音), 입성 (入聲), 반설중음 (半舌重音), 반설경음 (半舌輕音), 순경음 (脣輕音), 탄설음 (彈舌音), 설측음 (舌側音) 이다. 이들 용어를 좀 더 자세히 설명하면, 다음과 같다.

혓소리, 즉, 설음은 이, 잇몸, 경구개에 혀를 붙여 내는 소리로서, 'ㄷ, ㄸ, ㅌ, ㄴ'이 이에 속한다. 반혓소리 (반설음) 는 혀를 경구개 쪽에 치우치게 붙이고, 공기를 흘려 내보냄으로써 발음된다. 半의 의미는 혀의 내뻗는 정도가 설음의 반이 됨을 의미한다. 공기를 흘려 내보내서 발음되는 반설음을 유음 (流音) 이라고도 부른다.

공기를 흘려 내보내는 방법에 따라서, 반설음은 설측음과 탄설음으로 나뉜다. 혀끝을 잇몸에 댄 채, 공기를 혀의 양 (兩) 옆으로 강하게 흘려 보내면서 내는 소리를 설측음, 그리고, 혀끝을 잇몸에 가볍게 대었다가 떼면서 공기를 내보내는 소리를 탄설음이라 부른다. 이런 이유로, 『훈민정음』에서는 전자를 반혀무거운소리 (반설중음), 그리고, 후자를 반혀가벼운소리 (반설경음) 라 하였다. 결론적으로, 반혀무거운소리는 한자어로 반설중음 또는 전문 용어로 설측음이며, 반혀가벼운소리는 한자어로 반설경음 또는 전문 용어로 탄설음이다. 이하, 혼란을 방지하기 위해 각각 설측음과 탄설음으로 표기한다.

입성은 'ㄱ, ㄷ, ㅂ'이 받침으로 올 때 나는 짧고 빠른 소리다. 위의 예 '둘 (月), 별 (星)'의 받침인 설측음 'ㄹ'은 입성이 아니며, 조금 늘어진다.

참고로, 별 (鱉) 의 원래 발음은 [볃] 이지만, 시중에서는 [별] 로 발음했다. 『훈민정음』「해례」에서 종성 'ㄷ'의 예로도 나온다.

여기서, 발음부호를 정하고 들어간다. 영어 [R] 은 탄설음의 일종인 권설음이다. 권설음 (捲舌音) 은 주먹을 쥐듯이 혀를 연구개 쪽으로 말되 닿지 않게 하면서 발음한다. 혀를 좀 더 마는 중국어 권설음 [ri] 와 유사하다. 영어 [R] 이나 중국어 [ri] 에 대응하는 우리 글자는 없다. 그럼에도 불구하고, 우리말 탄설음을 편의상 [R] 로 표기한다. 한편, 실 (絲) 과 별 (鱉) 의 종성 'ㄹ'은 중국어 [le] 와 같으며, 설측음이다. 영어 [L] 에 가까우나, 일치하지는 않는다. 영어 [L] 은 발음할 때 혀의 위치가 설음의 그것과 일치하며, 탁 닫는 느낌으로 짧고 빠른 입성이다. 이 점이 설측음 [리] 과 [L] 의 차이다. 그럼에도 불구하고, 설측음을 편의상 [L] 로 표기한다.

이 꼭지의 주제를 다루는데 필요한 용어와 발음을 설명하느라, 주제로 들어가는데 꽤 지체되었다. 위의 『훈민정음』「해례」에 나오는 'ㄹ'에 관한 해설을 바탕으로, 먼저, 간단한 종성에 관해 정리하면, 다음과 같다.

1. 홑글자에서, 종성의 발음은 설측음 [L] 이다. (위 5-2)
2. 겹글자에서, 뒤에 모음이 와서 연음이 되면 탄설음 [R] 이다. (위 5-1)

자음 'ㄹ'은 자신이 고안한 28 글자 중에서 세종이 가장 고심한 글자라고 생각된다. 합자해에서, [리] 에는 무거운 [리] 과 가벼운 [리], 즉, 설측음과 탄설음 두 가지가 있다고 하였다. 두 음이 다르면, 당연히, 두 글자가 필요하나, 세종은 말하기를, "우리말에서는 가볍고 무거움을 나누지 않고서도 설측음 표기인 'ㄹ'로 탄설음을 표기할 수 있다" 하였다. 다시 말하면, 두 음에 대한 표기를 따로 하지 않아도 소리로 구별할 수 있다는 말이다. 하지만, 구별해서 굳이 다른 표기를 쓰겠다면, 탄설음 표기로 'ᄛ'을 쓰라면서 별도의 글자를 만들었다. '입술가벼운소리' (순경음; ㅱ, ㅸ, ㅹ, ㆄ) 처럼, 'ᄛ'은 'ㄹ' 아래 'ㅇ'을 세로로 이어 쓴다. 'ᄛ'을 쓸 생각은 전혀 없었는지, 그 이름도 없다.

훈민정음이 만들어진 이후, 'ᄛ'은 문헌에서 한 번도 쓰인 적이 없다. 그렇다면, 세종은 글자까지 만들었으면서, 왜 'ᄛ'을 쓰지 않았을까? 그 답은 용자례의 '무뤼와 어름' 과 '달과 별'의 비교에 있다. '무뤼' 는 현대어로 쓴다면 '물위'로 우박 (雨雹) 의 텃말이며, '어름'은 현대어로 '얼음' 이다. 이러한 현상은 연음 (連音; liaison) 규칙의 결과이다. 무뤼와 어름의 두 번째 글자인 '뤼' 와 '름' 의 초성 'ㄹ'은 모음과 모음 사이에 있을 때 (무뤼의 경우, '무' 의 'ㅜ' 와 '뤼' 의 'ㅟ'; 어름의 경우, '어' 의 'ㅓ' 와

'름' 의 'ㅡ'), 가볍게 발음되는 탄설음이다. 반면에, 달과 별의 종성 [리] 은 설측음이다. 이 둘은 굳이 별개의 글자가 필요 없을 정도로 소리만으로 충분히 구별된다. 세종이 "우리말에서는 가볍고 무거움을 나누지 않고서도, ㄹ만으로써 모두 말소리를 이룰 수 있다." 라고 말한 이유다.

연음규칙은 현대 국어에서도 중요한 음운 현상이지만, 중세 국어에서는 중요도가 더 심하다. 한 낱말의 뒤 음절이 모음으로 시작하는 경우, 앞 음절에 받침이 있으면 연서를 함으로써 뒤 음절의 초성으로 삼았다. 연음규칙의 결과, '물위' 와 '얼음' 이 '무뤼' 와 '어름' 이 되었다.

그런데, '물' 과 '얼' 의 'ㄹ' 은 설측음이다. 연음규칙에 의해, 다시 말하면, 두 모음 사이에 놓인 설측음이 탄설음으로 바뀌었다. 이런 현상, 즉, 설측음 [L] 이 탄설음 [R] 로 발음되는 현상을 탄설음화 (彈舌音化) 라고 부른다. 한국어에서 고유 명사를 비롯한 모든 품사의 설측음 [L] 이 모음과 모음 사이에 끼면 모조리 탄설음 [R] 로 발음된다. 예를 들면, '날아가다' 의 [나라가다] 이다. '날' 의 종성은 설측음이나, 뒤에 오는 모음 때문에 발음 결과는 탄설음이다. 만약 [L] 을 정확하게 발음한다면, [나라가다] 는 [날라가다] 로 발음되어야 한다. 아마도, 세종은 설측음 [L] 의 음운 효과에 대해 심각하게 고심했을 거라 짐작된다.

[리], [L], [R] 은 그 자체가 편하게 발음되는 소리가 아니다. 영어의 경우, 많게는 10 살 정도 되어야 권설음 [R] 을 제대로 발음하며, [L] 을 제대로 발음하기 위해서는 5 - 6 살 정도 되어야 한다. 우리말의 경우에는 그 반대로, 탄설음 [R] 을 발음하는데 걸리는 시간은 [L] 보다 적을 것이다. 이것이 혀끝을 직각에 가깝게 올리는 우리말 탄설음과 U-turn에 가깝게 마

는 영어 권설음을 익히는 시간의 차이다.

해례의 자세한 설명에도 불구하고, 'ㄹ'에 대해 풀리지 않은 의문점은 다음 두 가지다. 첫 번째는 풀기 어렵고, 두 번째는 풀기 쉽다.

1. 초성 'ㄹ'은 설측음 [L] 인가? 아니면, 탄설음 [R] 인가?
2. 겹글자에서 종성의 'ㄹ' 뒤에 모음이 옴에도 불구하고 연음이 안 되는 경우

쉬운 것부터 풀자면, 그것은 단순히 발음만으로 알 수 있을 정도로 아주 쉽다. 『훈민정음』「해례」에서 언급되지 않은 중요한 음운 현상은 [L] 이 모음과 모음 사이에 있더라도 탄설음화가 일어나지 않고, 오히려 앞 뒤 모음에 [L] 소리가 전이되는 현상이다. 이것은 설측음이 정확하게 발음될 때 일어나는 현상이다. 우리는 설측음을 버렸지만, 중국어는 설측음을 이용하여, 없는 받침도 만든다. 중국어에서는 설측음을 변음 (邊音) 이라고 부른다. 예로, 우리말 '무리하지 마'에서 [무리]는 한자로 無理이다. '理'의 정확한 발음은 변음 [lǐ] 로서, 無理의 중국어 발음은 [wúlǐ] ([울리]) 이다. '우'에 설측음이 받침으로 새로 생긴 셈이다. 한편, 우리말에서는 [물리] 라 발음되지 않고, 탄설음 [무리] 로 발음된다. 설측음 전이 현상을 통해, 중국어는 기존의 2 개 받침 (n, ng) 에서, 비록 [le] 는 글자 없는 받침일지언정, 3 개의 받침 (n, ng, l) 이 있는 것 같은 착각을 일으킨다. 이것마저 없었다면, 받침에 관한 한, 중국어는 받침이 단 하나 'n' 밖에 없는 일본어보다 조금 나은 정도가 되었을 것이다.

우리말에서도, 설측음 전이 현상은 경상도 일부 지방에 남아 있다. 예를 들어, '월요일', '필요' 를 [워료일], [피료] 대신, [월료일], [필료] 로 발음

한다. 탄설음화가 일어나지 않은 이러한 흔적은 중세 국어의 탄설음화 이전에는 모음 사이 설측음이라도 어느 정도 정확하게 발음되었다는 것을 시사한다고 말하면 지나친 일일까?. 그러다가 중세에 이르러 탄설음화가 압도적으로 우세해, 낱말 중간의 모음 사이 설측음은 거의 자취를 감추었다. 훈민정음으로 쓰인 최초의 책『용비어천가』에서 탄설음화의 수많은 예를 볼 수 있다. 그러나, '일우시니 (이루시니)', '알외시니 (아뢰시니), 놀애 (노래)' 같이, 모음과 모음 사이일지라도, 설측음이 표기되는 경우도 있다. 물론, 발음은 탄설음이었을 가능성이 크다.『용비어천가』전체로 표기 측면에서, 탄설음과 설측음의 비율이 8:2 정도이다. 이 시기는 탄설음화가 많이 진행된 시기이지만, 하나의 장 (제 33 장) 안에서도 설측음과 탄설음이 동시에 표기되는 것으로 보아 (도ᄌᆞ기 들어, 도ᄌᆞ기 드러 → 도적이 들어), 연음이 표기되는 원칙은 없었던 것 같다.

풀기 어려운 첫 번째 의문, 즉, "초성 'ㄹ'은 설측음 [L] 인가? 아니면, 탄설음 [R] 인가?"에 대한 고찰을 뒤로 돌린 이유는, 첫째, 그것이 이 꼭지를 기술하게 만들 정도의 주된 관심사이고, 둘째, 제일 중요한 것을 뒤로 돌림으로써 여유를 갖고 충분히 논하기 위함이고, 셋째, 여기서 내린 결론을 이 꼭지의 결론으로 삼기 위함이다.

초성해에서 반설음 'ㄹ'은 려 (閭) 의 초성에 해당된다고 정의하였다. 려 (閭) 의 중국어 발음은 [lú] 로, 초성은 분명한 설측음이다.『동국정운』에 나오는 초성 'ㄹ' 계통의 많은 한자의 중국어 발음도 예외 없이 [L] 이다. 모든 'ㄹ' 발음 한자의 중국어 초성이 설측음이라고 해서, 한자어이든, 텃말이든, 중세 국어의 'ㄹ' 발음이 설측음일 이유는 하나도 없으며,『훈민정음』「해례」에서도 그것에 관한 언급이 일절 없다. 위치의 특성상, 초성

자음 'ㄹ'이 설측음인지 탄설음인지는 소리로 구별할 수 없고, 오직 표기로 구별할 수밖에 없다. 이 시점에서, 초성 'ㄹ'이 두 가지 음으로 발음되었다면, 그 둘을 구별하기 위해 탄설음의 경우 순경음 'ᄛ'을 썼을 것이다. 짐작하건대, 중세 국어에서는 달리 표기할 필요 없이, 초성 'ㄹ'의 발음에 관해 한 가지로 통일한 언중의 사회적 약속이 있었던 듯하다.

초성 자음 'ㄹ'에 관한 그 약속은, 있었다면, 과연 무엇일까? 비록 결정적이지는 않지만, 우리말 초성 'ㄹ'의 발음에 관한 단서를 얻을 수 있는 유일한 방법은, [L] 과 [R] 을 구별하는 언어로, 예를 들어 영어로, 우리말을 기록한 문헌을 살펴보는 것이다. 1800 년대 말에 이르기까지 영어로 발간된 서양인들의 조선 관계 저술은 약 10여 편으로, 그것들에 들어있는 우리말 낱말은 다음과 같다.

낱말	영어 표기	중국어 발음	저자	년도
1. 룡 (龍, 용)	riong	[lóng]	Griffis, W. E.	1882
2. 레죠 (禮曹, 예조)	Re Chyo	[lǐcáo]	Lowell, P. L.	1886
3. 리죠 (吏曹, 이조)	Ri Chyo	[lìcáo]	Lowell, P. L.	1886
4. 룡산 (龍山, 용산)	Riong San	[lóngshān]	Bishop, I. B.	1898

Griffis, W. E. 1882. Corea, the Hermit Nation.
Lowell, P. L. 1886. Chosön: the land of the morning calm -
 a sketch of   Korea.
Bishop, I. B. 1898. Korea and her neighbors.

Griffis 는 일본에 체류하면서 조선에 한 번도 온 적이 없으며, 놀랍게도, 당시 일본에 있던 자료를 바탕으로 책을 저술하였다. Lowell 은 고종의 손님으로 초청되어 3 개월간 조선에 머물렀으며, 대미 수교의 감사 답방으로 미국에 파견된 조선 사절단 (보빙사) 의 미국 안내 기간 3 개월을 합치면 6 개월 동안 조선에 노출되었다. 그는 언어의 천재로, 조선에 머무르는 동안 여러 쪽의 목록으로 된 궁중 예절에 관한 소책자를 번역하였는데, 세자에서 궁녀까지 각 관직과 직급을 상세하게 묘사하였다고 스스로 밝혔지만 (Chosön: the land of the morning calm - a sketch of Korea), 이것은 전해지지 않는다. 만약 이 소책자를 발굴한다면, 좀 더 많은 초성 자음 'ㄹ'에 관한 영어 표기를 볼 가능성이 클 텐데, 그러지 못해 안타까울 뿐이다. Bishop 은 4 차례에 걸쳐 총 11 개월 동안 조선을 방문하는 동안 다양한 장소의 답사를 통해, 위로는 민비부터 아래로는 민초들의 다양한 삶을 예리하게 관찰하였다. 그녀의 책에는 많은 수의 조선 지명과 조선말이 기술되는데, 그중의 하나가 'Li (里, 거리 단위)' 로서, 이 말은 낱말의 초성이 될 수 없는 의존 단위명사이므로 위 표에 포함하지 않았다.

위의 표에 보이는 바와 같이, 조선말에 나타나는 초성 탄설음 [R] 의 4 개 예만으로 초성 자음 'ㄹ' 의 발음이 탄설음이라고 일반화할 수는 없다. 다만, 다시 말하지만, 세종이 초성 자음 'ㄹ' 의 발음이 두 가지라고 언급하지 않은 사실에 비추어, '려 (閭)' 의 발음, 즉, 초성 자음 'ㄹ' 의 발음은 탄설음 [R] 일 가능성이 크다.

하지만, 세종이 훈민정음을 만든 후, 최항, 박팽년, 신숙주, 이현로, 이개, 강희안 에게 명하여 훈민정음으로 중국 원나라 운서인 『운회』 (韻會) 를 번역하게 하였고 (이 번역본 간행 기록은 없다), 당시 조선에서 쓰이던 한자의 발음을 통일하여 훈민정음으로 표기하는 작업을 신숙주, 최항, 성삼문, 박팽년, 이개, 강희안, 이현로, 변안, 김증 에게 수행하게 하였다. 이 작업의 결과물이 1448 년에 간행된 『동국정운』 (東國正韻) 이다. 이때, 신숙주, 성삼문 등은 당시 요동 (遼東) 에서 귀양 중이던 명나라의 언어학자 황찬 (黃瓚) 의 자문을 구하러 13 차례 왕래하였다고 전한다. 왕복시간을 3 개월이라 쳐도, 13 차례는 39 개월이나 걸리는 시간이다. 아무튼, 한자음을 연구한 이들은 물론, 세종 또한 중국어 ㄹ 초성으로 설측음 [L] 과 탄설음 [R] 의 두 종류가 있음을 알았을 것이다.

문제는 2 음절 이상의 한자어의 중간에 들어있는 초성 [L] 의 발음이다. 만약, 중국어 발음을 살려 無理를 [무리] 가 아닌 [물리] 로 발음한다면, 이를 감당할 수 있었겠는가? 그렇다면, 예를 들어, 고구려는 [고굴려] 로, 고려는 [골려] 로 발음되어야 한다. 중국어 발음은 각각 [Gāogōulí] 와 [Gāolí] 로서, 설측음이 살아 있다. 한자어 초성 [L] 을 살렸다면, 수많은 한자어의 표기에 엄청난 혼란이 왔을 것이다.

훈민정음으로 표기된, 즉, 발음된 한자어를 볼 수 있는『소학언해』(小學諺解) (1587 년 간행) 에는 몇 개 되지 않은 2 번째 이하 음절 'ㄹ' 초성 한자어가 나온다. '즈로 (子路)' 와 「의례편」(儀禮篇) 의 두 번째 음절 '로' 와 '례' 의 'ㄹ' 은 중국어 발음은 설측음 [L] 이지만, 우리는 'ㄹ' 을 탄설음으로 발음한다. 모음과 모음 사이에 있는 'ㄹ' 은 탄설음화 될 수 밖에 없다고 강변할 수 있지만, '살리다' 처럼, 우리말에서 앞 글자 받침 'ㄹ' 과 뒤 글자 초성 'ㄹ' 은 살아야 할 경우에는 살아 있다. 2 번째 이하 음절 'ㄹ' 초성 한자어의 훈민정음 발음은 고전 소설에서 비교적 많이 볼 수 있다. 16 세기 초에 간행된 것으로 추정되는『홍길동전』에도 2 번째 이하 음절 'ㄹ' 초성 한자어의 발음은 모두 탄설음이다. 책을 들추자마자, '비루 (卑陋)' 와 '무료 (無聊)' 를 볼 수 있다.

갑골문 시절 한민족의 언어도 모음과 자음이 번갈아 나오는 개음절 언어였고, 모음과 모음 사이의 [ㄹ] 은 [R] 발음이었다 (최춘태, 『식민사학 동북공정』, 2017, 북랩). 즉, [L] 발음이 없었다. 짐작하건대, 초성 [ㄹ] 도 [R] 발음이었을 것이다. 아마도, 이때의 말이 일본으로 건너가, 일본어 발음에 영향을 끼쳐, 현재 일본어에 [L] 발음이 없는 상태의 원인이지 않을까? 그 후, 한민족의 언어가 폐음절 언어가 되면서 종성 [L] 발음이 생겼지만 (예, ᄃᆞᆯ → 둘), 우리는 아직도 그것을 꺼린다. 한편, 갑골문과 그 뿌리를 같이하는 중국어에 초성 [L] 발음이 언제 도입되었는지는 오리무중이다.

결론적으로, 'ㄹ' 초성 한자의 중국어 발음은 설측음 [L] 이나, 우리말에서는 탄설음 [R] 일 가능성이 크다. 여기서, '확정적' 이란 말 대신, '가능성' 이란 말을 쓰게 되어 매우 유감이다. 한자어 초성에서 설측음을 버린 것은, 그럼으로써 그때까지 탄설음으로 발음되던 한자 'ㄹ' 초성의 발음을 설측음이 아닌 탄설음으로 유지한 것은 설측음의 도입으로 인한 혼란을 방지하기 위한 세종의 의도된 실수일까?

한자 'ㄹ' 초성이 설측음이 아닌 탄설음으로 발음되었다면, 이 (李) 발음은 [Ri], 유 (劉, 柳) 발음은 [Ryu] 이었을 것이다. 그렇다면, 한국인 이 (李) 씨나 유 (劉, 柳) 씨의 영어 표기로 어느 것이 알맞을지 자못 궁금하다. 영어 논문의 저자 이름을 보면, 이 (李) 는 Ree, Rhee, Lee 가운데 하나이고, 유 (劉, 柳) 는 Ryu 가 압도적으로 많다. 결국 개인적인 호불호의 문제로 돌려질 것 같다.

참고로, 신숙주, 성삼문을 비롯하여 위에 언급된 관리들은 훈민정음의 검증 작업에 참여했을 뿐, 이들 가운데 훈민정음 창제에 큰 공헌을 했다는 따위의 이력이 붙을 만한 이는 없다. 따라서, 훈민정음 창제와 관련하여 유튜브나 누리집 따위에 돌아다니는 집현전 학자들의 참여설은 사실무근이다.

꼭지 2. 쌍리을

어떠한 언어를 표기하기 위하여 사용되는 일련의 문자를 그리스어 첫 두 글자 알파 (alpha) 와 베타 (beta) 를 합하여 알파벳 (alphabet) 이라 부른다. 한자로는 '글자 (字) 를 이루는 모체 (母)' 라는 뜻의 자모 (字母) 이다. 자모 (子母) 가 아니다. 자모는 자음자모 (子音字母; 약칭으로, 자음) 와 모음자모 (母音字母; 약칭으로, 모음) 로 이루어진다.

한국어를 표기하기 위하여 사용되는 자모를 '한글' 이라 부른다. '한글' 의 '글' 은 '글자' 를 의미하는데, '글 (文)' 과 혼동되기 때문에 한글이 마치 한국어인 것처럼 오해된다. '한국어의 장단점' 으로 누리집을 검색하면, 한글의 장점만 잔뜩 나온다. 글자와 말은 별개다. 한글의 전신인 훈민정음은 정의된 바와 같이 말이 아니라 분명히 소리이다.

현재, 한글의 기본 자모는 24 자로, 자음이 14 자 (ㄱ, ㄴ, ㄷ, ㄹ, ㅁ, ㅂ, ㅅ, ㅇ, ㅈ, ㅊ, ㅋ, ㅌ, ㅍ, ㅎ), 모음이 10 자 (ㅏ, ㅑ, ㅓ, ㅕ, ㅗ, ㅛ, ㅜ, ㅠ, ㅡ, ㅣ) 이다. 훈민정음 창제 당시에는 28 자모의 이름이 없다가, 중종 때, 최세진이 어린아이들의 한자 학습을 위하여 1527 년에 간행한 교재인 『훈몽자회』(訓蒙字會) 에서, '기역, 니은, 아, 야' 같은 이름을 붙였다.

훈민정음 창제 당시, 기본 자모로 적을 수 없는 소리를 표현하기 위해 자모를 겹쳐 쓰는 겹낱자가 있었다. 현재 쓰이는 겹낱자가 최종적으로 정해진 것은 1933 년 「한글 맞춤법 통일안」에서다. 자음은 16 개 (ㄲ, ㄳ, ㄵ, ㄶ, ㄸ, ㄺ, ㄻ, ㄼ, ㄽ, ㄾ, ㄿ, ㅀ, ㅃ, ㅄ, ㅆ, ㅉ), 모음은 11 개 (ㅐ, ㅒ, ㅔ, ㅖ, ㅘ, ㅙ, ㅚ, ㅝ, ㅞ, ㅟ, ㅢ) 이다.

자음 겹낱자 중, 초성으로 쓰일 수 있는 것은 쌍글자 5 개 (ㄲ, ㄸ, ㅃ, ㅆ, ㅉ) 이며, 나머지는 받침으로 쓰인다. 한편, ㄸ, ㅃ, ㅉ 는 받침으로 쓰이지 않는다. 한편, 쌍글자 5 개의 이름이 1933 년 「한글 맞춤법 통일안」 에서 각각 '쌍기역, 쌍디귿, 쌍비읍, 쌍시옷, 쌍지읒' 으로 이름 지어졌다.

'뜬금없이 웬 쌍글자 타령인가?' 라고 반문하는 사람이 있을지 모르겠다. 이 꼭지의 주제는 아마도 처음 들어볼지 모르는 '쌍리을' 이다.

앞선 꼭지 「세종의 실수」 에서 영어를 비롯한 인도 유럽어와 중국어 (물론, 일본어를 제외한 다른 언어도 포함될 수 있다.) 에 'ㄹ' 발음으로 두 가지, 즉, 설측음 [L] 과 탄설음 [R] 이 있다고 언급하였다. 세종은 우리말에서 낱말의 초성을 제외한 'ㄹ' 의 발음이 [L] 인지 [R] 인지 소리로 구별할 수 있으니, [R] 에 대한 글자인 'ᄛ' 을 만들었음에도 불구하고, 굳이 글자로 구별할 필요가 없다고 하였다. 한편, 낱말의 첫 음절 초성 'ㄹ' 에 대해서는 아무 언급이 없었다. 추론하건대, 낱말의 첫 음절 초성 'ㄹ' 의 발음은 탄설음 [R] 이었을 가능성이 크다.

하지만, 초성 'ㄹ' 의 발음이 설측음인지 탄설음인지에 상관없이, 우리말에서 초성 'ㄹ' 은 말 그대로 전멸되었다. 원래, 'ㄹ' 로 시작하는 체언 (명사, 동사, 형용사, 부사) 의 숫자는 적었다. 남광우의 『고어사전』 (1997, 교학사) 에 의하면, 'ㄹ' 로 시작하는 체언 (명사, 동사, 형용사, 부사) 의 숫자는 다른 주요 자음의 그것에 비하면, 평균 1/5 정도고, 더 심하게, 'ㄱ' 의 1/10 정도다. 'ㄹ' 보다 적은 자음은 'ㅋ' 과 'ㅍ' 뿐이다. 엄청난 푸대접이다. 그것마저 현대 국어에서는 두음법칙, 사어, 대체어로 인해 완전히 사라졌다. 그 가운데, 두음법칙에 의해 가장 많이 사라졌는데, 단모음 앞의 'ㄹ' 은 'ㄴ' 으로, 복모음 앞의 'ㄹ' 은 무음으로 (표기는 'ㅇ') 바뀌었다. 한자어뿐만 아니라, 얼마 되지도 않은 텃말에도 같은 현상이 일어났다. 영어에서 L 로 시작하는 단어의 수는 중상에 속하고, R 은 중하에 속하는 것을 보면, 영어를 쓰는 사람의 발음기관이 우리보다 월등하다는 말인가? 결국, 우리는 초성 자음 하나를 잃어버린 꼴이다.

초성 'ㄹ' 의 발음을 [L] 과 [R] 로 분명하게 구별할 필요성이 대두된 때는 관립 통역관 양성소인 <동문학> (同文學) 이 설치된 1883 년이다. 1882 년 조미수호통상조약이 체결되면서, 서양의 나라들과 직접 교류하게 되었고, 이에, 서양 국가와 직접 대화가 가능한 통역관들을 양성하고자 조선왕조가 당시 통리교섭통상사무아문의 협판 겸 총세무사로 부임한 독일인 묄렌도르프 (Paul G. von Mollendorff) 의 제안에 따라 세운 영어 교육 기관이 <동문학> 이다. 초기에 학생들은 2 명의 중국인 교사들로부터 1 년 과정으로 영어, 일본어, 산수를 배웠다. 뒤에, 영국인 핼리팩스 (Thomas E. Halifax) 가 주무교사로 임명되면서 주로 영어를 가르쳤다. 설립되던 해에 입학한 이들 가운데 한 명이 남궁억 (南宮檍) 이다. 그러나, 졸업생들이 통역관 역할을 하기에는 어려움이 있어, 두 번째 영어교육 기관인 <육영공원> (育英公院) 이 설립되면서 <동문학> 은 1886 년에 폐지되었다.

1886 년 세워진 <육영공원> 은 우리나라 최초의 근대 공립학교로서, 1894 년에 폐교될 때까지 양반 자제들을 대상으로 영어는 물론, 수학, 자연과학, 지리학 따위의 근대 학문을 가르쳐 인재를 키웠다. 교사들은 모두 미국에서 초빙한 미국인들이었다. 미국인 헐버트 (Homer B. Hulbert), 길모어 (George W. Gilmore), 벙커 (Dalziel A. Bunker) 가 그들이다. 이들이 1894 년에 사임한 뒤에는 영국인 허치슨 (W. F. Hutchison) 과 핼리팩스

(Thomas E. Hallifax) 가 폐교될 때까지 교사직을 담당하였다. 교사들은 자체적으로 준비한 교재를 사용하였다.

<육영공원> 교사들 가운데, 우리가 꼭 기억해야 할 인물이 호머 헐버트 (1863 - 1949) 이다. 선교사로 그리고 <육영공원> 교사로 조선에 온 그는 <육영공원> 이 폐교된 이후에도 조선에 남아, 1896 년 『독립신문』(獨立新聞) 발행에 도움을 주면서, 우리말에 띄어쓰기를 도입하였다. 1907 년 헤이그 밀사 파견을 돕고, 그 또한 제 4의 특사가 되어 직접 헤이그로 가서 활동하였다. 1919 년의 3.1 운동도 적극적으로 지지했다. YMCA 초대 회장을 지냈다. 대한민국 정부 수립 후, 1949 년 국빈으로 초대를 받고 내한하였으나, 노환과 여독으로 일주일 만에 타계하여 양화진 외국인 묘지에 묻혔다. 1950 년 3 월 1 일 정부는 외국인 최초로 건국공로훈장 태극장을 추서했다. 다소 늦은 감이 있지만, 2014 년 한글날에는 금관문화훈장이 추서되었다.

<육영공원> 이 폐교된 이후, 조선의 영어 교육은 배재학당과 이화학당 따위의 사립학교에서 이루어졌다. 이때의 영어 교재에 대한 기록은 남아 있지 않다. 그러다가 1908 년 지석영과 전용규가 영어 교재 『아학편』 을 개발하였는데, 이것은 정약용의 아동용 한자 학습서인 『아학편』(兒學編) 의 한자에 영어, 일본어, 중국어 독음을 추가하여 재구성한 책이다. 이 책에서는 초성 [L] 과 [R] 을 정확하게 구분하였는데, 그 방법이 자못 기발하다. [L] 을 발음할 때 [을] 을, [R] 을 발음할 때 [으] 를 앞세우는 방법으로 두음을 구별하였다. [learn] 은 [을러언] 으로, [rice] 는 [으라이쓰] 라고 발음했다. 전자는 설측음 전이 현상을 이용한 것이고, 후자는 모음과 모음 사이의 탄설음화를 이용한 것이다.

설측음 전이 현상이란 우리말에는 없고, 영어나 중국어에서 나타난다. 예를 들어, 'I love you'는 [아일러브유] 로 발음되는데, 'love'의 'L' 때문에 '아이'에 [L] 이 덧붙어 [아일] 로 발음되는 현상이다. 이 현상은 'ㄹ' 받침이 없는 중국어에 'ㄹ' 받침이 있는 것같이 착각하게 만든다. 麻辣燙 [málàtàng] 의 '마'에는 'ㄹ' 받침이 없으나 '라'의 설측음 'ㄹ'로 인해 [말] 로 발음된다.

현대 국어에서 'ㄹ'로 시작하는 단어는 모두 들어온 말 (외래어 또는 외국어) 뿐이다. 들어온 말의 L 과 R 은 초성도 개의치 않고, 두음법칙도 탄설음화도 적용되지 않는다. 따라서, L 과 R 의 발음과 표기가 구별되어야 한다. 하지만, TV나 유튜브 같은 영상매체의 소리를 들으면, 낱말의 처음이건 중간이건 가릴 것 없이, [L] 이 [R] 이 되고, [R] 이 [L] 이 된다. [ㄹ] 소리에 인색하던 우리인데, 잘만 한다. [ㄹ] 발음에 관해 반쯤은 발음장애자인 줄 알았는데, 그건 아닌가 보다. 소리 전달자는 그래도 전문 직업인인데, 설측음인지 탄설음인지는 구별하는 능력쯤은 있어야겠다. 교육이 필요하다면, 소리 전달자가 속한 기관도 그 책임으로부터 자유로울 수 없다.

현재, 한국인들의 초성 [L] 과 [R] 발음은 120여 년전의 조선인의 그것보다 형편없다. 많은 사람들이, 예를 들어, lice (이) 를 rice (쌀) 로, liver (간) 을 river (강), 또는 그 반대로 발음한다. 과연, 한국말은 [L] 과 [R] 을 구별하지 못할까? 영어 외래어를 적을 때, 한글 자음으로는 [L] 과 [R] 을 달리 적을 수 없어 이 둘을 'ㄹ'로 적는다. 적는 것은 그렇다 치고 'ㄹ'로 적은 외래어를 읽을 때, 그 'ㄹ'이 [L] 인지 [R] 인지 알고 있다는 가정 아래, [L] 과 [R] 로 구별해 소리 낼 수 있는지는 별개의 문제다.

말할 것도 없이, 발음에 따라 의미가 확 달라지기 때문에, 정확한 발음을 하는 건 모든 언어에서 매우 중요하다. 현재 거의 모든 언어는 [L] 과 [R] 을 분명히 별개의 소리로 구별해 발음하며, 영어를 비롯한 대부분의 표음 문자들은 언어마다 기호는 다르지만, 이 둘을 달리 표기하고 달리 발음한 다.

외래어 초성 [L] 과 [R] 발음을 구별하기 위해 4 가지 방법을 제안한다. 첫 번째는 구한말 아학편을 이용하는 것이고, 두 번째는 [R] 에 대한 글자로 세종이 만든 'ᄛ'을 사용하는 것이고, 세 번째는 [R] 에 모음가가 들어 있는 음성학적 특징을 살려, [R] 에 보다 가깝게 발음하는 것이고, 네 번째는 이미 다른 사람들이 제안한 것으로, [R] 과 구별하기 위해 [L] 의 기호를 쌍리을로 바꾸는 것이다.

첫 번째는 위에서 언급하였다.

두 번째, 훈민정음 창제 시, 세종은 탄설음 [R] 표기를 위해 'ᄛ'을 만들 었다. 그 당시 텃말이든 한자어든 우리말의 초성 [ㄹ] 은 탄설음 [R] 로 추정된다고 앞서 언급했다. 한편, 초성 이하의 [ㄹ] 은 모음이 뒤따를 경우 탄설음 [R] 로, 받침으로 끝나거나 자음이 뒤따를 경우 설측음 [L] 로 발음된다. 그러니까, 초성 [ㄹ] 을 굳이 'ᄛ'로 표기할 필요가 없었다. 이 'ᄛ'을, 옛날로 되돌아가, 들어온 말 초성 [R] 의 표기로 부활시키는 것이다. 세종 당시에는 쓸모가 없었으나, 'ㄹ' 이 [L] 을 표기한다는 가정 아래, 들어온 말의 탄설음 [R] 의 초성 표기에는 안성맞춤인 글자이다.

세 번째, [R] 소리를 제대로 내는데 있어서 하나의 중요한 원리는 『어리둥절 한국말』 꼭지 25 에 언급한 바와 같이, [R] 에는 약한 [ㅗ] 음가나 약한

[ㅜ] 음가가 내재해, 뒤에 오는 모음과 합쳐져 복모음으로 발음된다는 점이다. 다만, 입술이 앞으로 튀어나올 정도의 무거운 복모음이 아니라, 입술을 살짝 모았다 떼는 가벼운 복모음이다. 음가를 정확하게 발음하면 탄설음 [R] 보다 권설음 [R] 에 가깝게 발음된다. 즉, 혀가 좀 더 말린다. 예를 들어, rice 를 '롸이쓰'로, river를 '뤼버', right 를 '롸잇' 으로 쓰고 발음하는 것이다. [ㅗ] 음가나 [ㅜ] 음가의 복모음이 있으면, 음성학적인 면에서 설측음 [L] 로 발음되기 힘들다.

네 번째, 근래에, 어떤 사람이 초성 [L] 에는 쌍리을 'ㄹㄹ'을, [R] 에는 홑리을 'ㄹ'을 쓰자고 제안한 적이 있다. 바로 위의 절에서 기술한 대로, '을' 과 '으' 를 앞에 붙임으로써 [L] 과 [R] 을 구분하는 원리와 흡사하다.

영어	을/으	ㄹ/릉	단모음/복모음	ㄹㄹ/ㄹ
lace (끈)	을레이쓰	레이쓰	레이쓰	뤠이쓰
race (경주)	으레이쓰	뤠이쓰	뢰이쓰	레이쓰
late (늦은)	을레잇	레잇	레잇	뤠잇
rate (속도)	으레잇	뤠잇	뢰잇	레잇
lay (놓다)	을레이	레이	레이	뤠이
ray (가오리)	으레이	뤠이	뤠이	레이
lead (선도하다)	을리드	리드	리드	뤼드
read (읽다)	으리드	뤼드	뤼드	리드
lice (이)	을라이쓰	라이쓰	라이쓰	롸이쓰
rice (쌀)	으라이쓰	롸이쓰	라이쓰	라이쓰
liver (간)	을리버	리버	리버	뤼버
river (강)	으리버	뤼버	뤼버	리버
load (싣다)	을로드	로드	로드	롼드
road (길)	으로드	뢴드	로드	로드
lock (잠그다)	을락	락	락	롹
rock (바위)	으락	롹	롹	락

영어 낱말 초성 [L] 에 대해, 여러 단어들을 대상으로 '을 과 으', '설측음 ㄹ' 과 탄설음 'ᆶ', '단모음성 [L]과 '복모음성 [R]', '쌍리을 ㄹㄹ'과 '홀리을 ㄹ' 을 사용하여, [L] 과 [R] 의 표기와 발음을 앞의 표에서 비교하였다.

한편, 실생활에서 우리는 영어 낱말 초성 이하 [L] 을 표기하고 발음할 때, 탄설음 [R] 을 쓰는 경향이 있다. '드라이 클리닝 (dry cleaning)' 의 [클리닝] 을 [크리닝] 으로, '클린 랩 (clean wrap)' 의 [클린] 을 [크린] 으로 쓰고 읽는 것은 아주 많은 예 중의 하나다. 여기서 문제는 [L] 과 [R]을 분명하게 구분하여 표기하고 발음할 수 있음에도 불구하고 혼란스럽게 쓰고 발음하는 우리 자신이다.

중국어의 경우는 영어와 약간 다르다. 중국어 초성 [L] 은 두음법칙으로 인해 'ㄴ' 이나 'ㅇ' 으로 바뀌었다. 또한, 권설음 [R] 은, 위치에 상관없이, 우리말에서 모두 무음 (글자는 'ㅇ') 으로 변했다. 예를 들어, 人 [rén] 은 [인] 으로, 然 [rán] 은 [연] 으로 발음된다. 따라서, 우리말에서 중국어 [ㄹ] 발음은 모두 설측음 [L] 이다. 하지만, 우리는 모든 설측음 [L] 을 탄설음 [R] 로 발음한다. 예를 들어, 중국어 [말라탕 (麻辣燙)] 을 우리는 [마라탕] 이라고 한다. 세종 당시에도 한자 초성 [ㄹ] 을 탄설음 [R] 로 발음했다고 추정되는 터에, [말라탕] 을 [마라탕] 으로 발음하는 것은 전혀 이상하지 않지만 말이다.

이런 현상은 인명, 지명 따위의 고유명사를 쓰고 읽을 때 우리를 난감하게 만들기도 한다. 중국 축구선수 '武磊' 와 바둑기사 '古力' 를 우리나라 신문 방송에서 '우레이'와 '구리'로 적고 읽는다. 성씨가 한 글자라는 가정하에, '우' 와 '구' 가 성씨인지는 알겠다. 이름까지 합쳐 발음하면 각각 [울레이] ([wǔléi]) 와 [굴리] ([gǔlì]) 로 발음되는데, 이대로 쓰면 성씨가 '울' 과 '굴' 인줄 잘못 알 수도 있다. 물론 중국어를 조금이라도 아는 사람들은 받침으로 'ㄹ' 이 올 수 없다는 것을 알기에, 성씨에 붙은 'ㄹ' 이 뒤 음절 'ㄹ' 의 영향임을 알아차리고 성씨를 구별할 수 있다. 어찌 되었든 '우레이' 와 '구리' 는 틀린 발음이다.

아래의 표에 武磊, 古力, 麻辣燙 의 설측음을 비교하였다. 우리말에 중국어 발음 [R] 이 없으므로, 단모음성 [L] 을 설측음 'ㄹ' 과 통합하였다.

중국어	을	설측음	ㄹㄹ
武磊 [wǔléi]	우을레이	우레이	우ㄹ레이
古力 [gǔlì]	구을리	구리	구ㄹ리
麻辣燙 [málàtàng]	마을라탕	마라탕	마ㄹ라탕

위의 표에서 설측음 'ㄹ' 의 표기가 탄설음 'ㄹ' 와 혼동된다는 것을, 그러므로, 이 표기 방법이 알맞지 않다는 것을 알 수 있다. 따라서 중국어 표기 방법은 아학편 방법과 쌍리을 두 가지로 한정된다.

위 두 개의 표에서 영어 [L] 과 [R] 의, 중국어 [L] 의 표기와 발음을 비교하였다. 아학편 방법은 발음 면에서 그럴 듯하나, 특히, 초성 이하의 표기에서 엉뚱한 음절이 들어있게 되어 받아들이기 힘들 것 같다. 복모음성 [R] 의 표기는 발음상 훌륭하나, 언어 감정 면에서 거부감을 유발할 것 같다. 두 번째 방법과 네 번째 방법이 쓸 만해 보인다.

'ᄛ' 은 원래 세종이 탄설음 'ㄹ' 의 대용으로 만든 글자이다. 추정이지만, 우리말에서 'ㄹ' 초성 한자어가 모두 탄설음이고, 초성 이하에서는 소리로 설측음 'ㄹ'과 탄설음 'ㄹ'이 구별되므로, 굳이 쓸 필요가 없어진 글자이다. 하지만, 들어온 말 [L]과 [R]의 표기와 발음에 부활시켜 봄 직하다.

개인적인 의견으로, 네 번째 방법이 가장 좋아 보인다. 그 이유는 'ㄹㄹ'이 보기에도 설측음 전이 현상이 일어날 것 같은 느낌을 주고, 실제로 일어나기 때문이다. 'ㄹㄹ'을 쓰면 'ㄹ' 하나가 앞 음절로 전이된다. '아이 뤄브 유 (I love you)'와 '아이 러브 유 (I rub you)'를 쓰기는 물론 발음으로 구별할 수 있다. '아이 뤄브 유 (I love you)'도 사랑의 표현이고, '아이 러브 유 (I rub you)'도 사랑의 표현이지만 말이다.

참고로, 한국어를 영어로 표기할 때, [L]을 쓸 것인지 [R]을 쓸 것인지에 대해 일정한 원칙이 필요하다. 예를 들어, 구글 번역기를 사용하여 '예를 들어'를 영어로 바꾸면, 'yeleul deul-eo'로 나온다. '를'의 초성은 앞 말과 연결되어 모음 사이의 탄설음으로, 즉, 'yereul'로 써야 한다. '들어'의 경우, 어근을 표시하기 위해 붙임표 (hyphen)를 사용하는지 몰라도, 이 역시 모음 사이의 탄설음으로, 즉, 'deureo'로 써야 한다. 'ㅡ'를 'eu'로, 'ㅓ'를 'eo'로 표기하는 것이 올바른지는 논외로 한다.

꼭지 3. 5%를 배려한 두음법칙, 그러나

이 꼭지의 주제는 두음법칙이다. 단어의 첫머리에 올 수 있는 자음에 대한 제약으로 일어나는 음운현상을 두음법칙 또는 두음규칙이라고 한다. 도대체, 두음법칙이 얼마나 빈번한지 알아보기 위해, 두음법칙에 관한 조항과 '례'를 제외한 보통 글에서 두음법칙이 적용되는 음절의 원음을 진한 글자로 표시한다.

2017년 <문화체육관광부>에 의해 시행된 「한글 맞춤법」을 보면, 제3장 제5절이 두음법칙에 관한 내용으로, 제10항, 제11항, 제12항 등 3개 항으로 구성되었다. '그러면, 제5절의 제1항부터 제9항까지의 내용은 뭐지?'라고 궁금해 하는 사람들을 위해 한 마디 하지 않을 수 없다. 「한글 맞춤법」은 내용을 희한하게 분류하는데, 절과 항은 상위 분류와 상관없이 제1장부터 나타나는 순서대로 번호를 갖는다. 어떤 장은 너무 간단해서 절이나 항이 없기 때문이리라. 그래서, 제5절에는 제10, 11, 12항만 있다. 그 내용은 다음과 같다.

제10항 한자음 '녀, 뇨, 뉴, 니'가 단어 첫머리에 올 적에는, 두음법칙에 따라 '여, 요, 유, 이'로 적는다. (ㄱ을 취하고, ㄴ을 버림.)

ㄱ	ㄴ	ㄱ	ㄴ
여자 (女子)	녀자	유대 (紐帶)	뉴대
연세 (年歲)	년세	이토 (泥土)	니토
요소 (尿素)	뇨소	익명 (匿名)	닉명

다만, 다음과 같은 의존 명사에서는 '냐, 녀' 음을 인정한다.

냥 (兩)　　　냥쭝 (兩-)　　　년 (年) (몇 년)

[붙임 1] 단어의 첫머리 이외의 경우에는 본음대로 적는다.
남녀 (男女)　　당뇨 (糖尿)　　결뉴 (結紐)　　은닉 (隱匿)

[붙임 2] 접두사처럼 쓰이는 한자가 붙어서 된 말이나 합성어에서 뒷말의 첫소리가 'ㄴ' 소리로 나더라도 두음법칙에 따라서 적는다.
신여성 (新女性)　　공염불 (空念佛)　　남존여비 (男尊女卑)

[붙임 3] 둘 이상으로 이루어진 고유 명사를 붙여 쓰는 경우에도 붙임 2에 준하여 적는다.
한국여자대학　　대한요소비료회사

제11항 한자음 '랴, 려, 례, 료, 류, 리'가 단어의 첫머리에 올 적에는, 두음법칙에 따라 '야, 여, 예, 요, 유, 이'로 적는다. (ㄱ을 취하고, ㄴ을 버림.)

ㄱ	ㄴ	ㄱ	ㄴ
양심 (良心)	량심	용궁 (龍宮)	룡궁
역사 (歷史)	력사	유행 (流行)	류행
예의 (禮儀)	례의	이발 (理髮)	리발

다만, 다음과 같은 의존 명사는 본음대로 적는다.
리 (里): 몇 리냐?
리 (理): 그럴 리가 없다.

[붙임 1] 단어의 첫머리 이외의 경우에는 본음대로 적는다.
개량 (改良)　　선량 (善良)　　수력 (水力)　　협력 (協力)

사례 (事例)   혼례 (婚禮)   와룡 (臥龍)   쌍룡 (雙龍)
하류 (下流)   급류 (急流)   도리 (道理)   진리 (眞理)

다만, 모음이나 'ㄴ' 받침 뒤에 이어지는 '렬, 률'은 '열, 율'로 적는다. (ㄱ을 취하고 ㄴ을 버림.)

ㄱ	ㄴ	ㄱ	ㄴ
나열 (羅列)	나렬	분열 (分裂)	분렬
치열 (齒列)	치렬	선열 (先烈)	선렬
비열 (卑劣)	비렬	진열 (陳列)	진렬
규율 (規律)	규률	선율 (旋律)	선률
비율 (比率)	비률	전율 (戰慄)	전률
실패율 (失敗率)	실패률	백분율 (百分率)	백분률

[붙임 2] 외자로 된 이름을 성에 붙여 쓸 경우에도 본음대로 적을 수 있다.

신립 (申砬)   최린 (崔麟)   채륜 (蔡倫)   하륜 (河崙)

[붙임 3] 준말에서 본음으로 소리 나는 것은 본음대로 적는다.

국련 (국제 연합)   한시련 (한국 시각 장애인 연합회)

[붙임 4] 접두사처럼 쓰이는 한자가 붙어서 된 말이나 합성어에서 뒷말의 첫소리가 'ㄴ' 또는 'ㄹ' 소리로 나더라도 두음법칙에 따라서 적는다.

역이용 (逆利用)   연이율 (年利率)   열역학 (熱力學)   해외여행 (海外旅行)

[붙임 5] 둘 이상으로 이루어진 고유 명사를 붙여 쓰는 경우나 십진법에 따라 쓰는 수 (數)도 붙임 4에 준하여 적는다.

서울여관   신흥이발관   육천육백육십육

제12항 한자음 '랴, 래, 로, 뢰, 루, 르'가 단어의 첫머리에 올 적에는, 두음법칙에 따라 '나, 내, 노, 뇌, 누, 느'로 적는다. (ㄱ을 취하고, ㄴ을 버림.)

ㄱ	ㄴ	ㄱ	ㄴ
낙원 (樂園)	락원	뇌성 (雷聲)	뇌성
내일 (來日)	래일	누각 (樓閣)	누각
노인 (老人)	로인	능묘 (陵墓)	능묘

[붙임 1] 단어의 첫머리 이외의 경우에는 본음대로 적는다.

쾌락 (快樂)   극락 (極樂)   거래 (去來)   왕래 (往來)
부로 (父老)   연로 (年老)   지뢰 (地雷)   낙뢰 (落雷)
고루 (高樓)   광한루 (廣寒樓)   동구릉 (東九陵)   가정란 (家庭欄)

[붙임 2] 접두사처럼 쓰이는 한자가 붙어서 된 단어는 뒷말을 두음법칙에 따라서 적는다.

내내월 (來來月)   상노인 (上老人)   중노동 (重勞動)   비논리적 (非論理的)

두음법칙을 간단히 정리하면, 다음 한자음이 단어 첫머리에 올 적에 음을 바꿔 적는다.

녀, 뇨, 뉴, 니   → 여, 요, 유, 이
랴, 려, 례, 료, 류, 리 → 야, 여, 예, 요, 유, 이
라, 래, 로, 뢰, 루, 르 → 나, 내, 노, 뇌, 누, 느

이 꼭지에서는, 편의상, 전문적인 용어를 바꾸어 쓴다. 전문적으로, 두음법칙에 적용되는 두음의 종류에 따라, 'ㄴ' 두음법칙, 'ㄹ' 두음법칙으로 나누지만, 여기서는 발음의 결과에 따라, 'ㅇ' 전환 두음법칙 (다른 말로 하면,

무음화) 과 'ㄴ' 전환 두음법칙으로 나눈다.

두음법칙에서 **리**해되는 것과 **리**해 안 되는 것이 있다. **리**해되는 것은 이중모음이고, **리**해 안 되는 것은 꼭 한자음이어야 하는 것과 단모음이다. 근본적으로 동의하지 않지만, 두음법칙이 한자음에 국한하기로 했으니, 이것은 일단 **론**외다. 이중모음은 ㅑ (ㅣ+ㅏ), ㅕ (ㅣ+ㅓ), ㅛ (ㅣ+ㅗ), ㅠ (ㅣ+ㅜ), ㅖ (ㅣ+ㅔ) 으로서, 'ㄹ'과 'ㄴ' 뿐만 아니라, 다른 자음의 경우에도 발음이 쉽지 않은 면에서 **리**해된다. 'ㄴ'와 '리'를 제외하면, 'ㅇ' 전환 두음법칙의 근본 원인은 이중모음이고, 그 결과는 'ㄴ'과 'ㄹ'의 '무음화'이다. 한편, 단모음은 발음상 불편함이 전혀 없다는 점에서 **리**해되지 않는다.

사실, 이중모음 자체를 정확하게 발음하기 쉽지 않다. 중국어는 이를 피하는 방법으로 이중모음을 5개의 단모음 (a, e, i, o, u) 으로 풀어 발음한다. 심지어, 우리말의 단모음 'ㅐ'도 'ㅏ+ㅣ'로 풀어 발음한다 (**례**, 愛 [ai]).

영어의 경우, 'y'에 의해 생성되지 않는, 즉, 자음 바로 뒤에 오는 이중모음은 'ㅠ'가 유일하며, 두음 [L] 과 [N] 에 국한한나면, ㅡ 수는 아주 적다. [L] 의 경우, 모음 발음이 나는 'eu, ew, ieu'가 뒤에 올 수 있으나, leuko- (희다, 백혈구 뜻의 결합사) 관련어를 제외하면, 모두 [u] 로 발음된다. [N] 의 경우, 모음 발음이 나는 'u, eu, ew'가 뒤에 올 수 있고, nuke를 비롯한 nucleo- (핵 뜻의 결합사) 관련어, nutrition 관련어, numeral 관련어, neuro- (신경 뜻의 결합사) 관련어, neutral 관련어, news 관련어, newt, new 관련어로, 그 수는 제법 되나, 종류는 손가락으로 꼽는다. 당연하게, 중국어에 두음법칙은 없고, 영어도 원음 발음에 **례**외를 두지 않는다.

이중모음과 달리, 단모음은 발음에 전혀 어려움이 없다. 따라서, '니, 리, 라, 래, 로, 뢰, 루, 르'에 두음법칙이 적용될 이유는 하나도 없다. 만약 이것들의 발음이 어렵다면, 심하게 얘기해서, 발음기관으로서 그건 입도 아니다.

여기서, 한 가지 짚고 넘어갈 비고 사항이 있다. 이제부터 한자음은 중국어 발음을 기준으로 [y], **[le]** [ri] **[ne]** 라고 표기한다. [y] 와 [ne] 는 각각 우리말 [ㅣ], [ㄴ], 그리고, 영어 장음 [i], [N] 과 일치한다. [i] 를 소문자로 적은 이유는 [i] 의 대문자가 우리말 [ㅣ] 와 영어 소문자 [엘] 과 혼동되기 때문이다. [le] 는 우리말 '별'의 종성 [ㄹ] 과 일치하나, 영어 [L] 에 가까울 뿐, 일치하지는 않는다. [ri] 는 권설음 (捲舌音; 혀말이 소리) 으로서, 우리말에 해당되는 글자가 없고, 영어 권설음 [R] 에 가깝다. [ri] 의 혀말음 정도가 [R] 의 그것보다 심하다.

이제 두음법칙 안으로 좀 더 들어가 보자. 두음법칙이 일어나는 한자의 음을 정리하면, 「부록 1」 과 같다. 대상 한자는 KS 코드에 실려 있는 총 4,888 자로부터, 교육용 한자와 인명용 한자 위주로 한 자씩 추출하였다. [ri] 는, 한국어에서 **례**외 없이 소리가 애초에 없어짐을 보여주기 위해 적었을 뿐이다. 그 이유는 두음 발음이 두음법칙의 문제점을 파악하는데 중요한 역할을 하기 때문이다. 'ㅇ' 전환 두음법칙은 **[le]** 계와 **[ne]** 계 글자에서 일어나며, [y] 계와 [ne] 계 글자는 발음을 비교하기 위해 적었다. 'ㄴ' 전환 두음법칙은 **[le]** 계 글자에서 일어나며, [ne] 계 글자는 발음을 비교하기 위해 적었다. 괄호 안에는 두음법칙에 해당되는 한자의 수를 적었다.

「부록 1」에서 보는 바와 같이, 두음법칙을 야기하는 모음은 정해져 있다. 'ㅇ' 전환 두음법칙의 경우, 단모음은 'ㅣ'가 유일하다. 그러나, '소'를 뜻하는 우 (牛) 는 중국어 발음이 [niú] 로서, 그리고, '엉기다'를 뜻하는 응 (凝) 은 중국어 발음이 [níng] 으로서, [ne] 계열이다. 어쩌면, 이 두 글자는 처음 발음이 각각 [누] 과 [능] 이었다가, 우리가 모르는 사이에 두음법칙이 일어나 [우] 와 [응] 으로 바뀌었는지도 모른다.

두음법칙의 **례**외에 적어도 네 가지를 더 추가해야 한다. 하나는 실연 (失戀) 으로, '실련'이 두음법칙에 충실한 표기다. 두 번째는 노임 (勞賃) 으로, 원음은 '로림'이다. 두음법칙을 적용하면 '노림'이다. 세 번째는 노예 (奴隷) 로, 奴자와 隷자 모두 '종'이나 '노비'라는 뜻을 가진다. 隷는 원음이 '례'이므로, 두음법칙에 충실한 표기는 '노례'이다. 네 번째는 兩 이다. 원음이 [량] 으로 '양'이 두음법칙에 충실한 표기이나, 실생활에서 '양쪽'과 '두 냥'처럼 'ㄴ' 과 'ㅇ'이 모두 쓰인다. 그 이유는 'ㄹ → ㄴ → ㅇ'의 변화로 두음법칙이 두 번 적용되었기 때문이고, 변화된 두 개의 음이 실생활에서 모두 쓰인다. 얼핏 떠오르는 것이 이 정도이니, 자세히 살피면, 두음법칙에 어긋나는 글자가 더 있지 않을까?

두음법칙이란 특정 모음을 가진 두음 한자음 [le] 과 [ne] 의 발음을 편하게 함이 목적이다. '편하게' 라는 말을 쓰지만, 사실, 그 소리가 변하는 것이다. 한자음이란 해당 한자 발음이 있는 이중모음 또는 'ㅣ'계통의 [le] 와 [ne], 그리고 해당 한자 발음이 있는 단모음 (ㅏ, ㅐ, ㅗ, ㅚ, ㅜ, ㅡ)

계통의 [le] 이다. 특히, [le] 발음 한자음은 이중모음 쪽에서 치이고, 단모음 쪽에서 치인 셈이다. 어떤 사람은 한자음에만 적용하는 두음법칙을 한자음에 대한 '특혜' 라고 하지만, 소리가 변하니, 사실, '모욕' 이다.

혹시, '우리가 왜 우리 것도 아닌 한자 발음에 민감해야 되는가?' 에 대해 궁금할 수도 있다. 한자는 漢字로, 기원 전 200 년에 세워진 중국 통일 국가 漢나라의 글字다. 한자의 모어 (母語) 는 기원 전 1,500 - 1,000 년 은나라 (상나라) 시대에 만들어진 갑골문이다. 갑골문은 귀갑견골 (龜甲獸骨) 의 략자로서, 거북의 배딱지 (龜甲) 또는 짐승의 어깨뼈 (獸骨) 에 기록한 점괘 문자다. 갑골문은 1899 년, 황하 류역의 은나라 도읍지 은허 (지금 허난성 안양시) 에서 처음 발견된 후, 지금까지 약 6,000 자가 발굴되었다. 우리나라 교육용 기초 한자가 1,800 자, 한국 표준 코드에 사용되는 한자가 약 5,000 자임을 감안하면, 6,000 자는 결코 적은 숫자가 아니다. 그중에 우리가 아는 웬만한 한자는 다 포함된다. 이 갑골문을 발명한 사람들은 화족 (당시 중국 민족) 이 아니라 동이족이라는 것이 정설이다. 그렇다면, 갑골문의 발음은 동이족의 발음이니, 바로 우리 선조들의 발음이다.

갑골문 시대 이후, 동이족과 화족의 발음이 갈라져 지금은 서로 통하지 않게 된 이유로 우리말의 폐음절화 (혹은 그 후의 중국어의 개음절화), 우리말의 이중모음 도입 (혹은 그 후의 중국어의 단모음화), 자음의 발음 변화를 들 수 있다.

두음법칙이 일어나기 전의 한국어와 중국어의 자음 발음을 비교하면, 자음 중 'ㄱ, ㄹ, ㅎ' 을 제외하고 된소리를 비롯한 나머지는 변하지 않았다. 어느 것이 본류이고, 어느 것이 지류인지는 중요하지 않다. 한국어 'ㄱ' 은 중국어 'ㄱ'(례, 國 [guó]) 혹은 'ㅈ'(례, 家 [jiā])에, 한국어 'ㅎ'은 중국어 'ㅎ'(례, 河 [hé]) 혹은 'ㅅ'(례, 喜 [xǐ])에 해당한다. 한국어에서 'ㄹ'의 변화는 [L]의 [R] 전환이다. 이것의 간단한 **례**를 들면, '무리하지 마'의 '무리'다. '무리'는 '無理'로서, 정확한 발음은 [물리] (중국어 발음은 [wúlǐ])이지만, 우리는 [무리] 라고 발음한다. 이런 현상을 임의로 '탄설음화 (彈舌音化)'라고 부르는데, 이에 대한 자세한 내용은 꼭지 1 「세종의 실수」를 참조하기 바란다.

두음법칙에 의하면, 해당 한국어 한 글자에 두 개의 한자가 대응하는 것이 보통이나, '양, 여, 역, 얀, 염, 영, 요, 유'에 대응하는 한자는 각각 3 개나 된다. 한편, '임, 입'에 대응하는 모음 두음 한자와, '녹, 냉, 논, 누, 늑, 늠'에 대응하는 ㄴ 두음 한자는 없고, 오로지 두음법칙에 의해서만 생성된다. 이러한 현상으로 인해, 시간이 지나면, 위 한글음에 두음법칙이 적용되었는지에 대해 역추적이 필요할지도 모르며, 한자를 모르는 세대에게는 어원의 **류**추는 거의 불가능에 가까울 것이다. 또한, 많은 동음이의어를 만들어, 한자를 아는 세대조차 뜻을 파악하느라 인지 지체를 가져온다.

시간이 갈수록, 그리고, 우리 말과 글에서 한자의 의미가 사라질수록 두드러질 두음법칙의 폐해 중 하나는 어원의 상실이다. 이 글을 읽는 시점일지라도, 우리 중에 낙동강의 의미를 아는 사람이 몇이나 될는지 궁금하다. 낙동강의 한자어는 洛東江이고, 두음법칙이 적용되지 않으면 락동강이다. 락동강의 정확한 의미는 '가락국 (駕洛國), 즉, 가야의 동쪽에 있는 강'이다. 가락이나 가야가 음차이든 아니든, 가야가 대가야와 소가야이든, 가락국 또는 가야의 동쪽 경계는 락동강이었다. 두음법칙에 의해 '락'이 '낙'으로 변하고, 시간이 흘러 관심조차 없어지면, 락동의 의미는 희미해져 낙동은 그저 소리에 불과할 뿐이다. 이렇듯이, 먼 훗날, 두음법칙에 의해 사라진 우리 말의 어원 연구는 소수의 전문가만이 알 수 있는 분야가 될 것이다.

위에서 우리는 두음법칙의 **례**외를 이미 보았다. **례**외는 어느 법칙에나 있으니 그렇다 하지만, 정작 문제는 띄어쓰기와 붙여쓰기에 따라 두음이 바뀔 수 있다는 점이다. 「한글 맞춤법」 제 48 항에 의하면, 성과 이름은 붙여 쓴다. '김양수 (金良洙) 를 **례**로 들었는데, 이는 두 번째 음절, 즉, 이름의 첫 글자인 '양' 에 두음법칙이 적용된다는 말이고, 성과 이름을 별개로 인정한다는 말이다. '외자로 된 이름을 성에 붙여 쓸 경우에 본음대로 적을 수 있다.' 는 것을 언급한 것으로 보아, 두 글자 이름의 첫 음절은 두음법칙이 적용될 경우 본음대로 적을 수 없다는 뜻이다. 良이 두음법칙에 해당된다는 사실을 모르고 **례**를 든 실수이기를 바란다. 아니라면, '김 양수' 로 써야 한다.

이렇게 말도 많고 탈도 많은 두음법칙을 해결하는 방법은 없을까? 우리 말에서 두음법칙이 '법' 으로 통용된 **력**사는 100 년이 채 안 된다. 1933 년, <조선어 학회> 는 「한글 맞춤법 통일안」 을 제정하였다. 하지만, 그 당시 영향력 있는 대중 매체인 『조선일보』 와 『동아일보』 는 1937 년까지 이 '법' 을 따르지 않았다. 물론, '조선어 학회' 가 막무가내로 없는 것을 있다고 했을 리 없고, 신문이 안 따른다고 해서 언중이 안 썼다고 할 수 없다. 실제로, 문헌에 의하면, 조선 중기에 간간이 두음의 변화가 나타나다가, 조선 말기에는 두음법칙이 적용된 말과 적용되지 않은 말이 혼재하였던 것으로 추정된다. 조선 말, Percival Lowell 이란 미국인이 지은 『조선: 고요한 아침의 나라』 (1886 년 발간) 를 보면, '이조 (吏曹)' 와 '예조 (禮

曹'를 각각 'Ri Chyo (리죠)'와 'Re Chyo (레죠)'로 표기한 반면, 그의 수학자 친구를 'Kim Nak Chip'이라 표기한 바, 가운데 자가 金洛集이든 金樂集이든, 두음법칙이 적용되었다. 吏와 禮의 발음이 [R] 인 점이 매우 흥미로운데, 이에 대해서는 「세종의 실수」에서 자세히 다루었다.

음운 원리는 100 년이 채 안 되었다고 해서 쉽게 없앨 수 없다. 시간이 문제가 아니라, 깊이가 문제다. 복잡한 사회에서 이미 이리저리 얽히고설켰는지라, 시계 바늘 돌리듯이 되돌릴 가능성은 없어 보인다. 이 글은 하나의 푸념에 불과할 것이다. 그래서 더 답답하다.

「부록 1」에서 보듯이, 두음법칙이 적용되는 한자의 종류는 76 종이다. 일부를 표에 적었지만, 이에 해당되는 한자 수는 모두 278 개다. KS 코드 한자 약 5,000 개의 5% 이다. 그 중, 실생활의 단어에 쓰이는 한자는 150 개를 넘지 않는다. 상용한자 3,000 개에 국한하더라도 역시 5% 이다. 적다고 할 수 없지만, 20 분의 1 에 불과하다.

당장 이 꼭지에서, 두음법칙이 적용된 한자는 **략**자 (略字, 약자) 1 회, **례** (例, 예) 9 회, **례**외 (例外, 예외) 4 회, **력**사 (歷史, 역사) 1 회, **렬**거 (列擧, 열거) 1 회, 계**렬** (系列, 계열) 1 회, **론**외 (論外, 논외) 1 회, **류**역 (流域, 유역) 1 회, **류**추 (類推, 유추) 1 회, **리**해 (理解, 이해) 6 회, 모두 10 종 23 회다. 이 꼭지에서 「한글 맞춤법」 조항과 표를 제외하면 약 6,000 개의 음절이 있는데, 그 중 23 개만이 두음법칙의 적용을 받았다. 굳이 % 로 환산하면, 0.4% 에 못 미친다.

5% 의 한자의 발음을 배려한 <조선어 학회> 는 두음법칙을 너무 간단하게 생각하지 않았나 하는 아쉬움이 든다. 70 년 후에, 이 문제로 대법원까지

가는 소송을 짐작이나 했을까? 두음법칙을 그대로 놓아두자니, 정신적으로 물질적으로 그 대가가 너무 크다. 남의 짐 들어주다가 내 허리 부러지게 생겼다. 두음법칙을 없애면, 그것으로 인한 많은 문제점도 함께 사라질 텐데 하는 안타까움만이 가득하다.

한번 묻고 싶다. 이 꼭지의 23 개 'ㄹ' 두음 단어를 발음하기가 정말로 어려운가? 빠르면 빠를수록 좋은 것 중의 하나가 바로 두음법칙 폐지다.

꼭지 4. 텃말의 두음법칙

주제에 들어가기 전에, 한 가지 용어를 정리할 필요가 있다. 우리말은 약 55% 의 한자어와 45% 의 비(非)한자어로 구성되어 있다. '비한자어'에서 외래어 계통 (약 10%) 을 뺀 말을 '고유어' 라고 부르는 사람들이 있었는데, 한자말이 어떻게 고유하냐며 반박하는 사람들이 있자, 그것을 '순우리말' 이라 부르는 사람들이 나타났다. 한자가 들어가는 '純우리말' 이 어떻게 '순우리말' 이냐며 거부하는 사람들 또한 있었다. 이런 이유로, '고유어' 를 '토박이말' 이라 부르는 다른 부류의 사람들이 나타났는데, '土박이말' 또한 한자가 들어있기는 마찬가지다. 이에, 이 꼭지에서는 그런 말들을 '텃말' 로 부르기로 한다. '텃말' 의 조음 원리는 '텃새' 의 그것과 같다.

앞 꼭지에서 우리는 두음법칙 3 개 항을 살펴보았다. 간단히 정리하면 다음과 같다.

1. 한자음 '녀, 뇨, 뉴, 니'   → '여, 요, 유, 이'
2. 한자음 '랴, 려, 례, 료, 류, 리' → '야, 여, 예, 요, 유, 이'
3. 한자음 '라, 래, 로, 뢰, 루, 르' → '나, 내, 노, 뇌, 누, 느'

위 3 개 항의 공통점을 꼽자면, 모두 한자음이라는 것이다. 위 한자음들의 발음과 같은 텃말이 분명히 있을진대, 한자음에만 두음법칙이 적용된다는 것이 받아들일 만한가? 과연, 두음법칙은 한자어에만 적용될까? 이것이 이 꼭지의 주제다.

결론부터 얘기하면, 두음법칙은 한자어와 텃말 모두에 적용된다. 다만, <조선어 학회> 가 두음법칙을 적용한 시점인 1933 년 전에 해당 텃말의 두음이 이미 변하여, 두음법칙이 적용된 것을 우리가 알아차리지 못할 뿐이다.

이 주제를 다루기 위해서는 중세 국어의 표기가 필수적임은 두말할 나위가 없다. 이 작업을 가능하게 한 사람은 『고어사전』을 펴낸 남광우 (南廣祐) 이다. 그는 1960 년에 초판 (동아출판사) 을 펴내고, 1971 년 일차 보정판 (일조각) 에 이어, 1997 년 이차 보정판 (교학사) 을 펴냈다. 이 꼭지에서는 '교학사 판'을 참고하였다.

만약, 집에 있는 책 중에서 단 한 책만 들고 나가야 하는 경우가 생긴다면, 나는 주저하지 않고, 몇 년 전에 청계천 헌책방을 뒤져, 3만 원에 산 『고어사전』을 집을 것이다. 이 책을 들여다보노라면, 컴퓨터도 없던 그 시절에, 오직 손작업으로 어떻게 그처럼 방대한 양의 사전을 만들었는지 그저 경이로울 뿐이다. 우리 시대에 그가 있었다는 것이 한국어에게는 엄청난 행운이며, 우리 또한 행운아다. 1970 년대 초, 그가 한자 폐지를 반대함으로써, 훈민정음 편찬을 반대한 세종조 최만리 (崔萬理) 에 빗대어 '현대판 최만리'라는 비아냥을 들었지만, 한자를 배우지 않으면 우리말의 뿌리를 알 수 없다는 충정에서 나온 것으로 이해된다. 한자 교육에 대해서는 별도의 꼭지에서 다룰 예정이다. 세종은 훈민정음을 만들었고, 500여 년 후, 남광우는 훈민정음을 정리하였다.

텃말에 두음법칙이 일어났는지 알아보기 위하여, 『고어사전』의 모든 'ㄴ' 초성 낱말들과 모든 'ㄹ' 초성 낱말들을 전수 조사하여 초성의 발음이 바뀐 현대어를 추렸다. 현재 쓰이지 않는 죽은 말이라는 이유로 추림에서 제외되었지만, 초성의 발음이 바뀐 말이 (주로, 'ㄴ' 초성 낱말들) 많이 있음은 물론이다.

『고어사전』의 한 가지 기이한 점은, 원전의 출처에 있어, 시가집 (詩歌集) 의 수는 상당한 반면, 소설류 (小說類) 는 오직 『왕랑전』과 『춘향전』 이라는 사실이다. 심지어, 최초의 언문 소설인 『홍길동전』 도 출전의 범위 밖에 있다.

두음이 변한 텃말을 조사하는데 있어, 고어 텃말의 예가 나오는 원전의 약어와 출처의 목록은 「부록 2」에 실었다. 두음법칙이 일어난 텃말을 정리하여 「부록 3」에 실었다.

두음이 변한 텃말을 정리하면, 다음과 같다.
1. 녀, 녜, 뇨, 뉴, 니 → 여, 예, 요, 유, 이
2. 료, 류, 리 → 요, 유, 이
3. 라, 러, 루, 려, 로, 르, ᄅ → 나, 너, 누, 녀, 노, 느, ᄂ

병렬 비교를 위하여, 두음이 변한 한자음을 소환한다.
1. 녀, 뇨, 뉴, 니 → 여, 요, 유, 이
2. 랴, 려, 례, 료, 류, 리 → 야, 여, 예, 요, 유, 이
3. 라, 래, 로, 뢰, 루, 르 → 나, 내, 노, 뇌, 누, 느

특기할 만한 점은, 첫째, '니'로 시작하는 텃말 고어가 유난히 많다는 점이고, 둘째, 한 손으로 꼽을 수 있는 죽은 말을 포함하여, 'ㄹ' 초성 텃말은 위 표에 보이는 것이 전부일 정도일 정도로 그 수가 적다. 'ㄹ' 초성 한자어도 상황이 비슷하여, 다른 자음 초성 한자어에 비해 훨씬 적다. 그나마 두음법칙으로 인해, 텃말이건 한자어건, 현재 살아 있는 초성 'ㄹ' 낱말들은 전멸에 가깝다. 죽은 말 '라온' 은 '즐거운' 을 뜻하는 낱말로서, 아마도, 변하기 전에 죽은 말일 게다. 만약, 계속 살아 있었다면, '나온' 으로

변했을 가능성이 크다. 셋째, 몇 개의 'ㄹ → ㅇ' 전환 낱말은 'ㄹ → ㄴ' 전환에 이은 'ㄴ → ㅇ' 전환, 즉, 두 번의 두음 변화가 일어난 결과다. 예를 들어, '이불'은 '리불 → 니불 → 이불'의 과정을 거쳤다. '용수', '이', '이르다', '일곱' 또한 그러하다. 이와 같은 두음 이중 변화는 한자에서도 비일비재하게 일어난다.

위치가 따라 품사가 변하는 한자와는 달리, 품사의 분류가 뚜렷한 우리말에서는 특정 음절의 위치가 고정되기 때문에, 그 위치가 변하는 텃말은 합성명사밖에 없다. 위 표에 나오는 명사는 모두 38 개다. 이 가운데, '낱말머리에 오지 않는 한자는 본음을 유지한다.'라는 두음법칙 원리가 표기에서 그대로 유지되는 텃말이 있다. '홍길동님, 담뇨, 예닐곱, 사랑니 혹은 어금니, 동전닢'처럼 두음이 아닌 '임, 요, 일곱, 이 (齒), 잎'은 두음법칙 이전의 음으로 표기된다. 이 낱말들은 'ㄴ → ㅇ' 전환에 해당하는 것으로서, 'ㄹ → ㄴ' 전환 낱말들에게는 해당되지 않는다.

한편, 합성어에서 앞 음절에 받침이 있는 경우, 적어도 발음상으로, 이전의 발음이 회복되는 낱말도 있다. '늦여름, 강여울, 길옆, 앞이마, 홑이불, 옛이야기, 꽃잎' 등의 낱말들은 '는녀름, 강녀울, 길녑, 압니마, 혼니불, 옌니야기, 꼰닙'으로 발음되어 옛 발음 'ㄴ'이 살아 있다. 이들 역시 'ㄴ → ㅇ' 전환에 해당하는 것으로서, 이러한 현상은 'ㄹ → ㄴ' 전환 낱말들에게는 나타나지 않는다.

이상에서, 한자어에만 국한하지 않고, 텃말에서도 우리가 알아차리지 못하는 사이에 두음법칙이 일어났음을 살펴보았고, 부분적으로 표기이든 발음의 흔적이든, 그 원리 또한 한자어와 마찬가지임을 살펴보았다. 그러나 한자와 텻말의 두음법칙이 다른 원리로 적용되는 결정적인 차이는, 잎새와 꽃잎처럼, 텻말에서는 위치에 따라 표기가 달라지지 않는다는 점이다.

한편, 두음법칙이 적용된 텻말에서 'ㄹ'이 첫 음절에 오지 않는 경우, 'ㄴ'과 달리, 표기로나 발음으로나 'ㄹ'이 회복되지 않으니, 'ㄹ'은 위치에 상관없이 발음하기 어려운 자음인 모양이다.

현재 살아있는 말들에 대한 두음법칙의 적용 현황을 살펴보면, 한자의 경우, KS 코드 기준 한자 (약 5,000 개) 가운데 278 개로 약 5.5% 이다 (참조: 5% 를 배려한 두음법칙, 그러나). 한국어를 구성하는 약 36만 개의 품사 원어 중, 명사 (약 74%), 동사 (약 16%), 형용사 (약 4%) 는 32만 개에 이르고, 이 중 텻말의 개수는 보수적으로 계산해도 (80% 한자어: 20% 텻말) 6만 개 이상이다. 위의 표에서 알 수 있듯이, 두음법칙이 적용된 텻말은 71 개로, 3 개 품사 원어의 약 0.12% 밖에 안 된다.

두음법칙의 문제는 글자의 위치에 따라 표기가 달라진다는 점이다. 앞선 꼭지에서, 한자어 두음법칙으로 인한 심각한 문제들을 살펴보았고, 빠르면 빠를수록 좋은 것 중의 하나가 두음법칙의 폐지라고 주장하였다. 만약, 텻말의 두음법칙도 없앤다면, 무슨 일이 일어날까? 결론을 얘기하면, 아무 일도 안 일어난다. 왜냐하면, 71 개는 감당할 수 있는 숫자라는 것이 첫 번째 이유이고, 우리 사회의 여러 분야에서 그물처럼 얽힌 한자와는 달리, 텻말의 쓰임새가 단출하다는 것이 두 번째 이유이고, 전문 용어가 필요한 분야에서는 두음법칙이 적용된 텻말의 다수가 한자로 이미 대체되었다는 것이 세 번째 이유이다.

둘째 마당 띄어쓰기

꼭지 5. 붙여쓰기

한자 세대로 수십 년 전에 배웠지만, 아직도 그 제목의 뜻을 명확하게 알지 못하는 도서명이 있다. 『대동여지도』(大東輿地圖) 이다.

『한국민족문화대백과사전』의 설명은 이렇다.

> 조선 후기 지리학자 김정호가 동서와 남북의 이어보기에 초점을 맞춘 병풍식의 첩 형식을 채택하여 1861년에 간행한 지도집. 지도첩.

한편, Wikipedia의 설명은 이렇다.

> 고산자 (古山子) 김정호가 1861년 제작한 한반도의 지도이며, 지도첩이다.

김정호는 『청구도』(靑丘圖), 『동여도』(東輿圖), 『대동여지도』의 3 대 지도를 제작한 지리학자이다. '청구'와 '동여'는 조선을 가리키는 말이다. 靑丘는 시조를 모아 엮은 『청구영언』(靑丘永言: 永은 詠이다) 에 나오며, 東輿는 동국여지 (東國輿地) 를 줄인 말로서, 1481 년 성종 때 편찬된 『동국여지승람』(東國輿地勝覽: 조선의 볼 만한 명승지) 에 나온다. 김정호는 1834 년에 『청구도』를, 1856 년에 『동여도』를 편찬하고, 이 둘을 보완하여 1861 년에 『대동여지도』를 편찬한다.

『대동여지도』가 조선 반도의 지도인 건 분명한데, 그리고 영어로 하자면, 'An Atlas of the Korean Peninsula' 인데, 어디에서 끊어 읽느냐에 따라서 뜻이 미묘하게 다르다. 그 이유는 東輿 (조선 땅), 輿地 (땅), 地圖 (땅 그림), 圖 (그림) 가 각각 하나의 분명한 명사로, 이것들을 합쳐 東輿地圖로 했을 때, 겹치는 글자 어느 것이 생략되었는지 모호하기 때문이고,

또, 겹치는 글자 어느 것을 생략하더라도 말이 되기 때문이다. '대동 여지도' 나 '대동여 지도' 로 읽는 사람이 대부분일 것이고, 어떻게 읽더라도 대부분이 그 뜻을 모를 것이다. 『동여도』 를 보완하여 큰 지도첩인 『대동 여지도』 를 만들었다 하니, 『대동여지도』 는 '대 동여 지도' 또는 '대 동여 지도' 로 띄어 읽음이 타당하며, '大' 는 '동여' 를 꾸미는 것이 아니라, ' 지도' 를 꾸미는 것으로 보아야 한다.

쓸데없이 말이 길었지만, 요지는 책 이름이나 기관명 등의 고유명사를 붙여 쓰는 것이 능사인가 하는 점이다. 보통, 4 글자 이상의 합자를 읽을 때, 나름의 박자로 띄어 읽기 마련이다. 쓰기는 붙이는데, 읽기는 띈다. 띄어 읽되 제대로 띄어 읽어야, 그 의미를 알 수 있다. 신라 출신 승려 혜초가 당나라 때 저술한 『왕오천축국전』 (往五天竺國傳) 을 '왕오 천축국전' 으로 읽으면, 그 뜻을 알 수 없다. 당나라에서는 인도를 천축 또는 천축국으로 불렀다. '오천축국 (五天竺國)' 은 지금의 파키스탄과 방글라데시를 포함한 인도 아대륙을 작가가 편의상 오방 (五方: 동, 서, 남, 북, 중) 으로 나눈 것으로, 인도 전체를 가리킨다. 그 안에 수많은 나라가 있음은 물론이다. ' 오천축국' 은 딱히 '인도의 다섯 나라' 가 아니라, '인도 대륙 오방의 여러 나라' 라는 뜻이다. 따라서, '왕오천축국전' 을 '왕 오천축국전' 으로, 좀 더 정확하게는 '왕 오천축국 전' 으로 읽으면, 그 뜻을 짐작할 수 있다. 요새 말로 하면, '인도를 가다' 라는 여행기 (傳) 이다.

위에서, 사람에 따라 읽기는 띄어 읽되, 쓰기는 붙여 쓰는 두 고전 문헌의 예를 들었다. 우리 고전들은 예외 없이 그 제목이 모두 한자이기 때문에, 한자를 알건 모르건 간에 무조건 붙여 쓴다. 한자를 쓰는 중국어에 띄어쓰기가 없는 이유이고, 띄어쓰기가 없는 일본어가 한자를 버리지 못하는 이유이다. 만약, '국립국어연구원' 이나 『한국민족문화대백과사전』 이 한자어라서 칸 띄기 없이 이어 썼다면, 특히, 우리말에서 명사에서 한자어가 차지하는 비율을 생각한다면, 그리고 한자가 주는 의미를 생각한다면, 우리나라의 기관 이름, 책 제목, 법령 등은 길이와 뜻에 상관없이 쭉 이어 쓴 한 단어가 될 것이다.

여러 단어로 된 외래어, 외국어, 또는 전문 용어가 우리나라에 들어와서 붙여 쓰고 엉뚱하게 띄어 읽는 바람에, 거기에다 어떤 말에는 한국말이 접미사처럼 붙는 바람에, 뜻은 사라지고 말도 안 되는 소리만 남았다. 이탈리아어로 '제 1 (Prima) 의 여인 (Donna)' 이란 뜻의 오페라 주역 여성 가수인 'Prima Donna' 가 한국에서 '프리마돈나' 로 씌고, '프리 마돈나' 로 읽혀서, 말도 안 되는 소리가 되었고, '안녕 (Aloha) 그대여 (Oe)' 뜻의 하와이 민요 'Aloha Oe' 가 한국에서 '알로하오에' 로 씌고, '알로 하오에' 로 읽혀서, 역시 말도 안 되는 소리가 되었다. '용 불용 설' 로 읽혀야 뜻이 분명한 진화생물학 이론인 '용불용설' (用不用說; Theory of Use and Disuse) 이 장담하건대 거의 100% '용불 용설' 로 읽힌다. 서울시 (서울市) 가 있기에, 뉴욕市가 되었고, 이 바람에, 인도의 힌두교 성지 '바라나시' 가 '바라나市' 인지, 아닌지, 따로 찾아보지 않으면 알 수가 없다. '바라나시' 는 'Varanasi' 이다. 굳이 市를 붙이면, '바라나시市' 가 된다.

서로 반대 입장에서, 붙여쓰기의 문제는 띄어쓰기의 문제다. 어디까지 붙여 쓰고 어디까지 띄어 쓸지가 문제다. 붙여쓰기가 이상해 보이면 띄어 써야 할 것이며, 띄어쓰기가 이상해 보이면 붙여 써야 할 것이다. 정작 큰 문제는 붙여 써도 띄어 써도 이상해 보이지 않는 경우다. 이 꼭지의 지금까지의 문장만 잠깐 살펴보더라도, '붙여쓰기, 수십, 한국민족문화대백과사전, 지리학자, 한반도, 1861년, 쓸데없이, 고유명사' 중에서 띄어 써도 되는 것은 '1861년'과 고유 명사' 정도이다. '한국민족문화대백과사전'은 '한국 민족 문화 대백과사전' 또는 '한국 민족문화 대백과사전'으로 쓰면, 그 뜻이 분명해지나, 아무튼, 한 단어라니 붙여 쓴다. '쓸데없다'는 한 단어라, '데'를 의존 명사로 취급해 '쓸 데 없다'로 쓰면 안 된다. '지리학자'는 지리학을 연구하는 사람으로, '자'를 접미사로 취급해 붙여 쓴다. 만약 지리를 연구하는 학자로 해석된다면, 띄어 써야 할까? 붙여쓰기와 띄어쓰기는 참으로 어렵다.

그렇다면, 두 단어 이상을 이어서 한 단어를 만들 때, 붙이고 띄는 원칙은 무엇인가? 「한글 맞춤법」에 나오는 붙이고 띄는 원칙은 다음과 같다.

제41항 조사는 그 앞말에 붙여 쓴다.
제42항 의존 명사는 띄어 쓴다.
제43항 단위를 나타내는 명사는 띄어 쓴다.

한 개	차 한 대	금 서 돈	소 한 마리
옷 한 벌	열 살	조기 한 손	연필 한 자루
버선 한 죽	집 한 채	신 두 켤레	북어 한 쾌

다만, 순서를 나타내는 경우나 숫자와 어울리어 쓰이는 경우에는 붙여 쓸 수 있다.

두시 삼십분 오초	제일과	삼학년
육층	1446년 10월 9일	2대대
16동 502호	제1실습실	80원
10개	7미터	

제44항 수를 적을 적에는 '만(萬)' 단위로 띄어 쓴다.

십이억 삼천사백오십육만 칠천팔백구십팔

제45항 두 말을 이어 주거나 열거할 적에 쓰이는 다음의 말들은 띄어 쓴다.

    국장 겸 과장   열 내지 스물   청군 대 백군

    책상, 걸상 등이 있다.   이사장 및 이사들   사과, 배, 귤 등등

    사과, 배 등속   부산, 광주 등지

제46항 단음절로 된 단어가 연이어 나타날 적에는 붙여 쓸 수 있다.

    좀더 큰 것   이말 저말   한입 두입

제47항 보조 용언은 띄어 씀을 원칙으로 하되, 경우에 따라 붙여 씀도 허용한다.

    (ㄱ을 원칙으로 하고, ㄴ을 허용함.)

ㄱ	ㄴ
불이 꺼져 간다.	불이 꺼져간다.
내 힘으로 막아 낸다.	내 힘으로 막아낸다.
어머니를 도와 드린다.	어머니를 도와드린다.
그릇을 깨뜨려 버렸다.	그릇을 깨뜨려버렸다.
비가 올 듯하다.	비가 올듯하다.
그 일은 할 만하다.	그 일은 할만하다.
일이 될 법하다.	일이 될법하다.
비가 올 성싶다.	비가 올성싶다.
잘 아는 척한다.	잘 아는척한다.

다만, 앞말에 조사가 붙거나 앞말이 합성 용언인 경우, 그리고 중간에 조사가 들어갈 적에는 그 뒤에 오는 보조 용언은 띄어 쓴다.

    잘도 놀아만 나는구나!   책을 읽어도 보고….

    네가 덤벼들어 보아라   이런 기회는 다시없을 듯하다.

    그가 올 듯도 하다.   잘난 체를 하다.

제48항 성과 이름, 성과 호 등은 붙여 쓰고, 이에 덧붙는 호칭어, 관직명 등은 띄어 쓴다.

김양수(金良洙)		서화담(徐花潭)		채영신 씨
최치원 선생		박동식 박사		충무공 이순신 장군

다만, 성과 이름, 성과 호를 분명히 구분할 필요가 있을 경우에는 띄어 쓸 수 있다.

남궁억/남궁 억		독고준/독고 준		황보지봉(황보지봉)/황보 지봉

제49항 성명 이외의 고유 명사는 단어별로 띄어 씀을 원칙으로 하되, 단위별로 띄어 쓸 수 있다. (ㄱ을 원칙으로 하고, ㄴ을 허용함.)

ㄱ	ㄴ
대한 중학교	대한중학교
한국 대학교 사범 대학	한국대학교 사범대학

제50항 전문 용어는 단어별로 띄어 씀을 원칙으로 하되, 붙여 쓸 수 있다. (ㄱ을 원칙으로 하고, ㄴ을 허용함.)

ㄱ	ㄴ
만성 골수성 백혈병	만성골수성백혈병
중거리 탄도 유도탄	중거리탄도유도탄

「한글 맞춤법」의 큰 전제는 제 1 장 총칙의 제 2 항 '문장의 각 단어는 띄어 씀을 원칙으로 한다.'이다. 단어라 함은 '자립적으로 쓸 수 있는 말이나 이에 준하는 말 또는 그 말의 뒤에 붙어 문법적 기능을 나타내는 말'을 뜻한다. 우리말 9 가지의 품사 가운데 조사를 제외한 나머지 (명사, 대명사, 수사, 동사, 형용사, 관형사, 부사, 감탄사) 가 이에 해당한다.

「한글 맞춤법」에서 붙여쓰기에 관한 사항만 추리면 다음과 같은데, 이는 '법' 으로 보장된다.

제43항 순서를 나타내는 경우나 숫자와 어울리어 쓰이는 경우에 붙여 쓸 수 있다.

제44항 수를 적을 적에는 '만(萬)' 단위 내에서는 붙여 쓴다.

제46항 단음절로 된 단어가 연이어 나타날 적에는 붙여 쓸 수 있다.

제47항 보조 용언은 경우에 따라 붙여 쓴다.

제48항 성과 이름, 성과 호 등은 붙여 쓴다.

제50항 전문 용어는 단어별로 붙여 쓸 수 있다.

'붙여 쓸 수 있다'는 '붙여도 되고 띄어도 된다'는 말이니, 엄밀한 붙여 쓰기는 제 44 항의 만(萬) 단위 내의 수, 제 47 항의 경우에 따른 보조 용언, 그리고 제 48 항의 성과 이름, 성과 호뿐이다. 그 외의 것은 무조건 띄어 쓰는 것이 상책이고, 붙여 쓰는 것에 대해 고민하는 것은 하책이다. 다만, 남이 붙여 쓴 것이 맞춤법에 맞는지를 판단하는 일이 없기를 바랄 뿐이다. 만약, 숫자는 십 단위로, 보조 용언, 성과 이름, 성과 호를 띄어 쓴다면, 「한글 맞춤법」의 띄어쓰기 항목들은 필요 없게 되고, 무조건 띄어 씀으로써, 붙일지 말지에 대해 고민할 필요도 없게 된다.

음절 언어인 우리말에는 단위명사를 비롯한 단음절 단어가 많다. 그렇다고 해서, 문장에 단음절어가 많이 나온다는 것을 의미하지 않는다. 문장에서 단음절어를 하나하나 띄어 쓰면 기록하기에도, 보기에도 불편할 뿐 아니라, 읽는 속도도 느려질 염려가 있다고 한다. 만약, '좀 더 큰 이 새 차' 같은 구가 나온다면, 확실히 그렇다. 그러나, 아무 책을 펼쳐서 살펴본다면, 단음절어가 연이어 나타날 확률은 무시할 정도로 적다는 것을, 그리고 세 번 이상 연이은 단음절어는 한 권을 읽더라도 한 손으로 꼽을 정도라는 것을 알게 될 것이다. 아니, <서울시장애인복지관협회>나 『한국민족문화대백과사전』처럼 길게 붙여 쓴 말이 무슨 말인지 알아보느라고 읽는 속도를 오히려 지체시킨다. 또한, 한국어에서 읽는 속도를 지체시키는 요인은 괄호를 비롯한 부호 붙여쓰기와, 경우에 따른 조사 (助詞) 이다. 별도의 꼭지에서 이에 대해 논의할 것이다.

정작 붙여쓰기가 어렵다고 느끼게 만드는 것은「한글 맞춤법」이 아니라, 합성어다.

문법 용어로, 두 단어 이상을 붙여 만든 단어를 합성어 또는 복합어라 한다. 둘 중 어느 용어가 상위 개념인지 논란의 여지가 있으나, 이 꼭지에서 사용하는 용어는 합성어로 통일한다. 합성어는 대등 합성어, 수식 합성어, 융합 합성어로 나뉘어진다. 대등 합성어는 두 단어가 본래의 의미를 지니고 대등한 자격으로 연결된다. 손발, 팔다리 등이 그 예다. 수식 합성어는 앞 단어가 뒤 단어를 종주 관계로 꾸민다. 소나무, 감나무 등이 그 예다. 융합 합성어는 두 단어의 단순한 물리적 결합을 넘어, 제 3의 고유한 뜻을 가진다. 물먹다, 밤낮 등이 그 예로, 주로 관용적이다.

합성어를 구성하는 품사는 9 품사 중 감탄사를 제외한 나머지 품사다. 동종 품사끼리 결합하여 합성어를 만들기도 하고 (임시로, '동종 합성어' 라고 부른다), 이종 품사와 어울려 합성어를 만들기도 한다 (임시로, '이종 합성어' 라고 부른다). 앞뒤 (명사 + 명사), 이것 (대명사 + 대명사), 오르내리다 (동사 + 동사), 굳세다 (형용사 + 형용사), 곧바로 (부사 + 부사), 두서너 (관형사 + 관형사), 대여섯 (수사 + 수사), 에게서 (조사 + 조사) 는 동종 합성어의 예다.

구성 성분의 수가 많은 만큼 이종 합성어의 조합은 매우 다양하다. 명사를 중심으로 예를 들면, 꺾쇠 (동사 + 명사), 구린내 (형용사 + 명사), 새옷

(관형사 + 명사), 산들바람 (부사 + 명사) 등이다. 다른 이종 합성어 (명사 + 동사, 형용사 + 동사, 부사 + 동사, 수사 + 동사, 명사 + 형용사, 명사 + 부사, 대명사 + 부사) 의 예는 생략한다.

이종 합성어의 품사는 뒤 단어의 품사와 같기도 하고, 다르기도 하다: 맛나다, 풀죽다 (명사 + 동사), 약아빠지다, 게을러터지다 (형용사 + 동사), 못나다, 막되다 (부사 + 동사) 는 형용사이고; 어느덧, 한바탕 (관형사 + 명사), 가끔가다 (부사 + 동사) 는 부사이고; 온갖 (관형사 + 명사), 긴긴 (형용사 + 형용사), 몹쓸 (부사 + 동사), 여남은 (수사 + 동사) 은 관형사이다. 밤낮 (명사 + 명사) 이 '밤과 낮을 가리지 않고 늘' 을 뜻하는 부사로 흔히 예시되나, 이것은 명사로, 조사 '으로' 가 생략되어 부사처럼 보일 뿐이다. 예로, '밤낮 놀기만 하다' 는 '밤낮으로 놀기만 하다' 에서 온 말이다.

위에서 언급했듯이, 감탄사는 합성어 구성 성분으로 쓰이지 않는다. 그럼에도 불구하고, 한 가지 재미있는 것은 감탄사 이외의 품사로 이루어진 이종 합성어가 감탄사로 되는 경우가 있다. '웬걸!', '천만에!' 가 그 예로, 각각, '관형사 + 대명사', '수사 + 조사' 의 합성어이다.

합성어는 품사의 결합으로 생길 뿐 아니라, 문장 성분의 결합에 의해서노 만들어진다. '걸어가다' 는 '용언의 부사형 + 용언', '재미있다' 는 '주어 + 서술어' 의 예다. 이렇게 만들어진 합성어는 어근의 배열 방식에 따라 10 가지 이상 분류될 수 있다. 그러나, 이 꼭지의 주제와 크게 관련이 없으므로, 이것들의 예를 하나하나 제시하지 않는다.

우리말과 영어는 합성어의 형태에서 많은 차이를 보이며, 이 차이가 용법의 차이를 만든다. 영어 합성어 (compound word) 는 붙여 쓰는 '닫힌

합성어' (closed compound word), 띄어 쓰는 '열린 합성어' (open compound word), 붙임표 (-, hyphen) 로 연결하는 '붙임표 합성어' (hyphenated compound word) 의 3 가지이다. 우리말에는 '열린 합성어' 나 '붙임표 합성어' 는 없다. 정의상, 형태에 상관없이, 영어 합성어는 우리말의 융합 합성어에 해당한다. 그러니까, 우리말의 대등 합성어나 종속합성어는 영어에 없고, 영어에서는 별도의 단어를 만들어 쓰거나 (집돼지는 pig, 멧돼지는 boar), 필요할 경우, 합성의 개념 없이 단순한 한 칸 띄기로 해결된다. 우리말의 경우, 합성어는 어떤 경우에도 붙여 쓰는 것을 원칙으로 한다. 이 점이 영어 '열린 합성어' 와 다른 점이다. 예를 들어, 'ice cream' 은 합성어이지만, 'icecream' 으로 쓰지 않는다.

정작 붙여쓰기는 어렵다고 느끼게 만드는 것은 합성어가 아니라, 합성어의 감별이다.

위에서 언급했듯이, 우리말의 합성어는 항상 붙여 쓴다. 그러니까, 어떤 말들이 합성어의 자격이 있는지 아는 것이 관건이다. '명사 + 명사' 를 제외한 동종합성어와 이종합성어는, 그 말들이 만들어진 원리를 떠나서, 고등교육을 받은 사람들에게는 거의 관용적이라 해도 좋을 만큼 익숙하므로, 붙여쓰기에 문제가 별로 없다. 예를 들어, '동사 + 동사' 합성어인 '건너뛰다' 와 '알아듣다' 는 붙여 쓴다. 한편, '뛰어 건너다' 와 '들어 알다' 는 붙여 쓰지 않는다. 합성어가 아니기 때문이다. 영어로 바꿔 보면, 어느 것이 왜 합성어인지 명확하다. '뛰어 건너다' 의 'jump across' 는 '건너뛰다' 의 'skip' 과, '들어 알다' 의 'know somebody or something from hearing something' 은 '알아듣다' 의 'understand' 와 각각 의미가 다르다. 이러한 유형의 합성어는 동사와 동사 사이에 '서' 를 넣어, 역설적으로,

말이 되면 합성어가 아니고, 말이 안 되면 합성어이다. '뛰어서 건너다', '들어서 알다'는 말이 되는 반면, '건너서 뛰다', '알아서 듣다'는 말이 안 된다. 우리는 어떤 말이 합성어인지 본능적으로 알고, 붙여 쓴다.

하지만, 이 본능이 통하지 않을 확률이 높은 합성어가 '명사 + 명사' 합성어이다. '지리 학자'인지, '지리학자'인지 본능적으로 알 수 없고, 따져 봐야 할 일이다. 합성어를 구성하는 품사의 빈도에 관한 조사가 발표된 적은 없으나, 우리말 낱말의 약 60%가 명사인 점을 감안하면, '명사 + 명사' 합성어의 수가 가장 많을 것으로 짐작된다. 우리말에서는 웬만한 명사들이 결합해 합성어를, 특히 대등 합성어를, 이룰 수 있기 때문에, 그것들이 진정한 합성어인지 먼저 알아야, 붙이든지 띄든지 할 것이다. 합성어라면 무조건 붙이고, 합성어가 아니라면 단어마다 무조건 띄어 쓰는 것은 당연하다. 하지만, 두 명사가 붙어있어도 일시적으로 복합 명사를 이룬 것인지, 합성어가 된 것인지 구별하기가 매우 어렵다. 이에 따라 합성어 여부에 따라 바뀌는 띄어쓰기도 어려워지고, 합성어의 정의조차 희미해진다.

꼭지 6. 괄호 (括弧) 띄어쓰기

괄호는 문자나 문장 앞뒤를 막아서 다른 문자열과 구별하는 문장 부호이다. 활 모양으로 생겼기 때문인지, 부호 (符號) 의 號 (부르짖을 호) 가 아닌 弧 (활 호) 를 쓴다. 괄호의 종류로 소괄호 (( )), 중괄호 ({ }), 대괄호 ([ ]) 가 있으나, 뒤 2 개는 글에서 거의 쓰이지 않는다. 영어로, 각각, parenthesis, brace, bracket 이며, 쌍으로 쓰이기 때문에, 글에서 괄호를 지정하여 말할 때 복수형으로 적는다 (예, in parentheses). 이후, 별도의 언급이 있을 때까지, 소괄호를 괄호라 칭한다.

"내 일도 아닌데…", "이래서는 안 되는데…" 하면서, 볼 때마다 짜증 나는 것이 있다. 바로 괄호를 앞말에 붙여 쓰는 것이다. 이 꼭지의 주제는 괄호 띄어쓰기이다.

주제로 들어가기 전에, 괄호에 관한 짧은 역사를 살펴본다. 괄호는 이탈리아의 수학자 니콜로 폰타나 (Niccolò Fontana; 1505-1559) 가 수학에서 항을 묶기 위해 1556 년에 처음 사용한 것으로 알려져 있다. 그러니까, 괄호는 수학의 기호에서 출발했다. 뉴튼 시대에도 괄호는 쓰이지 않다가, 18 세기 중반 이후 본격적으로 쓰였다. 괄호 (독일어로 Klammer) 라는 명칭은 스위스의 유명한 수학자 레온하르트 오일러 (Leonhard Euler; 1707-1783) 가 만들었다. 일반 글에서는 19 세기에 들어서 쓰인 것으로 추정된다.

우리나라에서는 1896 년 9 월에 발행된 『독립신문』(1896 년 7 월 창간) 에 괄호가 처음 등장한다. 제물포에 소재한 한 외국 회사가 낸 영어 광고에 괄호가 들어 있다. 본 기사에 괄호가 보인 때는 1896 년 12 월이다. 하지만, 1883 년에 세워진 관립 영어 교육기관인 <동문학> 시절, 그곳의 선생과 학생은 괄호의 존재와 사용 방법을 알았을 것으로 추정된다. 일제 강점기의 독립운동가로 알려진 남궁억 (南宮檍) 은 이 기관 출신이다. 그는 『독립신문』 창간에 참여하고, 기자로 활동했다. 또한, <동문학> 의 후속 기관 격인 <육영공원> (1886-1894) 의 교사로 부임한 호머 헐버트 (Homer Hulbert; 1886 년 – 1891 년 재직) 는 『독립신문』의 창간에 많은 도움을 주었고, 신문의 인쇄도 그가 세운 출판사가 담당하였다. 게다가, 신문의 주관자가 미국에서 공부한 서재필이었으므로, 『독립신문』에 괄호가 도입된 것은 자연스러운 일이었을 것이다. 헐버트는 한글 띄어쓰기의 선구자이며, 대한제국 시절 헤이그 특사 파견에 크게 공헌하여, 제 4 의 특사로 불리기도 한다. 우리가 꼭 기억해야 할 외국인이다.

사실, 괄호에 관련된 주제는 2 가지로, 하나는 괄호 뒤에 조사가 없는 경우, 즉, 괄호가 단독으로 있는 경우 ('단독괄호' 라 칭한다) 의 괄호 띄어쓰기이고, 다른 하나는 괄호 뒤에 조사가 있는 경우의 조사 띄어쓰기이다. 이 두 개를 하나로 묶는 것을 고려하였으나, 괄호도 하나의 부호이기 때문에, 부호 뒤에 오는 조사의 띄어쓰기에서 괄호를 함께 취급한다. 따라서, 이 꼭지에서는 단독괄호의 괄호 띄어쓰기만을 다룬다.

「한글 맞춤법」 (부록) 에 나오는 괄호의 사용법은 6 가지인데, 그 중, 서술형 문장에서 쓰이는 사용법은 다음과 같다. 형식만 살짝 편집하였다.

(1) 주석이나 보충적인 내용을 덧붙일 때 쓴다.
예) 니체(독일의 철학자)의 말을 빌리면 다음과 같다.

예) 2014. 12. 19.(금)

예) 문인화의 대표적인 소재인 사군자(매화, 난초, 국화, 대나무)는 고결한 선비 정신을 상징한다.

(2) 우리말 표기와 원어 표기를 아울러 보일 때 쓴다.

예) 기호(嗜好), 자세(姿勢)

예) 커피(coffee), 에티켓(étiquette)

(3) 생략할 수 있는 요소임을 나타낼 때 쓴다.

예) 학교에서 동료 교사를 부를 때는 이름 뒤에 '선생(님)'이라는 말을 덧붙인다.

예) 광개토(대)왕은 고구려의 전성기를 이끌었던 임금이다.

(4) 항목의 순서나 종류를 나타내는 숫자나 문자 등에 쓴다.

예) 사람의 인격은 (1) 용모, (2) 언어, (3) 행동, (4) 덕성 등으로 표현된다.

예) (가) 동해, (나) 서해, (다) 남해

보충적인 내용을 덧붙일 때, **여는 소괄호를 앞말에 붙여 적는다**. 그리고 정해져 있는 사항은 아니지만, 보충 내용을 괄호에 넣어 덧붙이는 것이니만큼 쉼표를 괄호 뒤에 쓰는 것이 적절하다. 이에 따라 아래와 같이 쓸 수 있다.

예) 매우 중요하다고 생각하고(당연히 그럴만 하다.), 따라서; 맞음
    매우 중요하다고 생각하고 (당연히 그럴만 하다.), 따라서; 틀림

예) 가장 중요하다고 한다면(이상주의적 입장), 우리는; 맞음
    가장 중요하다고 한다면 (이상주의적 입장), 우리는; 틀림

예) 스스로 변화하길 원하는 사람(또는 비건들이 변화시키고 싶은 사람) 외부의; 맞음
    스스로 변화하길 원하는 사람 (또는 비건들이 변화시키고 싶은 사람) 외부의; 틀림

여기서, 위의 사용법 외에 두 가지를 더한다.

  (5) 우리에게 익숙하지 않은 복수형이나 접두사가 필요할 때 쓴다. 보통, 중복을 피하고자 사용한다.
  예) 특정인(들)이 정보를 독점하는 것은 좋지 않다.
  예) (대)장군들은 긴급 회의를 열었다.

  (6) 대체어를 나타낼 때 쓴다.
  예) 대표적인 조사로 '은(는)', '이(가)', '을(를)', '와(과)' 가 있다.

괄호 띄어쓰기 관점에서, 위 규범의 사용법 (3), (4) 와 이 꼭지에서 제시한 사용법 (5), (6) 은 보이는 대로 사용하면 아무 문제가 없다. 따라서, 이들 사용법은 주제의 범위 밖이므로, 논외로 한다.

이제, 문제가 되는, 그리고 제일 흔히 쓰이는 괄호의 사용법 (1) 과 (2) 에 대해 논의한다. 사용법 (2) 의 원어 표기도 일종의 보충이니, 괄호는 주로 주석이나 보충적인 내용을 덧붙일 때 쓰인다고 할 수 있다. 평소에, "(우)06799 보다 (우) 06799 가 보기 훨씬 편한데, 왜 우리 글에서 괄호를 앞 글자에 예외 없이 붙여 쓸까?" 라고 의아해 왔었는데, 그 이유가 이런 규범 때문이란 걸 이제 알았고, 그래서 이 꼭지의 주제로 삼았다. 이 시점에 짐작했는지 모르지만, 멀쩡해 보이는 괄호를 주제로 삼았다는 것은 괄호에 대해 유감이 많다는 뜻이다. 아래 예들의 일부는 「한글 맞춤법」(부록) 으로부터 가져왔다.

위 규범에 제시된 예의 일부를 아주 살짝 변형하여 바로 한 줄 아래에 적었다. 아무 편견 없이, 두 줄의 비교 예문 가운데 어느 줄의 예문이 의미

전달에 있어 효과적인지 비교해 보자.

    기호(嗜好), 자세(姿勢)

    기호 (嗜好), 자세 (姿勢)

    커피(coffee), 에티켓(étiquette)

    커피 (coffee), 에티켓 (étiquette)

위의 예시를 놓고, 전문가 단체나 일반 국민을 상대로 어느 형태의 괄호가 글을 읽는데 효과적인지 설문조사를 한번 실시해보고 싶다. 왜냐하면, 괄호를 어떻게 쓰느냐에 따라, 글을 이해하는 속도에 있어 차이가 많이 나기 때문이다. 이유는 그렇고, 조사 (調査) 의 목적은 '**괄호는 여는 괄호를 앞말에 붙여 적는다.**' 는 규범을 '**괄호는 여는 괄호를 앞말로부터 띄어 적는다.**' 로 고치는 것에 대해 시중의 견해를 알아보고 싶다.

개인적인 의견이기는 하나, 거의 모든 사람이 두 번째 줄의 띄어쓰기를 선택할 것으로 100 % 장담한다. 그 이유로 두 가지를 들 수 있다. 첫째, 괄호 붙여쓰기는 시각적으로 피곤하다. 괄호 뒤에 아무 글자가, 즉, 조사 (助詞) 가 없으면 (예를 들어, 문장이 아닌 제목), 괄호를 붙여 쓸 이유가 전혀 없다. 다음은 극치의 괄호 붙여쓰기의 예다. 괄호가 있는지, 있다면 어디에 있는지 모를 지경이다. 밑에 괄호 띄어쓰기를 비롯하여 문장부호, 단위, 조사의 띄어쓰기를 더해, 두 문장을 비교한다.

    잡지는 그 크기(판형)에 따라 포켓판(pocket, 11×15cm)·표준판(standard, 13×19cm)·플랫판(flat, 15×22cm)·대형판(19×26cm)으로 나눌 수 있으며, 간행 횟수에 따라 월간·주간·격주간·순간·격월간·계간 등으로 분류할 수 있다.

잡지는 그 크기 (판형) 에 따라 포켓판 (pocket, 11 × 15 ㎝), 표준판 (standard, 13 × 19 ㎝), 플랫판 (flat, 15 × 22 ㎝), 대형판 (19 × 26 ㎝) 으로 나눌 수 있으며, 간행 횟수에 따라 월간, 주간, 격주간, 순간, 격월간, 계간 등으로 분류할 수 있다.

더 중요한 둘째 이유는 괄호가 구 (句) 를 보충할 때, 마치 바짝 붙은 앞 단어만을 보충하듯 보인다는 점이다. 다음의 예에서, 괄호 안의 내용은 명사구의 보충 설명임에도, 각각, 커피와 트럼펫만을 보충하는 것처럼 보인다. 물론, 잠시 후에는 그렇지 않다는 것을 알지만 말이다. 이런 현상은 이종 품사로 이루어진 구 (예를 들어, 형용사 + 명사) 에서는 더욱 심해진다. 날짜의 괄호 안 요일 표시도 마찬가지다.

콜롬비아 커피(Colombia coffee)
콜롬비아 커피 (Colombia coffee)

밤하늘의 트럼펫(Il Silenzio)
밤하늘의 트럼펫 (Il Silenzio)

2014. 12. 19.(금)
2014. 12. 19. (금)

괄호 띄어쓰기는 도로 표지판이나 관광 안내문에서 외래 단위명사 띄어쓰기와 더불어 더욱 중요하다. 다음의 비교 중 어느 것이 명쾌한지에 대해서 설문조사를 할 필요도 없다. 띄어 쓸 공간이 부족하다면, 차라리 글자를 조금 작게 하되, 띄어 쓰는 것이 낫다.

인천공항(10km)

인천공항 (10 km)

인천공항 (10 km)

대전(100km)

대전 (100 km)

대전 (100 km)

구례(화엄사)

구례 (화엄사)

구례 (화엄사)

인제(설악산국립공원)

인제 (설악산 국립공원)

인제 (설악산 국립공원)

마지막으로, 숫자로만 이루어지는 수치를 제시하는 경우, 특히 통계의 경우, 단독괄호를 앞말과 띄어 써야 하는 명백한 이유를 다음의 아래 위 비교 예에서 볼 수 있다. 예는 『한국민족문화대백과사전』으로부터 가져왔다. 괄호를 앞말과 붙여 쓴 위쪽 예에서 괄호를 찾으려면, 적지 않은 노력이 필요하다. 단독괄호를 띄어 써야 하는 이유는 자명하다.

'괄호는 소괄호를 칭한다.'라는 앞선 언급은 이제부터 유효하지 않다. 괄호의 한 종류이지만, 위에서 언급하지 않은 중괄호와 대괄호에 잠깐 언급한다.

중괄호는 일반적인 글에서 거의 쓰이지 않지만, 용법도 특이하다. 2 가지 용법으로, 첫째, 같은 범주에 속하는 여러 요소를 세로로 묶어서 보일 때,

[표 1] 한글학회 큰사전의 한자어 비중 (단위 : 개, %)

구분	항목수	백분율
순수국어	74,612(56,115)	45.5(40.0)
한자어	85,527(81,362)	52.1(57.9)
기타 외래어	3,986(2,9872)	2.4(2.1)
계	164,125(140,464)	100.0(100.0)

주 : ( ) 안은 표준어의 경우임.

[표 1] 한글학회 큰사전의 한자어 비중 (단위 : 개, %)

구분	개수	백분율 (%)
순수국어	74,612 (56,115)	45.5 (40.0)
한자어	85,527 (81,362)	52.1 (57.9)
기타 외래어	3,986 (2,9872)	2.4 (2.1)
계	164,125 (140,464)	100.0 (100.0)

주: ( ) 안은 표준어의 경우임.

둘째, 열거된 항목 중 어느 하나가 자유롭게 선택될 수 있음을 보일 때 쓴다. 여러 요소를 세로로 묶는 경우는 발표용 자료에서나 볼 수 있으며, 글에서는 소괄호와 쉼표를 이용해 가로로 쓸 수 있다. 두 번째 용법의 예는 다음과 같다. 물론, 중괄호 안에 열거된 항목들은 쉼표로 구분할 수도 있고, 빗금으로 구분할 수도 있다. 여는 중괄호는 뒷말에 붙여 쓰고, 닫는 중괄호는 앞말에 붙여 쓰므로, 괄호 띄어쓰기에 해당되지 않는다.

우등생인 민수{도, 까지, 조차, 마저} 불합격이라니 놀랍지 않을 수 없다.

할머니가 해 주신 음식을 맛있게 먹{는/었/겠}다.

대괄호의 사용법에 대해서 「한글 맞춤법」 (부록) 에 길게 설명되어 있으나, 한 가지 경우를 제외하고 모두 소괄호로 대체할 수 있다. 한 가지 경우란, 내용상 소괄호 안에 소괄호가 필요한 경우로, 다음의 예같이 소괄호를 품는 데 쓰인다. 단독으로 쓰이는 대괄호의 띄어쓰기는 소괄호의 그것과 같다.

목우자수심결 및 사법어(언해)(牧牛子修心訣및四法語(諺解))

목우자수심결 및 사법어(언해)[牧牛子修心訣및四法語(諺解)]

목우자수심결 및 사법어 (언해) [牧牛子修心訣 및 四法語 (諺解)]

꼭지 7. 부호와 조사

「한글 맞춤법」(부록)에는 마침표, 쉼표, 느낌표, 물음표, 괄호 등 21 가지 부호의 사용법이 나와 있다. 이하의 글에서 괄호는 소괄호를 의미한다. 하지만, 중괄호와 대괄호도 결과에 있어서는 마찬가지다. 이 꼭지에서는, 괄호를 비롯한 몇 가지 부호 뒤에 조사가 오는 경우, 조사를 바로 붙여 쓰는 것이 바람직한가에 대해 논한다.

잘 알다시피, 조사는 체언 (명사, 대명사, 수사), 부사, 어미 따위에 붙어 말 사이의 문법 관계 알려주는 품사이다. '단어 + 조사' 는 2 단계로 인식되기 때문에, 당연하게, 조사에 의해 격 (格) 이 정해지는 대상 (조사의 주체라 칭한다) 의 음절과 단어의 개수가 적을수록 의미 인지에 걸리는 시간이 짧다.

「한글 맞춤법」 제 41 항은 '**조사는 앞말에 붙여 쓴다**' 이다. 만약, 괄호 안의 내용을 효과적으로 전달하기 위해, '**괄호는 여는 괄호를 앞말로부터 띄어 적는다.**' 라는 규범이 있다면, 이에 맞춰, 다음과 같이 비교할 수 있다. 이제부터 나오는 예 가운데 상당수는 『한글 맞춤법』(부록) 으로부터 가져왔다.

    니체(독일의 철학자)의 말을 빌리면
    니체 (독일의 철학자)의 말을 빌리면

    문인화의 대표적인 소재인 사군자(매화, 난초, 국화, 대나무)는 고결한
    문인화의 대표적인 소재인 사군자 (매화, 난초, 국화, 대나무)는 고결한

십장생(十長生: 해, 구름, 물, 돌, 소나무, 대나무, 영지, 거북, 학, 사슴)을 노래한

십장생 (十長生: 해, 구름, 물, 돌, 소나무, 대나무, 영지, 거북, 학, 사슴)을 노래한

2014. 12. 19.(금)에 창립할 예정이다.

2014. 12. 19. (금)에 창립할 예정이다.

위의 예시를 놓고, 전문가 단체나 일반 국민을 상대로 어느 형태가 글을 읽는데 효과적인지, 단독괄호에 이어, 또 한 번의 설문조사를 실시해보고 싶다. 단독괄호의 설문조사에서는 결과를 자신 있게 예측할 수 있는데, 이번 것은 그렇지 않다. 둘 다 이상하기 때문이다.

첫 번째 예의 조사 '의'는 '니체 (독일의 철학자)' 전체의, 두 번째 예의 조사 '는'은 '문인화의 대표적인 소재인 사군자 (매화, 난초, 국화, 대나무)' 전체의, 세 번째 예의 조사 '을'은 '십장생 (十長生: 해, 구름, 물, 돌, 소나무, 대나무, 영지, 거북, 학, 사슴)' 전체의, 네 번째 예의 조사 '에'는 '2014. 12. 19. (금)' 전체의 조사다. 그런데, 각각, '철학자)', '대나무)', 사슴)', '(금)' 만의 조사처럼 보인다. 괄호 안의 내용은 보충이니, 없다고 치면, 각각, '니체', '사군자', '십장생', '2014. 12. 19.'가 주체로, 조사가 원래 도와주어야 할 주체로부터 떨어져 있다. 니체 정도면 주체를 잃지 않을 정도로 한눈에 볼 수 있으나, 사군자를 지나 십장생쯤에 이르면, 괄호의 내용을 읽다가 뜬금없이 괄호 뒤에 바짝 붙은 조사를 보고 "이게 뭐지?" 하고, 뒤로 돌아가 주체를 다시 확인해야 할지도 모를 일이다. 이것도 마음에 안 들고, 저것도 마음에 안 든다. 아마도, 이런 이유로 주체와 괄호와 조사를 아예 다 붙여 적는, 그리고 더 나아가서 조사가 있든 없든 괄호를 앞말에 무조건 붙여 적는 방법을 택하지 않았나 하는 생각이 든다.

결국, 괄호 뒤에 바짝 붙은 조사가 문제다. 조사를 괄호로부터 아예 띄어 쓰면 어떨까? 아래 예의 셋째 줄이 그런 형식이다. 비교를 위해, 다른 두 가지 형식을 함께 적었다.

니체(독일의 철학자)의 말을 빌리면
니체 (독일의 철학자)의 말을 빌리면
니체 (독일의 철학자) 의 말을 빌리면

문인화의 대표적인 소재인 사군자(매화, 난초, 국화, 대나무)는 고결한
문인화의 대표적인 소재인 사군자 (매화, 난초, 국화, 대나무)는 고결한
문인화의 대표적인 소재인 사군자 (매화, 난초, 국화, 대나무) 는 고결한

십장생(十長生: 해, 구름, 물, 돌, 소나무, 대나무, 영지, 거북, 학, 사슴)을 노래한
십장생 (十長生: 해, 구름, 물, 돌, 소나무, 대나무, 영지, 거북, 학, 사슴)을 노래한
십장생 (十長生: 해, 구름, 물, 돌, 소나무, 대나무, 영지, 거북, 학, 사슴) 을 노래한

2014. 12. 19.(금)에 창립할 예정이다.
2014. 12. 19. (금)에 창립할 예정이다.
2014. 12. 19. (금) 에 창립할 예정이다.

위의 예시를 놓고, 전문가 단체나 일반 국민을 상대로 어느 형태가 글을 읽는데 효과적인지 세 번째 설문조사를 실시해보고 싶다. 이번 것의 결과도 자신 있게 예측할 수 없다. 위의 셋째 줄처럼 조사를 띄어 쓰는 것은 현행 문법 규정상 상상도 못 할 일이다. 하지만, 이 형식은 지금까지의 다른 꼭지에서도 괄호 띄어쓰기와 괄호를 비롯한 부호 뒤의 조사 띄어쓰기는 일관되었다. 이 책 전부에서 그렇다. 그런 면에서 이 책은 부호 뒤 조사

띄어쓰기에 관한 실험서라고 말할 수 있다.

괄호에 관련된 조사 띄어쓰기는 기능적 형식과 시각적 효과 사이에서 선택의 문제다. 형식이라 함은 「한글 맞춤법」에 맞추어 괄호와 조사를 주체에 붙여 씀으로써 조사의 기능, 즉, 주체의 문법적 관계를 설정하는 것을 말하며, 효과라 함은 이 셋을 붙여 써서 생기는 단점을 없앰으로써 주체의 의미를 시각적으로 확실하게 전달하는 것을 말한다. 규범에 맞추자니 보기에 어지럽고, 효과를 좇자니 규범에 어긋난다.

다음은 좀 더 많은 조사 띄어쓰기 예다.

> 조규성(미트윌란)의
> 조규성 (미트윌란)의
> 조규성 (미트윌란) 의
>
> 시골(the country)이란
> 시골 (the country)이란
> 시골 (the country) 이란
>
> 14%(최고 구간 56%)의
> 14% (최고 구간 56%)의
> 14% (최고 구간 56%) 의
>
> 쓸만한 글자(한글)가 없었기에
> 쓸만한 글자 (한글)가 없었기에
> 쓸만한 글자 (한글) 가 없었기에

비교초성 17자(병서자 포함 23자)의

비교 초성 17 자 (병서자 포함 23 자)의

비교 초성 17 자 (병서자 포함 23 자) 의

이정희(李政喜, 경상대학교 한적실장)님이

이정희 (李政喜, 경상대학교 한적실장)님이

이정희 (李政喜, 경상대학교 한적실장) 님이

알렌(Horace N. Allen, 1858-1932)이 세운 병원입니다.

알렌 (Horace N. Allen, 1858-1932)이 세운 병원입니다.

알렌 (Horace N. Allen, 1858-1932) 이 세운 병원입니다.

유럽 3대리그(잉글리쉬 프리미어리그, 스페인 라리가, 독일 분데스리가)에서 뛰는

유럽 3 대 리그 (잉글리쉬 프리미어리그, 스페인 라리가, 독일 분데스리가)에서 뛰는

유럽 3 대 리그 (잉글리쉬 프리미어리그, 스페인 라리가, 독일 분데스리가) 에서 뛰는

참고로, 괄호 뒤 조사의 표기에 대해 한마디 하자면, 우리말에는 앞말의 받침 유무에 따라 표기가 달라지는 조사가 있다. 국립국어원은 괄호 안의 내용은 괄호 앞의 단어를 부연, 보충 설명을 하는 것이기에 주가 되는 괄호 앞의 단어를 기준으로 조사를 사용하면 된다고 한다. 예를 들어, '정우영(알사드)와' 가 아니라. '정우영(알사드)과' 가 맞다.

괄호 이외에, 서술형 문장에서 자주는 아니지만 그런대로 마주치는 부호로, 겹따옴표 (" "), 홑따옴표 (' '), 겹낫표 (『 』), 홑낫표 (「 」), 겹화살괄호 (《 》), 홑화살괄호 (< >) 가 있다. 괄호와 달리, 이들의 여는 부호는 앞말로부터 띄어 쓴다. 그리고, 여는 부호는 뒷말에 붙여 쓰고, 닫는 부호는 앞말

에 붙여 쓴다. 닫는 부호 뒤에는 조사가 바로 붙는다. 이들 부호에 대해 '조사 붙여쓰기'와 '조사 띄어쓰기'를 비교하는데, 그 이유는 괄호의 경우와 마찬가지이다. 다음은 그 예로서, 거의 모두는 「한글 맞춤법」(부록)으로부터 가져왔다.

부호마다 2개의 예를 들었다. 부호 뒤의 '조사 붙여쓰기'와 '조사 띄어쓰기'를 비교한 효과는 괄호의 경우와 마찬가지이다.

사회자가 "이쪽부터 차례로 자기소개를 합시다."라고 말했다.
사회자가 "이쪽부터 차례로 자기소개를 합시다." 라고 말했다.

푯말에는 "출입 금지 구역"이라고 쓰여 있었다.
푯말에는 "출입 금지 구역" 이라고 쓰여 있었다.

다음 예에서 '조사 붙여쓰기'와 '조사 띄어쓰기'를 비교하였다.
다음 예에서 '조사 붙여쓰기' 와 '조사 띄어쓰기' 를 비교하였다.

중요한 것은 '왜 사느냐'가 아니라 '어떻게 사느냐'이다.
중요한 것은 '왜 사느냐' 가 아니라 '어떻게 사느냐' 이다.

우리나라 최초의 민간 신문은 1896년에 창간된 『독립신문』이다.
우리나라 최초의 민간 신문은 1896 년에 창간된 『독립신문』 이다.

박경리의 『토지』는 전 5부 16권에 이르는 대하소설이다.
박경리의 『토지』 는 전 5 부 16 권에 이르는 대하소설이다.

1906년에 창간된 『만세보』는 1년 후에 『대한신문』으로 이름을 바꾸었다.
1906 년에 창간된 『만세보』 는 1 년 후에 『대한신문』 으로 이름을 바꾸었다.

『한성순보』는 우리나라 최초의 근대 신문이다.

『한성순보』 는 우리나라 최초의 근대 신문이다.

이 곡은 베르디가 작곡한 「축배의 노래」이다.

이 곡은 베르디가 작곡한 「축배의 노래」 이다.

나는 「고향으로 가는 길」이라는 제목으로 수필을 써서 선생님께 제출했다.

나는 「고향으로 가는 길」 이라는 제목으로 수필을 써서 선생님께 제출했다.

현행 「국어의 로마자 표기법」은 2000년에 고시된 것이다.

현행 「국어의 로마자 표기법」 은 2000 년에 고시된 것이다.

백남준은 2005년에 「엄마」라는 작품을 선보였다.

백남준은 2005 년에 「엄마」 라는 작품을 선보였다.

「한글 맞춤법」 (부록) 에 나오는 23 개 부호 가운데, 부호 뒤에 조사가 올 수 있는 부호로서 지금까지 다루지 않은 부호는 대괄호 ([]), 숨김표 (○ ○, × ×), 빠짐표 (□), 줄임표 (……) 등이 있다. 아래에서, 이들 부호에 대해 '조사 붙여쓰기' 와 '조사 띄어쓰기' 를 비교한다.

이번 시험 기간[5. 13.(화)~5. 16.(금)]에는

이번 시험 기간 [5. 13. (화) ~ 5. 16. (금)]에는

이번 시험 기간 [5. 13. (화) ~ 5. 16. (금)] 에는

배운 사람 입에서 어찌 ○ ○ ○란 말이 나올 수 있느냐?

배운 사람 입에서 어찌 ○ ○ ○ 란 말이 나올 수 있느냐?

말을 듣는 순간 × × ×란 말이 목구멍까지 치밀었다.

말을 듣는 순간 ×××란 말이 목구멍까지 치밀었다.

훈민정음의 초성 중에서 아음(牙音)은 □□□의 석 자다.
훈민정음의 초성 중에서 아음 (牙音) 은 □□□ 의 석 자다.

……같은 역사적 환경에서 공동의 집단생활을 영위해 오는 동안
…… 같은 역사적 환경에서 공동의 집단생활을 영위해 오는 동안

「한글 맞춤법」의 부호 규정에서 '**부호 뒤에 오는 조사는 부호로부터 띄어 쓴다.**'라고 고치는 것이 과연 가능할까?

어디선가 한번 언급할 필요가 있다고 느끼나, 그렇다고 별도의 꼭지를 만들 만큼의 내용이 풍부한 것도 아니다. 이에 대해, 단지 부호라는 이유로 이 꼭지의 지면을 조금 빌린다. 신문 기사, 전문적인 글, 그리고 때로는 일반적인 글을 읽다 보면, 부호의 띄어쓰기가 눈에 거슬리는 경우가 상당히 많다. 해당 부호는 소괄호 (( )), 반괄호 ( )), 대괄호 ([ ]), 쌍점 (:), 반쌍점 (;) 으로, 붙여 쓴 오류와 바로잡은 띄어쓰기를 비교한다. 대전제는 '**부호는 뒷말과 띄어 쓴다.**'이다.

  () 「한글 맞춤법」(부록) 의 소괄호 사용법 (6) (항목의 순서나 종류를 나타내는 숫자나 문자 등에 쓴다.) 에 해당한다.

    (1)조선의 유명한 발명품
    (1) 조선의 유명한 발명품

) 항목의 순서나 종류를 나타내는 숫자나 문자 등에 소괄호처럼 사용한다.

    1)남해안의 관광 명소
    1) 남해안의 관광 명소

[] 신문 기사를 작성하는 기자를 밝히는데 특히 많이 쓰인다.

[스포츠조선 김대식 기자]니클라스 쥘레는

[스포츠조선 김대식 기자] 니클라스 쥘레는

: 보통 소괄호 안에 위치하여 보충 설명할 때 쓰인다. 앞말에는 붙인다.

일시:2014년 10월 9일 10시

일시: 2014 년 10 월 9 일 10 시

예외로, 시간과 점수 비교 시, 뒤 숫자와 붙인다.

20 시 20 분   20:20

이 대 이   2:2

; 보통 소괄호 안에 위치하여 보충 설명할 때 쓰인다. 앞말에는 붙인다.

피파 (FIFA;세계축구연맹)

피파 (FIFA; 세계축구연맹)

또한, 어디선가 한번 언급할 필요가 있다고 느끼나, 그렇다고 별도의 꼭지를 만들 만큼의 내용이 풍부한 것도 아니어서, 단지 부호라는 이유로 이 꼭지의 지면을 조금 빌려 언급할 것이 하나 더 있다. 그것은 '**어미 앞의 소괄호**'이다. 잘 알다시피, 어미는 어간 뒤에 붙어 활용하여 변하는 부분으로, 반드시 어간에 붙여 쓴다. 어간이 한자어인 경우, 그리고 그것을 한자로 보충할 경우, 우리는 지금까지의 소괄호의 앞말에 붙여쓰기 관례대로 '어간(語幹)어미'의 형식으로 써왔다. 이 형식은 우리말에서 한자어 명사에 '-하다'를 붙여 만든 말에서 제일 흔히 보인다. 예를 들면, '고려(考慮)하다'이다. 앞뒤로 붙여 쓴 괄호가, 조사보다는 덜하지만, 느닷없고, 답답하고, 한눈에 안 들어오기는 마찬가지이다. 이 경우, 조사의 경우처럼

'고려 (考慮) 하다'로 쓸 수 있을까? 아니면, 소괄호를 어미 뒤로 돌려 '고려하다 (考慮-)'처럼 쓰는 것이 나을까? '한자어 명사 + 하다'에서 한자를 보충하는 세 가지 방법, 즉, '어간(語幹)어미', '어간 (語幹) 어미', '어간어미 (語幹-)' 가운데, 예를 들어, '고려(考慮)하다', '고려 (考慮) 하다', '고려하다 (考慮-)' 가운데 어느 것이 효과적인 의사 전달 방법인지에 대해 설문조사를 해 보고 싶다.

꼭지 8. 불편한 조사 (助詞)

조사 (또는 토씨) 는 체언이나 부사, 어미 따위에 붙어 그 말과 다른 말과의 문법적 관계를 표시하거나 그 말의 뜻을 도와주는 품사이다. 조사는 혼자 쓰일 수 없고, 변화하지도 않기에 하찮아 보일 수 있으나, 생각 외로 복잡한 품사다.

조사가 붙는 낱말을 보통 체언이라 부르지만, 체언은 명사, 대명사, 수사를 가리키므로, 그리고 조사는 9 개 품사 모두에 붙을 수 있으므로, 조사의 대상 낱말을 체언이라 부르면 혼란스러울 수 있다. 따라서, 이 꼭지에서는 조사의 대상 낱말을 조사의 '주체' 이라 부른다. 단, 사전적 정의를 인용할 때는, 원문 그대로 놓아둔다.

'한국어는 조사를 잘 써야 된다.' 라는 말은 한국어에서 조사의 기능을 단적으로 표현하는 말이다. 『표준국어대사전』의 사전 통계에 의하면, 표제수로 올라 있는 주사의 수는 180 개다. 그러나 실생활에서 한 번이라도 쓰이는 조사의 개수는 거의 450 개에 이른다. 조사에 조사가 붙은 합성조사가 상당수를 차지하며, 이것은 마치 조사가 어미처럼 활용되는 것이 아닌가 착각하게 만든다. 더구나, 근래에는 기존의 조사에 '의' 를 덧붙인 조사까지 (예를 들어, 여기까지의 조사, 너에게로의 초대, 미국으로부터의 편지) 등장해, 이것들까지 합하면 그 수는 480여 개로 늘어난다. 이 많은 조사는 각각이 독특하지만 미묘한 차이가 있어, 적당한 조사를 적절한 자리에 쓰는 것은 한국인에게도 쉽지 않은 일이며, 외국인에게는, 어미와 더불어, 재앙이고 환장 (換腸) 할 노릇일 것이다.

한편, 다소 임의적이기는 하지만, 한국어에서 자주 쓰이는 조사의 개수는 86 개로 다음과 같다. 각 항의 괄호 안 숫자는 자음별 조사의 개수를 가리킨다. 중복되는 조사 (가/이, 과/와, 을/ㄹ/를, 는/ㄴ, 인들/ㄴ들, 서/에서, 서부터/에서부터, 로/으로, 은/는) 를 빼고, 또 사람에 따라서 더 추가한다면, 한국어에서 자주 쓰이는 조사의 개수를 80 개 정도, 많아도 90 개 정도로 보면 무방하다.

가 같이 과 까지 께 께서 께서는 (7)

ㄴ ㄴ들 나 나마 는 는커녕 (6)

다(가) 더러 도 든 든지 (5)

ㄹ 라고 라는 라야 로 로는 로부터 로서 로써 를 (9)

마다 마저 만 만은 (5)

밖에 보고 부터 (3)

서 서부터 (2)

야 야말로 에 에게 에게로 에게서 에는 에서 에서는 에서부터 에의 와 으로 으로부터 으로서 으로써 은 은커녕 을 의 이 이다 이고 이든지 이라 이라고 이라도 이라든지 이라서 이라야 이라야만 이야 이야말로 이여 인들 인즉 일랑 일랑은 (38)

조차 (1)

처럼 치고 치고는 (3)

커녕 (1)

토록 (1)

하고 하고는 한테 한테로 한테서 (5)

국어학자 이희승 (1896-1989) 은 말하기를, "한국어는 조사나 어미가 대단히 발달되어, 문법적인 조리가 밝다." 라고 하였다. 조리 (條理) 는 '말과 글에서 앞뒤가 들어맞다.'의 뜻으로, 한자혼용의 대표적인 주창자인 그가 그렇게 말할 수밖에 없는 이유를, 조사에 한해, 1945년 12월 1일 『동아일보』 복간사 일부의 원문과 (위), 조사를 뺀 조사 삭제문 (아래) 과 비교하면 알 수 있다. 참고로, <동아일보사> 의 한글 변환문과 조사를 뺀 조사 삭제문을 위 아래로 적는다. 밑줄 친 글자는 조사이다.

원 문
日章旗抹消事件<u>에</u> 트집<u>을</u>잡은 侵掠者 日本僞政<u>의</u> 最後發惡<u>으로</u> 廢刊<u>의</u>極刑<u>을</u> 當하얏든 東亞日報<u>는</u> 이제 〃이날〃<u>을</u>期하야 復活<u>의</u>光榮<u>을</u>披瀝하며 〃이날〃<u>을</u> 期하야 主旨<u>의</u>要綱<u>을</u>다시금 宣明하야써 三千萬兄弟<u>와</u> 더부러 同憂 同慶<u>의</u>血盟 <u>을</u>맺으려 하는바이<u>다</u>。

日章旗抹消事件 트집잡은 侵掠者 日本僞政 最後發惡 廢刊極刑 當하얏든 東亞日報 이제 〃이날〃期하야 復活光榮披瀝하며 〃이날〃期하야 主旨要綱다시금 宣明하야써 三千萬兄弟더부러 同憂 同慶血盟맺으려 하는바이다.

한글 변환문
일장기말소사건<u>에</u> 트집<u>을</u>잡은 침략자 일본위정<u>의</u> 최후발악<u>으로</u> 폐간<u>의</u>극형<u>을</u> 당하얏든 동아일보<u>는</u> 이제 〃이날〃<u>을</u>기하야 복활<u>의</u>광영<u>을</u>피력하며 〃이날〃<u>을</u>기하아 주시<u>의</u>요강 <u>을</u>다시금 선명하야써 삼천만형제<u>와</u> 더부러 동우 동경<u>의</u>혈맹<u>을</u>맺으려 하는바이<u>다</u>.

일장기말소사건 트집잡은 침략자 일본위정 최후발악 폐간극형 당하얏든 동아일보 이제 〃이날〃기하야 복활광영피력하며 〃이날〃기하야 주지요강다시금 선명하야써 삼천만형제 더부러 동우 동경혈맹맺으려 하는바.

조사 삭제문은 억지로 이해하고자 하면 이해할 수 있다. 그 이유는 한자어 때문이다. 한자를 알면, 대충이나마 그 뜻을 짐작할 수 있다. 어문 구조가 한국어와 비슷한 일본어에 띄어쓰기가 없어도 조사의 주체와 조사의 구분이 가능한 것은 체언과 어간을 한자로 쓰기 때문이며, 이런 이유로 일본어가 한자를 버리지 못한다.

한국어에서 조사로 인해 주체의 문장 성분이 명쾌해짐에도 불구하고, 조사는 한국인에게도 만만하지 않다. 어떻게 만만하지 않은지를 살펴보는 것이 이 꼭지의 주제이다. 만만하지 않은 이유로 일차적으로 한국어의 어문 구조에 따른 조사의 특성을, 이차적으로 조사 자체를 들 수 있다. 이 두 가지는 한국어의 지문 (指紋) 같은 것 가운데 일부로, 조사를 어떻게 해 보겠다는 것이 아니라, 그냥 그렇다는 말이다.

1. 후치 (後置) 의 약점

후치사 (後置詞; postposition) 는 한국어의 문법 용어에 없지만, 영어 전치사 (前置詞; preposition) 의 반대 개념으로 도입된 말이다. 용법에 있어서, 대부분의 전치사는 부사구이나, 그중 몇 개는 한국어 조사와 같은 기능을 해서 (at, from, in, on 등), 일반적으로 조사를 후치사의 범주에 넣기도 한다 (어미도 후치사의 범주에 들어간다). 전치사는 명사나 대명사 앞에 놓이니, 후치사는 명사나 대명사 뒤에 놓인다. 후치사라는 말을 굳이 꺼낸 이유는 조사의 특성 가운데 하나가 바로 후치 (주체 + 조사) 이기 때문이다.

'주체 + 조사' 를 볼 때, 사람들은 그 개념을 두 단계로 인식한다. 주체의 의미를 먼저 인식한 후, 뒤에 오는 조사의 의미를 인식해 문장의 성분을 이해한다. 이 과정에서, 단순한 대상인 주체의 의미보다 조사의 의미가 더 중요하다. 왜냐하면, 앞말은 단순한 낱말에 불과한 반면, 조사는 주체의 문법적 구조를 파악하는데 필수적인 요소이기 때문이다.

주체가 한 개의 낱말일 경우, 두 단계 인식은 거의 순식간으로 이루어진다. 그러나, 2 개 이상의 낱말로 이루어진 주체, 즉, 구 (句) 나 절 (節) 이 오면, 조사가 나올 때까지 문장 성분을 알지 못하고, 따라서, 서술어 후치와 더불어, 말이나 글을 이해하는 속도가 떨어진다. 다음은 절 뒤에 오는 2 개의 조사를 예로 들어, 조사가 나올 때까지 문장의 방향을 짐작하지 못하는 조사 후치를 처음 6-7 개의 단어만 보면 문장의 방향을 짐작할 수 있는 영어 번역문과 비교하였다.

> 그는 기업이 부당한 방법으로 그 재정 상태나 경영 실적을 실제와 다르게 장부에 기록하는 일에 참여하였다.
> He participated in the undue recording of the company's financial status or management performance in the book.
>
> 그는 기업이 부당한 방법으로 그 재정 상태나 경영 실적을 실제와 다르게 장부에 기록하는 일은커녕 아무것도 몰랐다.
> He knew nothing, let alone undue recording of the company's financial status or management performance in the book.

2. 붙여쓰기의 약점

또 다른 조사의 특성은 「한글 맞춤법」 제 41 항 '조사는 앞말에 붙여 쓴다.' 는 것이다. 바로 위에서 언급했듯이, 후치된 조사는 바로 주체의 성분을 특정하는 것이 아니라, 구면 구, 절이면 절 전체의 성분을 특정한다. 다음의 나열형 명사구에서 '에서, 으로, 으로부터' 는 '대전' 만의 조사가 아니라, '서울, 부산, 인천, 대구, 광주, 대전'의 조사이다. 비교로, 영어 번역문을 적었다. 물론, 윗줄의 '는'도 '으로부터'만의 조사가 아니라, '에서, 으로, 으로부터'의 조사이다.

서울, 부산, 인천, 대구, 광주, 대전에서 축구 경기가 치러진다.
Soccer matches are played in Seoul, Busan, Incheon, Daegu, Gwangju, and Daejeon.

문서가 서울, 부산, 인천, 대구, 광주, 대전으로 공식 발송되었다.
The documents were officially sent to Seoul, Busan, Incheon, Daegu, Gwangju, and Daejeon.

그는 서울, 부산, 인천, 대구, 광주, 대전으로부터 편지를 보내왔다.
He sent letters from Seoul, Busan, Incheon, Daegu, Gwangju, and Daejeon.

이러한 조사의 붙여쓰기의 약점은 외래 단위와 아라비아 숫자에서 더욱 두드러진다. 붙여 쓴 조사가 뜬금없어 보이거니와, 원활한 독해를 오히려 방해한다. 바로 위에서 보았지만, 나열형인 경우, 더 심하다. 마지막 예의 조사 '를'은 '5'의 조사가 아니라, '1, 2, 3, 4, 5'의 조사다. 하지만 바꾸지 않는 한, 기존의 표기법에 익숙해지거나, 불편해도 참는 수밖에 없다.

g은 kg의 천분의 일 단위이다.
g 은 kg 의 천분의 일 단위이다.

요즈음은 mm보다 작은 nm의 시대이다.
요즈음은 mm 보다 작은 nm 의 시대이다.

0은 -1보다 크고, 1보다 작은 정수이다.
0 은 -1 보다 크고, 1 보다 작은 정수이다.

1, 2, 3, 4, 5를 다 더하면 15가 된다.

1, 2, 3, 4, 5 를 다 더하면 15 가 된다.

외래 단위의 경우, 단위 띄어쓰기와 맞물려 더 어지럽다. 우리는 외래 단위를 대문자로든 소문자로든 앞말에 붙여 쓰는 경향이 있지만, 외래 단위는 무조건 소문자이며, 앞말로부터 띄어 써야 한다. 이런 것을 학교에서 가르치지도, 배우지도 않기 때문에, 말 그대로 중구난방이다. 조사의 붙여 쓰기 특성으로 인해, 부호 (특히, 소괄호) 를 독립적으로 띄어 쓰지 못하는 사정을 꼭지 6 에서 기술하였다. 외래 단위와 아라비아 숫자 역시 마찬가지일 가능성이 크다. 비교를 위해 조사를 띄어 적어 본다.

최대 사격 거리 11km를 넘었다.

최대 사격 거리 11 km를 넘었다.

최대 사격 거리 11 km 를 넘었다.

밴텀급 체중 상한은 61kg이다.

밴텀급 체중 상한은 61 kg이다.

밴텀급 체중 상한은 61 kg 이다.

3. 조사의 줄임과 생략

우리말에서 준말 또는 줄인말 또는 줄임말의 형태는 두 가지이다. 하나는 본래의 어형에서 음절이나 형태소가 줄어든 말로서, '마음', '그러고도', '어떡해' 는 각각 '맘', '그렇게 하고도', '어떻게 해'의 줄임말이다. 주로 모음과 모음 사이 자모가 생략되지만, 그 방법에 일정한 법칙은 없다. 다른 하나는 두 단어 이상의 표현을 줄이기 위해 한 음절씩 따와서 만든 말로, 유의어는 약자이다. 각 단어의 머리 글자만 따오는 경우, 두문자어

(頭文字語) 라고 부른다.

조사에도 첫 번째 형태의 준말이 있다. 앞서 언급된 자주 쓰이는 조사 가운데, 'ㄴ'은 '는'이 줄어서 (예, 너는 → 넌), 'ㄹ'은 '를'이 줄어서 (예, 너를 → 널) 생긴 조사이다. 또한, 'ㅇ'으로 (실제로는 모음으로) 시작하는 조사의 대다수는 조사의 모음이 생략된다. '개'를 예로 들면, '개이다 → 개다', '개이라고 → 개라고', 개인들 → 갠들' 등이다.

한국어가 모국어인 사람들에게는 이러한 조사의 생략이 익숙해서 큰 문제가 되지 않지만, 외국인에게는 조사를 알아차리는 것이 쉽지 않다. 특히, '이다'가 '다' 변하는 경우, 앞말에 따라서 동사 원형으로 보일 수도 있다. '이 더하기 삼은 오다.'와 '한글 첫 자음의 발음은 가다.'에서 '오다'와 '가다'가 그 예다. 만약, 누군가가 '그것이 문젭니다.', '그 둘은 어떤 관곌까?', '그 사람은 바로 접니다.' 라는 문장을 접하면 잠시 멈칫하지 않을까? 한국어가 모국어인 사람이건 아니건 간에 말이다.

줄어든 조사보다 더 심각한 경우는 조사의 생략에 이은 혼동이다. 한국어에서 가장 먼저 생략할 수 있는 품사가 조사이다. 앞말의 문장 성분이 분명할 때, 동사 앞에 오는 목적격 조사 '을/를', 많은 경우 관형격 조사 '의', 목적지를 나타내는 부사격 조사 '에/로', 주격 조사 역할을 하는 '은/는', 서술격 조사 '이다'의 '이', 서술절의 주격 조사나 보격 조사 '이/가'는 생략될 수 있다.

조사를 제대로 쓰지 않는 신문 기사 제목에서 조사의 생략이 문제 되는 경우가 있지만, 이는 특수한 경우로, 일반적인 문장에서는 위의 조건에 부합하는 한, 조사의 생략 그 자체가 문제 되지 않는다. 다만, '을/를, 의,

에/로, 은/는, 이/가' 로 끝나는 앞말에 붙은 조사 '을/를, 의, 에/로, 은/는, 이/가' 이 생략될 경우, 앞말의 마지막 음절이 조사로 오인되어 될 수 있고, 따라서 주체도 오인될 수 있다. 다음은 그 예다. 괄호 안은 생략된 조사다. 오인된 앞말은 밑줄로 표시된다.

이름은 김한이(이)다   이름은 김한이다   이름은 <u>김한</u>이다
의주로(로) 가는 길   의주로 가는 길   <u>의주</u>로 가는 길
회의(의) 주관자   회의 주관자   <u>회</u>의 주관자

4. 보조사의 함정

조사는 격조사, 접속조사, 보조사로 크게 나뉜다. 격조사는 앞말 뒤에 붙어 그 앞말이 문장의 구성으로서 다른 말에 대하여 갖는 일정한 자격을 나타내는 조사다 (주격 조사, 서술격 조사, 목적격 조사, 보격 조사, 관형격 조사, 부사격 조사, 호격 조사 따위). 접속조사는 앞말과 앞말을 연결하여 접속시키는 구실을 한다 ('와', '과' 따위). 보조사는 격 (格) 과 상관없이 체언이나 부사, 활용 어미 따위의 뒤에 붙어서, 다만 그 성분에 어떤 뜻을 더하여 주는 조사다 ('은, 는, 도, 만, 까지, 마저, 조차, 부터' 따위). 보조조사 또는 특수 조사라고도 불린다.

보조사가 어떤 것인지 알기 위하여 다음의 예를 보자. 비교를 위해 영어 번역을 밑에 놓았다.

닭이 꼬꼬댁 울고, 오리가 꽥꽥 운다.
The chicken is croaking, and the duck is squeaking.
닭은 꼬꼬댁 울고, 오리는 꽥꽥 운다.
Chickens croak, and ducks squeak.

여기서, 주격 조사는 위 문장의 '이/가' 이고, 아래 문장의 '은/는' 은 보조사다. 영어 번역어에서 현재진행형과 현재, 정관사의 사용 유무, 단수와 복수 등 3 가지 점이 대비된다. 시제 용어인 '현재진행형' 과 '현재' 에 대한 정의가 더 필요하지만, 주격 조사는 '현재진행형' 을 나타내고, 보조사는 '현재' 를 나타낸다. 한국어 문법으로, 보조사는 대상의 문장 성분을 결정하지 않고, 문장 성분에 보조적으로 붙어 의미를 더하는 역할을 한다. 위 두 문장에서, 주어는 격조사와 보조사에 의해 정해짐을 알 수 있다. 한편, '이/가' 가 쓰이는 닭과 오리는 '은/는' 이 쓰이는 그것들과 성질이 다른데, 영어 번역의 정관사와 단(복)수의 사용으로 분명히 구별할 수 있다. 이것은 이 꼭지의 주제에서 벗어나므로, 여기서 다루지 않는다.

격조사와 접속 조사를 제외한 조사 대다수가 보조사이므로, 그 수가 매우 많다. 흔히 쓰이는 90 개 조사를 살펴보면, 35 개는 격조사, 7 개는 접속 조사, 나머지는 보조사다. 보조사는 21 가지의 다양한 방법으로 사람들을 헷갈리게 한다. 예는 누리집에서 '한국어의 조사' 를 주제어로 검색하면 나오는 『나무위키』를 참조하기 바란다.

5. 두 가지 이상의 격 (格) 을 가진 조사

흔히 쓰는 조사라 하더라도 거의 100 개에 이르는데, 어떤 조사는 두 개 이상의 격을 갖기도 한다. '가 (이), 같이, 과 (와), 까지, 께, 께서, 나, 는 (은), 도, 라고, 로, 만, 서, 야, 에, 에게, 에서, 의, 이라, 이라도, 하고' 따위다. 대표적으로, '가 (이)' 와 '의' 를 예로 든다. 우리에게는 겨우 450 개의 조사로도 뜻을 전하는데 충분하지 않은 모양인지, 두 가지 이상의 격 또는 관계를 가진 조사가 심심치 않게 존재한다.

'가'

① 받침 없는 체언에 붙어, 그 말을 주격이 되게 하는 격조사. 예) 해~ 뜬다.

② 받침 없는 체언에 붙어, 다르게 변하여 감을 나타내는 보격 조사 (그 뒤에 '되다'가 옴). 예) 꽃이 열매~ 된다.

③ 받침 없는 체언에 붙어, 아님을 나타내는 보격 조사 (그 뒤에 '아니다'가 옴). 예) 나는 바보~ 아니다. 상관으로서~ 아니라 선배로서 충고한다.

④ 연결 어미 '-지'나 '-게' 따위에 붙어, 부정의 뜻을 강조하는 보조사. 예) 별로 크지~ 않다. 길게~ 아니라 널찍이 잡아라.

⑤ 받침 없는 일부 부사에 붙어, 부정의 뜻을 강조하는 보조사. 예) 도대체~ 돼먹지 않았다. 원체~ 잘못된 일이다.

⑥ 보조사 '부터' 뒤에 붙어서, 강조의 뜻을 나타내는 보조사. 예) 너부터~ 틀렸어.

'의'

① 앞의 체언을 관형어로 만드는 관형격 조사.

　㉠ 소유·소속을 나타냄. 예) 나~ 책.

　㉡ 때·장소·방향 등을 나타냄. 예) 밤하늘~ 별. 학교 앞~ 문방구. 가을~ 산사.

　㉢ 특성·속성·형상 등을 나타냄. 예) 평화~ 댐. 미~ 제전. 제왕~ 자리. 예술~ 고장. 한국~ 멋. 산~ 높이.

　㉣ 수·양을 나타냄. 예) 한 쌍~ 부부. 한 톨~ 쌀.

　㉤ 정도를 나타냄. 예) 지상 최대~ 작전. 최고~ 기술.

　㉥ 행위·상태 따위를 나타냄. 예) 근무 중~ 잡담. 교통~ 무질서. 거리~ 혼잡.

　㉦ 행위 주체를 나타냄. 예) 어머니~ 눈물. 국민~ 소리.

　㉧ 전체와 부분의 관계, 범위·영역을 나타냄. 예) 국민~ 한 사람. 전체~ 일부분.

　㉨ '(의)로서'에 붙어 자격 등을 나타냄. 예) 사람으로서~ 도리.

ⓒ 근원·목적을 나타냄. 예) 상사로부터~ 명령. 성공으로~ 길.
ⓚ 재료·용도를 나타냄. 예) 순금~ 보석. 동물~ 먹이.
ⓔ 관계를 나타냄. 예) 장군~ 아들.
ⓜ '와 같은'의 뜻을 나타냄. 예) 백조~ 꿈. 철~ 장막.
ⓗ '이라는'의 뜻으로 두 체언의 관계를 나타냄. 예) 사람~ 탈. 시간~ 세계.

② 뒤에 오는 동작·상태의 주체임을 나타내는 주격 조사. 예) 나~ 원하는 바, 사람~ 사는 목적.

6. 의존명사와 혼동되는 조사

다음 쌍 가운데 어느 것이 맞게 띄어 씌어졌는지 알아보자.

천 원 밖에 없다.
천 원밖에 없다.

뜻 밖에 네가 왔다.
뜻밖에 네가 왔다.

할 수 밖에 없다.
할 수밖에 없다.

그것 밖에 못해?
그것밖에 못해?

그것밖에 여러 가지가 있다.
그것 밖에 여러 가지가 있다.

의존명사 '밖'에 조사 '에'가 붙은 말인 '밖에'와 조사 '밖에'에 관한 내용이다. '밖'을 '외 (外)'로 바꾸어 말이 되면 의존명사다. 당연히, 의존명사는 띄어 쓰고, 조사는 붙여 쓴다. 위 5 개 예에서 모두 밑의 구절이 올바르게 씌어졌다.

그 외에, 조사와 혼동되는 의존명사로, '뿐, 대로, 만큼, 만, 지'가 있다. 다음은 그 예다.

갈 뿐만 아니라
너뿐만 아니라

들은 대로 말해라.
들은 그대로 말해라.

할 만큼 했다.
너만큼 했다.

2 년 만에 만났구나.
2 년만 더 지나고 만나자.

일본에 점령당한 지 35 년 만에 해방되었다.
일본에 점령당한지 모르는 사람도 있었다.

7. 한자 또는 외국어 같은 조사

위 『동아일보』 복간사에서 볼 수 있듯이, 한자가 있을 때, 눈만 떠도 주체와 조사는 구별된다. 하지만, 한자를 쓰지 않는 요즈음에는 앞말과 구별이 쉽지 잃은 조사, 따라서 조사인지 아닌지 살펴보아야 할 조사가 있다. 한자와 발음이 같은 조사 '가, 과, 나, 다, 도, 로, 만, 서, 야, 와, 은, 을, 이' 따위가 그렇다. 또한, 주로 영어인 외국어와 발음이 같은 조사 (또는 활용된 조사) 가 그렇다. 모든 경우는 아니더라도, 문장에서는 앞뒤 낱말들의 도움으로 조사를 구별하기 쉬우나, 특히, 기사 제목이나 영상 제목에서는 조사가 구별되지 않는 경우가 있다. 다음은 그 예다. 조사를 구별하기 위해 한자 또는 영어로 바꾸고, 해설도 곁들인다.

제주도 여수도 발칵　　濟州도 麗水도 발칵　　제주시, 여수시를 말한다. 濟州島로 오인해 여수도라는 섬이 있는 줄 알았다.

백전길의 작품　　　　白田吉의 작품　　　　'백전길의'가 일본 사람인 줄 알았다.

시쉐이도 섬이다　　　Sishay도 섬이다.　　　섬이름이 Sishaydo인줄 알았다.

적은 예일 뿐이다.　　　적은 例일 뿐이다.　　　Yale과 발음이 같다.

8. 잘못 쓰는 조사

450개에 이르는 조사는 당연하거니와, 100개 정도의 흔히 쓰는 조사들 가운데서 알맞은 조사를 골라 쓰는 것은 결코 쉽지 않다. 헷갈리는 조사를 피하기 위해서는 뜻이 분명한 다른 조사를 사용하거나 다른 표현으로 고쳐 쓰는 것이 좋다.

제일 많이 잘못 쓰이는 조사는 '에게'일 것이다. '에게'를 다른 조사로, 또는 다른 조사를 '에게'로 써야 하는 문장은 아주 흔하다. 다음은 그 예다.

여러 사람들에게 들었다　　→ 여러 사람들에게서 들었다
상인들에게 돈을 받았다　　→ 상인들로부터 돈을 받았다
시장에게 추천받았다　　　→ 시장한테서 추천받았다
백제에게 빼앗겼던　　　　→ 백제에 빼앗겼던
부모에게 상의하다　　　　→ 부모와 상의하다

대통령에 맞섰다　　　　　→ 대통령에게 맞섰다
모기에 물린 꿈　　　　　→ 모기에게 물린 꿈
많은 사람에 영향을 줄 것이다　→ 많은 사람에게 영향을 줄 것이다

'에게' 다음으로 많이 잘못 쓰이는 조사는 '에' 일 것이다. '타에 추종'처럼. '의'를 '에'로 쓰는 경우로, 이는 대부분 잘못된 발음으로부터 기인한다. 하지만, 고어 '에'는 현대어 '의'에 해당하며, 고어 '의'는 현대어 '의'와 '에'에 해당하는 것으로 보아, 이 두 조사를 혼동되게 발음하는데 역사성이 있어 보인다. 다만, 두 가지만 언급한다. 하나는 '옥에 티'로, '옥에 있는 티'의 의미로 잘못된 말이 아니다. 다른 한 가지는 표준어 '눈엣가시'로, 이 낱말의 조어 과정이 문법적으로 간단하지 않지만, 어쨌든, 그렇게 쓴다.

조사 '에서'는 주격과 부사격의 두 가지로 쓰인다. 부사격은 어떤 사물이 움직이고 있는 처소를 나타내거나, 어떤 움직임의 출발점을 나타낸다. 주격은 문장의 주어가 단체임을 나타낸다 (예, 우리 회사에서 우승을 차지했다.). 어떤 움직임의 출발점을 나타내는 조사로 '에서부터' 또는 '(으)로부터'가 더 알맞아 보이나, 어쨌든, 그렇게 쓴다. 다음은 그 예다.

   산에서 내려왔다.
   산으로부터 내려왔다.

   서울에서 왔다.
   서울로부터 왔다.

이상의 논지는, 조사는 그 수와 용법에 있어, 보기와 다르게 만만하지 않음을 넘어 까다롭고 복잡한 품사임을 보여준다. 무엇보다도, 조사의 수는 비슷한 문장 구조 (주어 + 목적어 + 술어)를 가진 주변 언어에 비해 단연 압도적이다. 우리말의 형제라 하는 일본어의 경우, 모든 조사의 수나 자주 쓰이는 조사의 수는 우리말의 1/10 정도다. 티벳어와 만주어에는 10 개 정도가 있고, 몽골어에는 조사가 없다.

한편, 우리말 조사에 해당하는 영어 전치사의 개수는 140 개로 (중복된 의미를 제외하면, 120 개 정도), 그 가운데, 많이 사용되는 전치사는 40 개 정도다. 조사와 전치사의 큰 차이점은 대상 (조사의 경우, 앞말. 전치사의 경우, 뒷말) 의 종류다. 조사는 자신을 포함한 9 개 품사 모두에 올 수 있는 반면에, 전치사는 명사와 대명사에 국한한다. 많은 전치사는 우리말로 번역할 때 '명사 + 에' 형식의 부사구 (예를 들어, 위에, 밑에, 앞에, 뒤에, 옆에, 가까이에, 안에, 밖에 등) 로, 순수하게 조사에 해당하는 전치사의 수는 손에 꼽힌다.

결론적으로, 450여 개의 우리말 조사는 외국어로 제대로 번역할 수 없거나, 우리말의 조사는 불필요하게 많다는 얘기다. 자리에 의해 결정되는, 따라서, 격조사가 필요 없는 영어와 달리, 한국어는 문장 성분의 관계가 조사에 의해 결정되는 사실을 감안하더라도, 우리말에는 조사가 지나치게 많다. 왜 그렇게 많을까?

셋째 마당 혼돈의 한국어

꼭지 9. 알겠습니까?

군대에서 훈련받을 때, 설명이나 지시를 끝낸 조교가 항상 물어보는 말이 있었다.
"알겠습니까?"
훈련병들의 대답도 거의 항상 같았다.
"알겠습니다."
아주 가끔, 다른 대답도 들렸다.
"모르겠습니다."

'겠'이 미래시제 아닌가? 느낌으로는 분명히 미래가 아닌데 말이다. 설명을 듣고 이미 알았으니, 그래서 과거가 되었으니, 다음과 같이 말해야 된다고 항상 생각하였다.
"알았습니까?"
"알았습니다."
모를 경우에, 흐름을 맞추자면 다음이 바르다.
"몰랐습니다."
그런데, '몰랐습니다.' 는 느낌이 이상하다. 아니면, "모릅니다." 라고 해야 되나?

아니, 지금 알게 되었으니, 현재 상태로 대답해야 맞지 않나?
"압니까?"
"압니다."
"모릅니다."

세종의 실수 / 97

아니, 지금 막 알았으니 현재 완료로 해야 되나? 현재 완료는 어떻게 표현하지?

이상의 글에서, 이 꼭지의 주제는 시제 (tense) 라고 생각하는 것이 당연하지만, 시제 전체를 주제로 다루는 것은 너무 버겁고 지루하다. 이에, 미래 시제 어미 '겠'을 꼭지의 주제로 삼는다. 아울러, 관형사형 미래 시제 어미 '-(으)ㄹ'도 짧게 다룬다.

흔히 생각하는 '겠'의 용도는 '가겠다', '먹겠다' 등에서 보이는 미래시제 어미일 것이다. 일반적으로 정의되기를, 한국어의 미래 시제는 용언 (동사, 형용사) 의 두 가지 활용으로 표시된다. 하나는 선어말어미 '겠'에 의해서 표시되거나, 다른 하나는 용언의 관형사형 어미 '-(으)ㄹ'에 의해서 표시된다.

1. 선어말어미 '겠'

'선어말어미 (先語末語尾)'의 문법적 정의는 《어말 어미 앞에 나타나는 활용 어미. '-시-', '-옵-', '-오-' 따위 경어(敬語)에 관한 것과, '-았-', '-었-', '-더-', '-겠-', '-리-' 따위 시상(時相)에 관한 것 등으로 나뉨. 종래에 '보조 어간'이라 불린 형태들이 이에 속함. 비어말(非語末) 어미.》이다. 이 친절한 설명에도 불구하고, 유감스럽게, 선어말어미가 정확하게 무슨 뜻인지 불분명하다.

불분명의 가장 큰 원인은 '어말 어미'라는 용어다. 어말과 어미는 별개의 용어인가? 사전에 의하면, 어말은 《단어의 끝 (외래어 표기에서 ~ 또는 자음 앞의 비음은 받침으로 적는다)》, 어미는 《용언 어간 뒤에 붙어, 활용하여 변하는 부분. '먹다', '먹고', '먹으면'에서 '다', '고', '으면' 따위.》라고 정의된다. 그런데, 어말의 의미를 얼핏 보아, 초와 말로 나눈다면, 어초 어미와 어말 어미, 혹은, 초, 중, 말로 나눈다면, 어초 어미, 어중 어미. 어말 어미가 있을 것 같아 보인다. 하지만, 어초 어미 또는 어중 어미는 있을 수 없으니, 어말 어미만 남는데, 이는 역전앞 (驛前앞) 이나 처갓집 (妻家ㅅ집) 과 같이 중복된 말인가?

분명과 불분명을 떠나서, 한 마디로, 크게 나누어 종래에 어간으로 분류되던 '겠' 이 지금에는 어미로 분류된다는 말이 아닌가? 활용된 단어에서 변하지 않는 부분은 어간, 변하는 부분은 어미라고 알고 있는데, '겠' 이 변하는 부분인가 보다.

아무튼, 어말 어미란 것이 있다고 인정하고, 선어말어미가 무엇인지를 알기 위해 누리집을 검색한 결과, 제일 정리가 잘 된 내용 (https://m.blog.naver.com/abi2000/40012124200) 을 약간 수정하여 아래에 인용한다.

어미는 어말 어미와 선어말 어미의 두 가지로 나눌 수 있다.
  1. 어말 어미: 단어 끝에 있는 어미. 그 자체만으로도 단어를 이룬다.
     예) 달다, 하얗고, 깨끗하여
  2. 선어말 어미: 어말 어미에 앞서는 어미. 선어말 어미는 반드시 어말 어미를 필요로 한다.
     예) 먹는다, 입으셨다, 가겠으니

어말 어미는 다음과 같이 분류된다.
  1. 종결 어미: 한 문장을 끝맺는다.
     평서형, 의문형, 명령형, 청유형, 감탄형이 있다.

2. 연결 어미: 한 문장을 끝맺지 않고, 다른 낱말이나 다른 문장에 연결한다. 대등형, 종속형, 보조형이 있다.
3. 진성 어미: 한 문장의 성질을 임시로 명사나 관형사처럼 바꾸어 준다. 명사형, 관형사형이 있다.

선어말 어미는 다음과 같이 분류된다
1. 높임: 주체를 높이기 위해 어간과 어미 사이에 들어가는 형태소. 예) 입으시었다
2. 공손: 듣는 이에게 공손한 뜻을 나타내기 위해 어간과 어미 사이에 들어가는 형태소.
   예) 하옵소서
3. 시제: 어떤 행위가 이루어진 때, 즉, 과거, 현재, 미래를 표시한다.
   예) 먹었다, 먹는다, 먹겠다

유추하건대, 어말 어미 앞에 또 다른 어미가 있을 수도 있고 없을 수도 있는데, 있는 경우를 '선어말 어미' 또는 '비어말 어미'라고 하는 모양이다. 여기서, 한국어 문제 중의 하나가 여기서 확연하게 드러난다. 그것은 띄어쓰기와 붙여쓰기인데, '선어말 어미', '선 어말어미', '선 어말 어미' 가운데 어느 것이 그 의미를 명확하게 정의하는 용어일까? 제대로 이해했다면, '선어말 어미' 또는 '비어말 어미'가 아니라, '선 어말 어미' 또는 '비 어말 어미'라 해야 옳지 않은가? '어말 어미'를 붙여 써서 '어말어미'라 해야 할 지는 또 다른 문제지만, 붙여 쓴다면, '선 어말어미' 또는 '비 어말어미'라고 해야 혼동을 그나마 줄인다. 한 가지 덧붙이면, '선 (先)' 대신 '앞선'이란 말을 사용하여, '앞선 어말어미'란 용어를 사용하면 어떨까 하는 아쉬움이 남는다.

길게 돌아, 선어말 어미 미래 시제 '겠'에 이르렀다. 앞서 예기했지만, 한국어에서는 미래를 표현하는 보편적인 선어말 어미로 '-겠'과 '(으)ㄹ'가 있다. 그런데, '알겠습니까?'와 '모르겠습니다.'에서 '겠'의 어감이 미래를 나타내는 것 같지 않은 느낌에서 알아본 바에 의하면, '-겠-'은 미래 시제 외에 추측, 가능성, 의지, 능력 등의 용법이 있다. 예를 들면, 다음과 같다.

용법	예시
미래	나는 이 일을 내일까지 하겠다.
추측	내일 이 시간이면, 그의 수능 시험도 끝나겠지.
능력	잘하면, 나도 갈 수 있겠다.
의지	무슨 일이 있어도 나는 이 일을 하고야 말겠어.
완곡	너는 내가 한 말을 알겠어?

위의 예시를 주의 깊게 살펴보면, 주어, 서술어, 동사, 부사구, 절 등에 함축된 의미에 따라 선어말 어미 '겠'의 용법을 짐작할 수 있다. 예를 들어, '너는 내가 한 말을 알겠어?'와 '너는 내가 한 밥을 먹겠어?'에서, '완곡'과 '미래'를 구별할 수 있다면, 그것은 동사의 차이일 것이다. '완곡'의 예로 쓰이는 동사 '알겠어?'에서 '겠'을 빼면 직설적 표현인 '너는 내가 한 말을 알아?'로 문장이 성립되는 반면, '미래'의 예로 쓰이는 동사 '먹겠어?'에서 '겠'을 빼면 '너는 내가 한 밥을 먹어?'로 문장이 성립되지 않는다. 다시 말해, 용법에 맞는 동사가 따로 있다.

누리집을 검색하면, '알겠습니다'와 '알았습니다' 가운데 어느 것이 올바른 표현인지에 대해 의견이 분분하다. 완곡 혹은 겸손의 의미를 가진 '겠'

이 적어도 자기 아버지 세대의 말투가 아니라는 의견도 있다. 그 아버지 세대는 길게 잡아도 100 년 전이다. 1920 년대 이후의 현대소설에서는 어미 '겠-'이 현재 우리들이 쓰고 있는 것과 같이 자연스럽게 나타난다. 글이 없다고 말도 없는 것은 아니니, 조선 말에 그런 말이 없었다고 단정 지을 수 없다. 다만, 애초에 군대에서 '알았습니까?'로 훈련병을 교육시켰다면, '알았습니다.'로 대답했을 것이고, 그러면, '겠'의 팔자가 많이 달라졌을 거란 생각이다. 왜냐하면, 물어보는 시점에 '알다'와 '모르다'의 시제가 과거 혹은 적어도 현재완료인 것이 분명하기 때문이다. 설명 후 이해 여부를 묻는 영어 표현이 'You got it?'이고, 답하는 표현이 'I got it.' 혹은 'I have no idea.'인 것과 맥을 같이 한다. 그래서, 앞선 군대의 표현을 제대로 한다면, 다음과 같다.

알았습니까?
알았습니다.
모릅니다.

여기서 짚고 넘어갈 점은 미래시제 '겠'의 두 가지 남용이다. 한 가지는 미래 시제를 쓰면 안 되는 동사에 '겠'을 사용하는 것이고, 다른 한 가지는 현재시제를 써야 함에도 불구하고, '겠'을 사용하는 것이다.

영어도 그렇지만, 우리말에도 미래 시제를 쓰면 안 되는 동사들이 있다. 현장에서만 이루어질 수밖에 없는 부탁, 희망, 제안, 주장, 추천 등이다. 다음은 실생활에서 쓰이는 그런 동사들의 미래시제 (겠습니다) 와 현재시제 (ㅂ니다) 를 비교한 예문들이다. '부탁'은 '하다'와 거의 상습 말투인 '드리다' 두 가지로 제시하는 바, 이에 대해서는 『어리둥절 한국말』의 꼭지 8

(https://blog.naver.com/whitebooks21/222598448492) 을 참조하기 바란다.

동사	겠습니다	ㅂ니다
부탁하다	9시에 오길 부탁하겠습니다.	9시에 오길 부탁합니다.
	9시에 오길 부탁드리겠습니다.	9시에 오길 부탁드립니다.
바라다	일기예보에 주의하기 바라겠습니다.	일기예보에 주의하기 바랍니다.
제안하다	새로운 사업을 제안하겠습니다.	새로운 사업을 제안합니다.
추천하다	삼성 갤럭시를 추천하겠습니다.	삼성 갤럭시를 추천합니다.

위의 예문에서 '겠'의 쓰임새가 미래 이외의 완곡 혹은 다른 용법이라고 주장한다면, 할 말은 없다. 만약 그렇다면, 그것이 바로 다양한 용법으로 인한 '겠'의 문제점이다.

다른 한 가지 남용은 미래시제를 쓸 수 있는 동사이지만, 현재시제를 써야 할 상황임에도 불구하고, '겠'을 사용하는 것이다. 다음은 그 예문이다.

동사	겠습니다	ㅂ니다
마치다	뉴스를 여기서 마치겠습니다.	뉴스를 여기서 마칩니다.

2. 관형사형

관형사형 어미로 '-(으)ㄹ'은 동사의 미래 시제로 쓰인다. 어간에 받침이 있는 경우, '-을'을 사용하고, 받침이 없는 경우, '-ㄹ'을 사용한다. 보통, 3가지 형태로 뒤의 단어를 꾸미는데, '예정', '것', 그리고 일반적인 명사를 꾸미는 형태로 나타난다.

나는 곧 서울로 돌아갈 예정입니다.
그는 2 시간 후에 먹을 것입니다.
당신은 어차피 떠날 사람이잖아요.

이 관형사형 어미도 다음의 예처럼 항상 미래를 표시하지는 않는다.

이름 모를 소녀
사람은 입을 것, 먹을 것, 살 곳이 필요하다.

'이름 모를 소녀'에서 앞으로 이름을 모를 예정이 아니라, 현재, 이름을 모르는 상태지만, '이름 모르는 소녀'라고 하지는 않는다. '입을 것, 먹을 것, 살 곳'은 '입는 것, 먹는 것, 사는 곳'도 무방하니, '-(으)ㄹ'이 미래형 어미로 쓰이지 않는다.

어떤 언어에서 단어와 문장의 의미가 명쾌하면 할수록 어법이 탄탄해지고, 그에 따라, 어법이 곧 문법인 언어가 될 수 있다. 그런 경향의 대표적인 언어가 영어다. 방송 뉴스 같은 격식어는 대본 자체가 문법으로부터 어긋나지 않는다. 단어의 특성에 따라 문장에 들어가는 자리가 정해져 있어, 그렇지 않으면, 말이 안 되기 때문이다. 이러한 정형화는 여유가 없는 언어를 만든다. 영어가 모국어가 아닌 사람, 특히, 알타이어 계통의 언어를 사용하는 사람이 영어를 배울 때, 이 정형화에 힘들어한다.

또한, 미국의 경우, 영어 전공자만이 영문법을 대학에서 가르치고 배울 뿐, 일반인들은 영문법을 따로 가르치지도 배우지도 않는다. 학생들의 영어교육 - 그들에게는 국어교육 - 은 글쓰기에 치중한다.

영어의 미래시제를 서술문 기준으로 언급하면 다음과 같다.

will   I will go to school.

shall   You shall have a notebook.

be going to   I am going to study hard.

would (조건이 숨어 있음)   I would visit you.

be to   We are to meet again soon.

미래 표시 부사구를 동반한 현재 시제   He leaves for New York tomorrow

미래 표시 부사구를 동반한 현재진행 시제   He is coming tomorrow.

한국어와 영어의 미래시제에 관한 차이를 들면, 한국어에서는 미래시제가 여러 용법을 가져 그 쓰임새가 모호한 반면, 영어에서는 여러 미래시제가 한 가지 용법을 가져 그 쓰임새가 분명하다는 점이다. 한국어에서 미래시제의 용법이 다양한 것은 한국어가 모국어인 사람에게 큰 문제가 되지 않으나, 한국어를 배우는 외국인에게는 혼돈 그 자체다. 어쩌면, 그 반대로 오히려, 한국어는 단어와 문장의 정형이 없어 대충 말하고 써도 다 통하는 언어이고, 그것이 곧 장점이라고 억지를 부려 본다.

꼭지 10. 세대어 (世代語)

언어 (말씀 言, 말씀 語) 는 사람이 생각이나 느낌을 소리나 글자 (또는 기호) 로 나타내는 체계이다. 일정한 소리는 일정한 기호로 표시되며 (기호성), 일정한 소리와 글자가 일정한 의미를 갖는 데 있어서 논리가 필요하지 않으며 (자의성), 소리와 글자의 의미는 그것을 사용하는 사람들 사이의 약속이므로, 개인이 마음대로 바꿀 수 없으며 (사회성), 시간이 지남에 따라, 그 의미가 끊임없이 변화하며 (역사성), 의미를 나타내기 위한 규칙이 필요하며 (규칙성), 이론적으로 무한한 표현이 가능하다 (창조성). 이것들이 소위 언어의 6 가지 특성이다.

언어의 기능은 소리와 글자의 의미를 아는 사람들 사이의 효과적인 의사소통이다. 言語에 '말씀' 이라는 뜻만 들어 있지만, 의미 있는 소리를 모으면 말이 되고, 의미 있는 글자를 모으면 글이 된다. 말이든 글이든 의사소통의 기본 단위는 낱말이다. 낱말이 의미를 지녀야 함은 물론이다. 낱말들을 적절한 순서로 배치하여 문장을 만들고, 문장은 궁극적으로 사고의 결과를 표현한다. 의사소통을 위해 낱말을 모으는 데에는 규칙이 있어, 소리로 낱말을 모으는 규칙을 어법이라 하고, 글자로 낱말을 모으는 규칙을 문법이라 한다. 어법과 문법이 일치하는 정도에 따라 언어의 좋고 나쁨이 정해지며, 좋은 언어란 문법을 따로 익힐 필요가 없는 언어다. 하지만, 이런 언어는 이론적으로만 가능할 뿐이다.

말은 일반적으로, 글과 달리, 사고가 거의 즉시로 표현되며, 말하는 사람의 표현과 듣는 사람의 이해는 거의 동시에 이루어진다. 표현은 일차적으로 사용하는 낱말에 의해 이루어지며, 어떤 상황에서 어떤 낱말을 선택하느냐는 순전히 개인의 몫으로, 이 과정은 지적 수준과 말하는 당시의 감정 상태 등에 따라 정해진다. 말은 소리이기 때문에. 소리의 길고 짧음, 높고 낮음, 강하고 약함도 표현의 일부분이다. 또한, 말의 모든 낱말이 의미를 갖지 않을 수 있다. 이런 의미 없는 말을 추임새라 하고, 추임새를 사용하는 것 또한 순전히 개인적이다. 결론적으로, 말은 글보다 훨씬 개성적이다.

말투 (一套) 는 말하는 버릇, 즉, 말버릇을 말한다. 그러나 말투와 말버릇은 한편으로 같은 말이지만, 다른 한편으로는 엄밀히 다르다. "너 어른한테 무슨 말버릇이냐?"에서 말버릇은 말투이다. "너 어른한테 무슨 말투냐?"로 바꾸어도 마찬가지다. 한편, 엄밀한 의미에서, 말투는 사람에 따라 주로 사용하는 말의 성질을 의미한다. 반말 투, 존대말 투, 공손하지 못한 말투, 예의 바른 말투, 무뚝뚝한 말투, 상냥하고 친절한 말투, 당당한 말투, 부끄러워하는 말투, 고압적이고 오만한 말투, 겸손한 말투, 남성적인 말투, 여성적인 말투 따위에서 말하는 사람의 인성, 성격, 감정 따위를 엿볼 수 있다. 말투는 상황에 따라 바뀌기도 한다. 우리는 이런 말투를 말버릇이라고 부르지 않는다.

말버릇은 어떠한 이유에서든 말하는 사람의 오랜 버릇으로, 때로는 본인의 의사 또는 사고와 상관없이 입에서 튀어나오는 말을 가리킨다. 우리말에서 말끝마다 되묻는 '정말요?', '진짜요?' 따위와, 영어에서 중간중간 들어가는 'you know' 같은 말이 대표적인 말버릇이다. 말투에서 나타나는 말하는 사람의 인성, 성격, 감정 등과는 아무 상관이 없다. 말투와 공통점은 말버릇 또한 지극히 개인적이라는 점이다. 다음은 말버릇의 다른 예이다. 우리는 이런 말버릇을 말투라고 부르지 않는다.

판사; 피고의 이름은?

피고: 저 말입니까?

판사; 예.

피고: ○○○ 입니다.

판사; 피고의 나이는?

피고: 저 말입니까?

판사; 예.

피고: ○○ 살 입니다.

판사; 피고의 주소는?

피고: 저 말입니까?

판사; 예.

피고: ○○○○○○ 입니다.

판사; (작은 소리로) 에휴, 힘들어서 못 해 먹겠네.

피고: 저 말입니까?

판사; (큰 소리로) 아니오. 나 말입니다.

지극히 개인적인 말버릇이 개인을 넘어 언중의 많은 구성원들의, 즉, 좀 심하게 말해서 언어 사회의 말버릇이 되는 경우가 종종 있고, 일시적이 아니라 상당한 기간동안 지속한다. 언제 시작되었는지 알 수 없지만, 사회 속에서 시나브로 퍼져, 어느 순간에 "어!" 하고 놀란다. 이런 말버릇은 시대를 구별할 수 있기 때문에, 시대어라고 부른다. 많은 사람들은 그런 말이 시대어가 되었는지 느끼기조차 못 할 수도 있다. 사회의 말버릇이 되었다고 해서, 시대어가 언어의 특징 가운데 하나인 사회성을 갖지는 않는다. 왜냐하면, 시대어를 안 써도 충분히 의사소통이 되기 때문이다. 또한, 시대어는 어떤 기간에 여러 사람들에게 많이 쓰이는 유행어와 다르다. 버릇과 낱말의 차이이고, 누구로부터 언제부터 시작되었는지 모르고 알고의 차이이고, 지속하는 기간이 길고 짧고의 차이이다.

아래위로 차이가 나지 않는 비슷한 연령대의 사람들만이 시대어를 즐겨 사용하는 시점에서, 시대어는 특정 연령층만 사용하는 세대어가 되기도 한다. 예를 들어, 나이가 좀 있는 사람들은 '걱정할 게 하나도 없다' 라고 하는 반면, 젊은 사람들은 '걱정할 게 일도 없다' 라는 표현을 쓴다. "아니, 왜 '하나' 가 한자말 '일' 로?" 라고 하면서도, 그 속에서 논리를 찾으려고 한들 찾아지지 않는다. 상식도 끼어들 틈이 없다. 오로지 특정 세대가 느끼는 공감만 있다.

이 꼭지의 주제는 세대어이다. 여기서 다룰 세대어는 두 가지로, 하나는 '도록 하' 이고, 다른 하나는 '것 같다' 이다. 이 말버릇은 현재진행형으로, 『어리둥절 한국말』에서 이미 언급된 바 있고, 아래 내용의 상당한 부분은 그것으로부터 가져왔다.

1. 도록 하

① 뉴스를 마치도록 하겠습니다.

② 될 수 있으면 유산소 운동을 하도록 하겠습니다.

③ 가까운 시일 내에 과제물을 검토하도록 하겠습니다.

④ 그럼, 다음 주에 다시 오도록 하겠습니다.

⑤ 다음에 더 알찬 콘텐츠로 찾아뵙도록 하겠습니다.

⑥ 내일 아침 일찍 출발하도록 하자.

'도록 하'는 요즈음 1인 방송은 말할 것도 없고, 공중파 방송에서도 흔하게 들을 수 있는 말이다. 적어도 10년 이전에는 잘 쓰지 않던 말들이다. 위의 예에서 '도록 하'를 빼고 말해보자. 위의 말이 맞는 말일까? 아래의 말이 맞는 말일까? 아니면 둘 다 맞는 말일까?

① 뉴스를 마치겠습니다.
② 될 수 있으면 유산소 운동을 하겠습니다.
③ 가까운 시일 내에 과제물을 검토하겠습니다.
④ 그럼, 다음 주에 다시 오겠습니다.
⑤ 다음에 더 알찬 콘텐츠로 찾아뵙겠습니다.
⑥ 내일 아침 일찍 출발하자.

위의 질문에 대한 답으로 둘 다 맞는 말이라면 '도록 하'는 안 들어가도 된다는 말이고, 결국, 사족인 셈이다.

<국립국어원>에서는 '도록 하'의 쓰임을 다음 4가지로 제시한다. 사역, 허용, 명령 또는 권유, 주체의 의지 표현 또는 다짐이다. 이 제시에 합당한 예문은 6번째로서, 권유를 나타낸다. 나머지 5개의 예문에 대해서는 할 말이 좀 있다. 그 가운데 첫 번째 예문은 일단 뒤로 돌리고, 2-5번째 예문을 먼저 살펴본다. 이 예문들은 말하는 주체의 의지나 다짐을 나타내는데 적당한 말로 제시되었다. 이들 예문을 다시 가져와, '도록 하'가 있는 경우와 없는 경우를 비교해 어느 예문이 말하는 주체의 의지나 다짐을 더 잘 나타내는지 알아본다.

될 수 있으면 유산소 운동을 하도록 하겠습니다.
→ 될 수 있으면 유산소 운동을 하겠습니다.

가까운 시일 내에 과제물을 검토하도록 하겠습니다.
→ 가까운 시일 내에 과제물을 검토하겠습니다.

그럼 다음 주에 다시 오도록 하겠습니다.
→ '그럼 다음 주에 다시 오겠습니다.

다음에 더 알찬 콘텐츠로 찾아뵙도록 하겠습니다.
→ '다음에 더 알찬 콘텐츠로 찾아뵙겠습니다.

개인적인 판단으로는 '도록 하'가 없는 경우의 예문에서 말하는 주체의 의지나 다짐이 더 단호하다고 생각한다. '도록 하'가 있는 경우, 말하는 주체의 의지나 다짐이라기보다는 오히려 당시의 상황에서 벗어나려는 혹은 두루뭉술하게 넘어가려는 의도마저 느껴진다. 예를 들어 '그럼 다음 주에 다시 오도록 하겠습니다.'는 안 올 수도 있다는 의미도 포함된다. 이를 고려해 제대로 표현하면, '그럼, 될 수 있으면 다음 주에 다시 오겠습니다.' 나, '그럼, 다음 주에 다시 오도록 노력하겠습니다.'가 될 것이다.

자, 이제 문제의 첫 번째 예문 '뉴스를 마치도록 하겠습니다.'에 대해 살펴보자. 뉴스 진행자의 이 말과 동시에 뉴스가 끝나는 상황이다. '뉴스를 마치겠습니다.'란 미래형을 쓸 수도 없다. '뉴스를 마칩니다.'라고 해야 한다. '쇼를 시작하도록 하겠습니다.'도 마찬가지다. '쇼를 시작합니다.'라고 해야 한다. 이 경우 '도록 하'는 그것의 4가지 쓰임새 가운데 어느 것에도 해당되지 않는다. 다시 말해 '도록 하'는 전혀 쓸모없거니와 말을 차마 맺지 못하고 질질 끄는 듯 보이며 자신감이 필요한 상황이 아닌데도 자신감이 없는 듯하며, 심지어 있지도 않은 책임을 회피하는 인상을 준다.

그럼, 사람들은 왜 근래에 아무 의미 없는 '도록 하'를 사용해 말을 질질 끌게 되었을까? 지난 수십 년에 걸쳐 사람들이 자기 의사를 분명히 밝히는 것에 그리고 말을 맺고 끊는 것에 머뭇머뭇하는 경향은 한국 사회의 변화에서 찾을 수 있다. 그중에서도 1995년 인터넷 상용화와 무선화에 의한 사회 연결망(社會連結網) 또는 소셜 네트워크(Social Network)의 빅뱅은 전 세계적으로 '사회적 관계 구조'에 대한 개념을 바꾸어 놓았다. 한 개인이 관계를 맺는 사람의 수는 엄청나게 증가했으며, 잠들지 않는 사회가 되었다. 인터넷을 통해 중요한 화제에 대해, 때에 따라, 여론의 생성자, 촉진자, 참여자가 되기도 한다. 특히 우리나라에서는 더욱 그러했다. 따라서, '내가 하는 말'에 거의 실시간으로 이루어지는 집단적 반응에 민감해지고 필요한 경우 자신을 방어해야 된다는 강박관념이 생길 수 있다. 이러한 대중에 대한 방어적 강박관념이 불분명하고 흐릿한 말끝을 만들지 않았나 생각한다.

2. 것 같다

길게 잡아서 지난 20년 정도라 말해 두자. 한국 스포츠의 특정 분야는 거의 승천의 경지에 이르렀다고 말할 수 있을 정도의 깜짝 놀랄 경기력으로 국민들에게 많은 감동을 주었고, 해당 운동선수들과 같은 시대에 살고 있다는 사실에 국민들은 큰 행복감을 느꼈다. 당연히 기자가 그런 운동선수들에게 묻고 답변을 듣는 영상과 기사가 많이 TV에 방영되고 신문에 실렸다. 그것들을 보면 들으면서 선수들의 특이한 말버릇에 주목하게 되었다. 이 말버릇은 개인에 따라 정도의 차이는 있을지언정 특정인에 국한되지 않는다. 분야를 가릴 것 없이 대중매체에 노출되는 사람들도 거기서 거기이고, 주위의 평범한 사람들 역시 그들과 크게 다르지 않다. 다만 비슷한 연령대의 사람들이 많이 쓴다. 그 말은 다름 아닌 '것 같다'라는 말이다.

ㄱ 의 말을 보자.

   1. 전보다 훨씬 더 설레는 것 같고...

   2. 힘들었던 건 사실이었던 것 같아요.

   3. 최선을 다하는 것이 중요할 것 같습니다.

   4. 그래서 그 동안 많이 힘들었던 것 같아요.

ㄴ 의 말을 보자.

   5. 그렇게 매일 매일 하는 게 정말 힘든 것 같아요.

   6. 평정심을 찾는 게 중요한 것 같아요 ....

   7. 경험할 수 있게 돼서 좋은 것 같아요 ....

   8. 언제든 무대에 올라갈 수 있게 스파르타식 연습이 필요한 것 같습니다.

   9. 지금까지도 비교당하고 있는 그 사람도 짜증날 것 같아요.

ㄷ 의 말을 보자.

   10. 오는 14일에 출국할 수 있을 것 같습니다.

   11. 똑 부러지게 말할 수 있을 것 같습니다.

   12. 저는 문제 없을 것 같습니다.

   13. 행운을 빌어야 할 것 같습니다.

'것 같다'라는 말에 특정 세대가 느끼는 공감은 무엇일까? 그럼, "소위 '세대어'라는 것이 하나둘이 아닐진대 왜 '~같다'라는 말이 그 대상이야?"라고 반문하는 사람들이 있을지 모르겠다. 그 이유는 약간의 염려가 있어서다.

『민중국어사전』에 의하면, '것 같다'는 추측이나 불확실한 단정을 나타내는 말이라고 나와 있다. 위 ㄱ, ㄴ, ㄷ 의 13 마디 문장 가운데 이 정의에 합당한 문장은 어느 것일까? 그렇다 (O), 애매하다 (△), 아니다 (X) 로 나누어 보았다. 사람에 따라서 100% 동의 안 하더라도, 말하고자 하는 주제를 흐리게 할 것 같지 않다.

1. 전보다 훨씬 더 설레는 것 같고 X
2. 힘들었던 건 사실이었던 것 같아요. X
3. 최선을 다하는 것이 중요할 것 같습니다. X
4. 그래서 그 동안 많이 힘들었던 것 같아요. X
5. 매일 매일 하는 게 정말 힘든 것 같아요. X
6. 평정심을 찾는 게 중요한 것 같아요. X
7. 경험할 수 있게 돼서 좋은 것 같아요. X
8. 스파르타식 연습이 필요한 것 같습니다. △
9. 그 사람도 짜증날 것 같아요. O
10. 오는 14일에 출국할 수 있을 것 같습니다. △
11. 똑 부러지게 말할 수 있을 것 같습니다. X
12. 지는 문제 없을 깃 같습니다. X
13. 행운을 빌어야 할 것 같습니다. X

위 13 개 문장은 합당한 문장이 1 개, 애매한 문장 2 개, 합당하지 않은 문장이 10 개로 나뉘었다. 8 번 문장은 자신은 스파르타식 연습이 필요하다고 생각하는데 그렇게 생각하지 않는 사람도 있을 테니, 여유를 좀 남겨 둔 표현이다. 10 번 문장이 애매한 이유는, 요 문장만 떼어놓고 보니 그렇지, 앞뒤 문맥으로 봐서는 본인의 건강이나 신변에 큰 이상이 없는 한, 14

일에 출국 예정인 상황이었기 때문이다. 9번 문장은 분명한 추측 또는 짐작이 들어있는 문장이다. 나머지 10개의 문장은 명백하게 잘못 쓰였다.

누구나 파란 색 상자를 보며 "이 상자는 파란 것 같다."라고 말하지 않는다. 누구나 자기 누나를 가리켜 "이 여자는 나의 누나인 것 같다."라고 말하지 않는다. 사람들은 어떤 경우에 '것 같다'라는 말을 할까? 다른 사람의 감정이나 생각을 추측할 때, 현장에 없어 상황을 미루어 짐작할 때, 미래에 일어날 일을 막연히 예측할 때 따위를 대충 꼽을 수 있다. 한편, 그 반대의 경우, 즉, 자기 자신의 감정이나 생각이나 계획을 말할 때, 눈으로 보이는 것을 얘기할 때, 100% 장담은 못하지만 돌발 상황이 생기지 있는 한 예정대로 진행될 미래에 관해서는 '것 같다'라는 표현이 부적절하다. 위의 합당하지 않다고 판정한 10개 문장들이 이에 해당된다. 적절한 말이 되기 위해서는 '것 같다'라는 표현을 다 떼어내면 된다.

한 개인의 감정이나 생각은 수시로 바뀔 수 있지만, 표현하는 그 순간만큼은 절대적이며 주관적이며 확고하다. 추측될 수 없으며 불확실할 수 없다. 자기 자신의 경험과 관찰 그리고 책, 대중 매체, 인터넷, 주변 사람으로부터 보고 들은 사실 또는 소문 따위의 세상 온갖 것을 의도적이든 의도적이지 않든, 활용하든 활용하지 않든 평소 머릿속에 넣어 두었다가 특정 사안에 대해 통합하거나 취사선택해 표출한다. 내 감정을 남들이 못 이해하더라도, 내 생각이 남들과 다르더라도 내 감정과 생각은 온전히 내 것이다. 남들이 아무리 기쁘다고 해도, 내가 슬프면 슬픈 것이다. 내가 이렇게 생각하면 이런 것이다.

말버릇은 자신도 모르게 무의식적으로 자주 하게 되는 말을 의미한다. 무의식적이라고 해서 말버릇이 단순히 추임새처럼 던지는 말을 뜻하는 것은 아니다. 언어심리학에 따르면 말버릇은 사용하는 사람의 성격과 정신적 상태 등과 매우 관련 있다. 그러면, '것 같다'라는 말버릇을 가진 사람들의 심리는 어떤 것일까? 일반적으로 자신감이 없을 때, 책임을 회피할 때, 확실한 의사 표현이 불손할 수도 있다는 생각에 일종의 겸손을 표할 때 이런 말버릇을 가진다고 알려져 있다. 사람에 따라 이 세 가지의 여러 조합 형태로 나타난다.

한편, 심리언어학은 언어습득과 언어사용 시 작용하는 인간의 내재적, 정신적 과정을 과학적으로 연구하고 설명하려는 학문이다. 이 학문이 태동한 1950년대 당시, 언어관 및 언어행위는 나이에 상관없이 자극적인 환경에 대한 끊임없는 반응과 반복적인 강화에 의해 형성된다고 생각했다. 여기서 환경이란, 가족, 친구, 동료, 선후배 따위의 태어나서 지금까지 만난 모든 사람들을 포함한 인간 환경을 의미한다. 그들과 끊임없이 대화하는 중에 자신의 감정을 표출하고, 자신의 의사를 밝히고, 때로는 결정하면서 자기 언어로 반응한다. 여러 가지 반응 가운데 자신의 감정과 생각을 잘 전달할 수 있다고 판단한 말을 선택해 반복적으로 사용하고 또 사용하면 말버릇이 되는 것이다.

말버릇을 보면 주변의 인간 환경이 어떠했는지 짐작할 수 있다. '것 같다'라는 말버릇을 가진 사람들은 자신의 삶이 주위 사람이 내린 결정에 의해 좌우되었을 그리고 결정을 내리는 사람은 부모였을 가능성이 크다. 자신의 감정과 생각이 결정권자의 의사에 크게 반하지 않음을 보여주기 위하여 마치 제3자의 감정과 생각처럼 말한다. '것 같다'라는 말버릇은 특정세대에서 많이 쓰이지만 근래에 그 범위가 넓어진 듯하다. 이는 아마도 사회

분위기, 예를 들어, 실패에 관용적이지 않은, 따라서, 실패를 두려워하는 분위기 때문일 것이라 짐작된다. 아무쪼록 제사까지 지낸 어머니를 두고 '우리 어머니는 돌아가신 것 같아.' 라는 말은 안 들었으면 좋겠다.

쓸데없는 버릇은 안 가져도 되고, 안 가질수록 좋다.

꼭지 11. 신 (神) 의 언어

언어는 인간이 소리나 글자를 이용하여 의사를 소통하는 도구다. 소리의 일시적이고 공간적인 제약 때문에, 사람들은 일종의 기호인 글자라는 수단으로 언어를 보존하고 전달한다. 언어는 동시대에서 수평으로 전달될 뿐만 아니라, 세대를 거쳐 수직으로 전달되어 역사를 가진다. 생물이 유전자를 통해 종족을 유지하는 것처럼, 언어도 유전자를 통해 다음 세대로 전달된다. 모계로만 전달되는 마이토콘드리아 (mitochondria) 처럼 언어 유전자는 모계 전달이다. 말은 엄마로부터 제일 처음 배운다. 우리가 태어날 때부터 자연스럽게 배우는 언어를 모국어 (mother language) 라고 부르는 이유다.

언어 유전자는 생물학적 유전자보다 견고해 보인다. 오랜 세월이 지나다 보면, 지리적으로 가까이에 있는 사람들의 외모가 비슷해지지만, 언어는 섞이지 않는다. 예를 들어, 동방 민족 돌궐의 후예라는 터키인들의 외모가 인근의 아랍인이나 유럽인들과 비슷해도, 헝가리인들의 외모가 인근의 동유럽인들과 비슷해도, 핀란드인들의 외모가 인근의 스칸디나비아인과 비슷해도, 한국인이나 일본인들의 외모가 인근의 중국인과 비슷해도, 그들이 쓰는 말은 주변 비교 대상의 말과는 근본적으로 다르다. 심지어, 문자는 같더라도, 말은 독특하다. 훈민정음이 발명되기 전에 한민족은 중국 문자를 썼지만, 말은 엄연히 다르다.

유전자 분석을 통해 근친 관계를 확인하고, 생물의 종을 나누듯, 언어 유전자 분석을 통해 인근 언어의 유사성을 알 수 있고, 유사한 언어들을 모아 하나의 무리로 묶을 수 있다. 이것을 어족 (語族, language family) 이라 부른다. 알타이 어족과 인도 유럽 어족이 그 예다.

알타이 어족은 튀르크어, 몽골어, 퉁구스어을 포함하며, 교착 (agglutination) 이 특징이다. 교착은 실질적인 의미를 가진 요소 (어간) 에 문법적인 기능을 가진 요소 (어미) 가 들러붙는 것을 말한다. 예를 들어, 현재형 '가다' 와 과거형 '갔다' 에서 어간 '가' 는 그대로 있고, 현재형 어미와 과거형 어미가 붙는다. 일설에 의하면, 한국어와 일본어는 알타이 어족에 포함된다고 하지만, 또 다른 설에 의하면, 알타이 어족에 포함되지 않고 고립어로 분류된다.

인도 유럽 어족은 중앙 아시아, 인도, 유럽의 대부분에 걸친 지역에서 쓰는 언어 무리이다. 영어, 프랑스어, 러시아어, 에스파냐어, 그리스어, 라틴어, 힌디어 따위를 포함하며, 동사의 굴절 (inflection) 이 특징이다. 굴절은 문법적 기능을 나타내기 위해 단어의 형태가 변하는 것을 말한다. 예를 들어, 현재형 'bring' 과 과거형 'brought' 에서 단어의 형태 자체가 변한다. '굴절' 이란 단어가 혼동을 가져오는데, '굴절' 의 의미는 '휘어서 꺾임' 이라는 refraction 이 아니라, '본래의 모습과 달라짐' 이라는 change 또는 variation 이다. 즉, '변화' 또는 '변형' 으로 받아들이면 무방하다.

또한, 언어를 문장 구조에 따라 SVO 형과 SOV 형으로 크게 나눌 수 있다. S 는 subject 로 주어, V 는 verb 로 동사, O는 object 로 목적어다. SVO 형은 문장이 '주어 + 동사 + 목적어' 순서이며, SOV 형은 '주어 + 목적어 + 동사' 순서다. 세계 언어의 80% 는 SVO, SOV 두가지 유형에 속한다. SVO 형의 대표적인 언어로 영어를 비롯한 대부분의 유럽 국가의 언어, 핀란드어, 태국어, 베트남어, 중국어 따위를 들 수 있으며, SOV 형의 대표적인 언어로 한국어, 일본어, 몽골어, 만주어, 티벳어, 버마어, 힌디어, 네팔어, 터키어를 비롯한 투르크 계통의 언어 따위를 들 수 있다.

전세계에서 사용 중인 언어는 7,000여 개다. 이 주요 언어들을 모국어가 아닌 사람들이 배우는데 어려움에 따라 나누면 다음과 같다는 것이 일반적인 견해다. 배우기 제일 쉬운 언어는 말레이시아와 인도네시아에 사용하는 말레이어, 그 다음으로, 스페인어, 프랑스어, 네덜란드어, 이탈리아어, 스웨덴어 따위다. 쉽지는 않지만 그렇다고 힘들지도 않은 언어는 힌디어, 러시아어, 베트남어, 터키어, 타일랜드어, 그리스어 따위다. 배우기 힘든 언어로 한국어, 일본어, 중국어, 아랍어가 있다. 중국어는 한자가 문제이지, 음운 원리는 복잡하지 않아, 일단 한자만 알면, 말 자체는 어려운 말이 아니다.

정리하면, 한국어는, 일본어와 더불어, 교착어이고, SOV 형이며, 전세계 언어 가운데 가장 배우기 힘든 언어 가운데 하나다.

여기까지 오는데 오래 걸렸지만, 이 꼭지의 주제는 '왜 한국어가 배우기 힘든 언어인가?'이다. 이 주제를 파악한다고 해서 배우기 힘든 한국어가 배우기 쉬워지는 것은 물론 아니다. 배우기 힘든 한국어는 지문과 같아서 변하지 않는다. 다만, 한국어가 배우기 힘든 언어인 이유를 제대로 알아야만, 그나마 한국어가 모국어이거나 비모국어인 사람들 모두가 한국어를 사용하여 말이나 글로 의사를 전달하는데 효율을 높일 수 있기 때문이다. 이 꼭지는 한국어가 모국어가 아닌 사람들이 한국어를 배울 때 겪는 어려운 점을 기술한다.

한국어가 배우기 힘든 이유로 여러 가지를 들 수 있다. 여기에 열거된 이유외에 다른 이유도 물론 있을 수 있다. 첫째, 주어와 서술어가 떨어져 있다. 둘째, 수식어가 피수식어의 앞에 온다. 셋째, 부사가 제 자리에 있지 않다. 넷째, 어미가 변화무쌍하다. 다섯째, 높임말이 있다. 여섯째, 문장 성분이 생략된다. 일곱째, 텃말과 한자어가 혼용된다. 여덟째, 조사가 다양하다. 아홉째, 단위명사의 개수가 많고 그 사용은 엄격하다. 열째, 인칭대명사가 복잡하다. 첫째, 둘째, 셋째 이유는 단독으로 또는 복합적으로 작동한다. SVO 언어와 비교가 필요해서 영어로 바꿀 경우, 인공지능 번역기 DeepL 을 이용한다. 인공지능 번역의 한계를 볼 수도 있다. 필요할 경우, 수정한다. 이 말은, 역설적으로, 한국어가 얼마나 어려운 언어인지를 의미한다.

1. 멀리 떨어진 주어와 서술어

'한국말은 끝까지 들어봐야 한다' 는 말이 나오게 된 경위에 이것도 당연히 포함된다. SOV 형 언어에서 목적어와 부사어가 주어와 서술어 사이에 끼이므로, 일차적으로 수식 구절 (句節) 을 포함한 목적어와 부사어의 길이에 따라 주어와 서술어 사이의 길이가 결정된다. 간단한 목적어와 간단한 부사는 문제가 되지 않으나, 목적어를 찾는다는 목적으로 목적어를 찾아야 하는 경우는 우리말에서 다반사다. 다음의 예를 보자. 김승옥의 「무진기행」에서 인용했다.

> 그들은 지나쳐오는 마을과 들과 산에서 아마 농사 관계의 전문가들이 아니면 할 수 없는 관찰을 했다.
> They made observations about the villages, fields, and mountains they passed that only experts in agriculture could have made.

영문 수정

They made observations, that only experts in agriculture could have made, about the villages, fields, and mountains they passed.

긴 문장을 이해하는 지름길은 주어와 있으면 목적어와 서술어를 빨리 집어내는 것이다. 위 SOV 문장에서 주어 '그들'과 목적어 '관찰' 사이에 32 글자, 12 단어가 들어 있는 반면에, SVO 문장에서는 단 한 글자도 들어 있지 않다. 만약, 먼저 나오는 낱말 무리가 뒤에 나오는 낱말 무리보다 중요하게 여겨진다면, SOV 문장에서는 과정이 중요한 반면, SVO 문장에서는 결과가 중요하다.

그들은 관찰을 했다.
They made an observation.

당연히, 목적어가 없는 문장에서는 부사어의 길이에 따라 주어와 서술어 사이가 결정된다. 예는 김승옥의 「무진기행」에서 인용했다.

그것은 옛날과 똑같은 모습으로 길가의 잡초 속에서 튀어나와 있었다.
It was sticking out of the weeds on the side of the road, looking exactly the same as it did before.

주어와 서술어 사이를 다 줄이면, 다음과 같다.

그것은 튀어나와 있었다.
It was sticking.

문학 작품에서 자주 보이는 만연체 (蔓衍體, Prolix Style) 는 내용에 대하여 깊게 알려주거나 운율감을 만드는 관형절 또는 부사절을 주어와 서술어

사이에 넣어 문장을 길게 만드는 문체이다. 그러나 만연체를 쓸 경우, 많은 주의가 필요하다. 주어와 서술어가 일치하지 않거나, 많은 관형절과 부사절의 시제가 어긋나거나, 안개 속에 있는 것처럼 말하고자 하는 것을 잊는 경우가 흔하다.

또한, 법조계 문장도 길게 쓰는 문장의 대표라 할 수 있다. 다음은 1987년 10월 29일에 개정된 대한민국 헌법의 전문이다. 전문은 全文이 아니라, 前文으로 머리말이란 의미이다. 번역기 영어 번역이 뒤따른다. 주어와 서술어, 있다면 목적어가 무엇인지 알아보자. 주어 '대한국민'은 296 글자 80 개 낱말을 지나서 목적어 '헌법'을 만나고, 또 목적어로부터 18 글자 6 개 낱말을 지나서 드디어 서술어 '개정한다'를 만난다. 그러니까, 주어와 서술어 사이에 314 글자 86 개 낱말이 들어 있다.

대한민국 헌법 전문

유구한 역사와 전통에 빛나는 우리 대한국민은 3·1운동으로 건립된 대한민국임시정부의 법통과 불의에 항거한 4·19 민주이념을 계승하고, 조국의 민주개혁과 평화적 통일의 사명에 입각하여 정의·인도와 동포애로써 민족의 단결을 공고히 하고, 모든 사회적 폐습과 불의를 타파하며, 자율과 조화를 바탕으로 자유민주적 기본질서를 더욱 확고히 하여 정치·경제·사회·문화의 모든 영역에 있어서 각인의 기회를 균등히 하고, 능력을 최고도로 발휘하게 하며, 자유와 권리에 따르는 책임과 의무를 완수하게 하여, 안으로는 국민생활의 균등한 향상을 기하고 밖으로는 항구적인 세계평화와 인류공영에 이바지함으로써 우리들과 우리들의 자손의 안전과 자유와 행복을 영원히 확보할 것을 다짐하면서 1948년 7월 12일에 제정되고 8차에 걸쳐 개정된 헌법을 이제 국회의 의결을 거쳐 국민투표에 의하여 개정한다.

Full text of the Constitution of the Republic of Korea

We, the people of the Republic of Korea, honored by our long history and tradition, inherit the 4-19 democratic ideology that rebelled against the lawlessness and injustice of the provisional government of the Republic of Korea established by the 3-1 Movement, and based on the mission of democratic reform and peaceful reunification of the homeland, we shall consolidate national unity through justice, humanity, and compatriotism, overthrow all social abuses and injustices, further establish a liberal democratic basic order based on autonomy and harmony, and equalize opportunities for each individual in all areas of politics, economy, society, and culture, The Constitution of the Republic of Korea, as adopted on July 12, 1948, and as amended eight times, is hereby amended by resolution of the National Assembly and by referendum of the people, pledging to secure forever the security, liberty, and happiness of ourselves and our posterity by enabling us to exercise our abilities to the fullest extent and to fulfill the responsibilities and duties that come with freedom and rights, and by contributing to the equitable improvement of our national life, and to the promotion of lasting world peace and the common good of mankind.

영어 번역을 보면 가관이다. 인공지능을 이용한 한국어 영어 번역은 많은 시간이 지나야 가능할 것 같다. 이는 번역기의 잘못이라기보다 우리말을 정확하게 쓰지 않는 것이 더 크게 작용한다. 예를 들어, '대한민국임시정부의 법통과 불의에 항거한 4·19 민주이념'에서 4·19 민주이념은 대한민국

임시정부의 법통과 불의에 항거한 것으로 해석할 수 있다. 제대로 쓰려면, '대한민국임시정부의 법통과, 불의에 항거한 4·19 민주이념'과 같이 '법통과' 다음에 쉼표를 넣어야 한다. 이러한 부호 결손에 의한 의미 변형은 한국어에서 비일비재하다.

다음은 수정한 영어 번역이다. 몇 개의 문장으로 나누고 싶지만, 한 문장으로 된 전문의 취지를 살려, 영어 번역도 한 문장으로 억지스럽게 만들었다. 살펴보면, 전문의 앞과 뒤가 영문에서는 뒤와 앞이 된다.

Preface of the Constitution of the Republic of Korea

We, the people of the Republic of Korea, honored by our long history and tradition, are hereby amending the Constitution of the Republic of Korea, which was adopted on July 12, 1948, previously amended eight times, and is hereby amended by resolution of the National Assembly and by referendum of the people, pledging to inherit the justice of the provisional government of the Republic of Korea established by the 3-1 Movement and the 4-19 democratic ideology that rebelled against the lawlessness, and to consolidate national unity through justice, humanity, and fraternity based on the mission of democratic reform and peaceful reunification of the homeland, and to overthrow all social abuses and injustices, further to establish a liberal democratic basic order based on autonomy and harmony, and to equalize opportunities for each individual and enable us to exercise our abilities to the fullest extent in all areas of politics, economy, society, and culture, and to secure forever the security, liberty, and happiness of ourselves and our posterity by fulfilling the responsibilities and duties that come with freedom and rights and by contributing to the equitable improvement of our national life, and by promoting the lasting world peace and the common good of mankind.

「대한민국 헌법 전문」을 간단하게 줄이면, 다음과 같다. 더 줄이면 그 아래와 같다. 꼭, 여러 가지를 다짐하면서 헌법을 개정해야 될 이유는 있는가? 그냥, 헌법의 정신이 이러이러하다면서 여러 문장으로 나열하는 것이 훨씬 더 명료하고 효과적인 전달이 될 것 같다.

대한국민은 대한민국임시정부의 법통과 4·19 민주이념을 계승하고, 민족의 단결을 공고히 하고, 사회적 폐습과 불의를 타파하며, 각인의 기회를 균등히 하고 능력을 최고도로 발휘하게 하며, 우리들과 우리들의 자손의 안전과 자유와 행복을 영원히 확보할 것을 다짐하면서 헌법을 개정한다.

대한국민은 여러 가지를 다짐하면서 헌법을 개정한다.

2. 앞선 수식어

한국어에서 수식어는 길이에 상관없이 항상 피수식어 앞에 온다. 영어의 경우, 수식어 한 낱말은 그대로, 두 낱말은 and 로 연결하여 피수식어 앞에 온다. 세 낱말 이상의 수식어는 쉼표와 and 를 사용하여 피수식어 앞에 올 수 있으나, 보통 구 (句) 나 절 (節) 로 만들어 피수식어 뒤에 놓는다. 소위, 후치 수식어다. 절의 경우, 우리말에는 없는 관계대명사를 사용한다.

이중 수식어는 한국어나 영어에서 공통적으로 피수식어 앞에 위치하나, 앞 낱말이 뒤 낱말을 수식하는 보통의 수식 관계가 깨져, 혼동을 야기하는 경우가 있다. 다음은 헷갈리는 이중 수식어의 예들이다.

아름다운 물방앗간 아가씨
beautiful watermill maiden

그릇된 한국사의 이해
misunderstanding Korean history

한국사의 그릇된 이해
misunderstandings in Korean history

예쁜 언니의 친구
pretty sister's friend

언니의 예쁜 친구
sister's pretty friend

곤히 잠든 누이와 동생
(both) sister and brother, falling languorously asleep

곤히 잠든 누이와 동생
sister falling languorously asleep and brother

첫 번째 예에서, '아름다운'은 '물방앗간'을 수식하는 것처럼 보이나, 우리는 거의 관용적으로 '아름다운'은 '아가씨'를 꾸미는 것으로 인지한다. 원래, 이 말은 조사 '의'가 생략된 말로서, 제대로 쓴다면 '물방앗간의 아름다운 아가씨'이지만, 아마도 그렇게 쓰는 사람은 없을 것이다. 영어 또한 그렇다.

두 번째 예를 제대로 쓴다면 '한국사의 그릇된 이해'이다. 위의 예와 비슷하나, 조사 '의'가 생략되지 않은 경우다. misunderstanding 은 명사이므로, 'misunderstanding Korean history'란 번역은 잘못되었다.

세 번째 예에서 말 그대로 이해한다면, 언니가 예쁘다는 말이다. 언니의 친구가 예쁘다면 '언니의 예쁜 친구'로 써야 하나, 그렇다 하더라도 우리는 그렇게 쓰는 것에 익숙하지 않다. 영어는 상황 그대로 반영한다.

네 번째 예에서 누이와 동생이 동시에 잠들었는지, 아니면 누이만 잠들고 동생은 깨어 있는지 알 수 없다. 결국, 문장의 앞뒤를 살펴서 이해할 수밖에 없다. 영어 번역은 두 경우를 구별하여 적을 수 있다.

앞선 수식어가 더 헷갈리는 방향으로 나아가면, 간단한 형용사가 아니라, 절 (節) 의 세계로 들어간다. 보통 관형절과 부사절이다. 관형절은 관형어의 구실을 하는 절로 명사와 대명사를 꾸민다. 예를 들어, '순희가 부친 편지가 어제 왔다.'에서 '순희가 부친'이 이에 해당한다.

관형절

두 가지 종류의 관형절이 있다. 하나는 용언에 관형사형 어미 '-ㄴ'이 붙는 형으로, 짧은 관형절이라고 한다. 다른 하나는 종결 어미 '-다'로 끝나는 문장에 관형사형 어미 '-는'이 붙는 형으로, 긴 관형절이라고 한다. 짧고 긴 기준이 수식어의 길이에 관계없이 관형절에 주어가 있고 없고의 문제라면, 차라리 각각 용언형과 종결형이라고 부르는 것이 나아 보인다. 여기서는 후자의 경우를 택한다. 관형절의 예는 아래와 같다. 영문에서는, 용언형인 경우, 동명사나 분사를 사용하여 절을 구 (句) 로 절묘하게 바꾸기도 하고, 종결형인 경우, 접속사 that을 사용하여 수식어의 내용을 that 이하에 담는다. 언제나 그렇듯이, 주어, 동사, 목적어가 바로 나온다는 사실이다.

용언형

나는 그가 어제 남긴 밥을 먹었다.
I ate the rice he had left over from yesterday.

그는 아이들이 다치지 않도록 두 손으로 안으면서 다급하게 물러나는 아낙네들을 보았다.
He saw the women scurry away, holding their children with both hands to prevent them from getting hurt.

그는 아침부터 주인이 있는지 눈치를 보며 서점 앞을 서성이는 도둑을 붙잡았다.
He caught the thief loitering in front of the bookstore, watching for the owner since morning.

종결형

나는 그녀가 오늘 늦는다는 전화를 받았다.
I got a call that she was running late today.

나는 내 친구가 누나를 사랑하고 있다는 생각을 해본 적이 없다.
It never occurred to me that my friend was in love with my sister.

그는 키가 크고 살결이 창백한 나에게 열등감을 느낀다는 얘기를 내게 곧잘 했었다.
He used to tell me often that he felt inferior to me because I was tall and pale.

피수식어 앞에 오는 관형절 수식어는 두 가지 면에서 문장을 이해하는 속도를 떨어뜨린다. 하나는 용언형에서 나타나는 것으로, 피수식어가 나타날 때까지 마치 주어의 행동 또는 상태인 것처럼 착각하게 만든다. 다른 하나는 용언형에서 나타나는 것으로, 보통 주어 바로 다음에 관형절의 주어가 바로 나오는 것이다.

위의 예에서 피수식어 '아낙네들'이나 '도둑'이 나올 때까지의 행동의 주인은 주어인 '그'인 줄 알 정도다. 피수식어를 보고 나서야 그 앞의 많은 낱말들이 수식어인 것을 비로소 알아차린다. 반면에, 영문에서는 이러한 혼동이 일어나지 않는다. 혼동을 피하기 위하여 주어를 뒤로 옮겨 동사 바로 앞에 놓는 것도 한 방법이나, 어딘지 좀 어색하거니와, 피수식어가 나올 때까지 수식어의 주체가 무엇인지 모르기는 마찬가지다. 다음의 예를 보자.

> 아이들이 다치지 않도록 두 손으로 안으면서 다급하게 물러나는 아낙네들을 그는 보았다.

> 아침부터 주인이 있는지 눈치를 보며 서점 앞을 서성이는 도둑을 그는 붙잡았다.

종결형 관형절에서 주된 문장의 주어와 관형절의 주어가 연속해서 나오는 것 역시 혼란스러우나, 관형절 주어 이하 내용은 문장 주어와 상관없는 내용임을 짐작할 수 있으므로, 혼란의 정도는 용언형 관형절보다 덜하다.

부사절

부사절은 문장의 서술어 (명사, 동사, 형용사 따위) 를 수식하는 절이다. 한 문장 (안긴 문장) 이 다른 문장 (안은 문장) 속으로 들어가 부사어로 기능한다. 부사절은 용언에 부사형 전성어미 (轉成語尾; 문장 성분을 바꾸어 주는 어미) 가 붙어 만들어진다. '어미'라 하니, 그 수가 얼마인지 보지 않아도 알 만하다. 하지만, 혼란이라는 관점에서 볼 때, 주된 문장의 주어와 부사절의 주어가 연속해서 나오는 것 외에 별다른 문제가 되지 않는다. 혼란의 정도에서 역시 영문과 비교된다.

나그네가 달이 구름에 가듯이 걸어간다.
The stranger walks as the moon walks through the clouds.

어머니는 자식이 아프면 누구보다 걱정한다.
Mothers worry more than anyone else when their children are sick.

3. 날아다니는 부사어

한국어에서 부사는 '용언이나 문장 앞에 놓여 그 뜻을 분명하게 해주는 품사'를 말하며, 활용하지 못한다. 성분 부사와 문장 부사로 나뉜다. 뒤에 오는 낱말 (용언, 관형사, 체언, 부사) 을 설명해 주는 것은 성분 부사, 뒤에 오는 문장을 설명해 주는 것은 문장 부사다.

부사어는 문장의 부속 성분으로, 주로 용언을 꾸며 주는 성분이다. 부사어의 성립에는 3 가지가 있다. 부사 단독으로, 체언에 더해지는 13 가지 유형의 부사격 조사에 의해, 안긴 문장인 부사절로 부사어가 만들어진다.

부사어의 특징 가운데 하나로, 다음의 예와 같은 '자유로운 자리 이동'을 꼽는다. '과연 그럴까?' 가 이 꼭지의 작은 주제다. 다음의 예를 보자. 다만, 두 번째의 번역이 세 번째와 같아서, 'surprisingly'를 임의로 'this time' 앞에 놓았다.

의외로 영희는 이번 공무원 시험에 합격했다.
Surprisingly, Younghee passed the civil service exam this time.

영희는 *의외로* 이번 공무원 시험에 합격했다.

Younghee passed the civil service exam surprisingly this time.

영희는 이번 공무원 시험에 *의외로* 합격했다.
Younghee surprisingly passed the civil service exam this time.

세 문장에서 '의외로'의 기능은 여러 가지다. 첫 번째는 문장 전체를 꾸미는 문장 부사일 수도 있고, 아주 드문 경우이지만, 체언을 꾸미는 부사일 수도 있다. 다른 사람이 아닌 '영희' 인 것이 의외다. 이 혼동은 쉼표로 해결할 수 있다. 쉼표가 있는 경우 문장 부호로, 쉼표가 없는 경우 체언을 꾸미는 것으로 해석한다. 쉼표로 해결하는 방법을 모든 문장 부사에 해당시킬 필요가 있다.

의외로, 영희는 이번 공무원 시험에 합격했다.
다만, 죽음이 헛되지 않기를 바랄 뿐이다.
일반적으로, 수학은 모든 자연과학의 기초 학문이다.

두 번째는 '이번' 또는 '이번 공무원 시험'을 수식할 수 있다. 전자는, '다음 번' 또는 그 후에 치러지는 시험에 합격하는 것이 정상처럼 보이는데, '이번'에 합격했다는 의미다. 후자는, 이번에 몇 종류의 시험이 있었는데, 그 중 공무원 시험에 합격했다는 의미다. 그렇다고, '이번 *의외로* 공무원 시험'으로 할 수 없다. '공무원 시험'을 뭉텅이로 꾸민다. 뭉텅이 말을 꾸미는 부사어는 다음 예와 같이 일반적이다.

우리는 비로소 *수평선이 보이는* 곳까지 왔다.
마치 *이승에 한이 있는* 것처럼
그녀는 정말로 *귀신 같았다*.

세 번째는 '합격했다'를 직접 꾸며, 불합격하는 것이 주위의 기대였음도 불구하고 합격 자체가 의외인 경우를 말한다.

위에서 보듯이, 부사어의 위치에 따라 5 가지의 해석이 가능하다. 앞에 언급한 대로, 위 3 가지 예문을 영어로 번역하면, 첫 번째 문장과 세 번째 문장으로 번역되어서, 두 번째 영문은 임의로 만들었다. 부사의 위치에 따라서 의미가 미묘하게 차이 나는 것을 영문은 도저히 구별할 수 없다. '자유로운 자리 이동'이 부사어의 특징 가운데 하나라고 하지만, 꼭 그렇지만도 않다. 따라서, 글을 쓴 사람은 이 점에 주의하여, 부사를 제 자리에 놓는 원칙을 정해야 한다. 제 일 원칙은 꾸미는 낱말 바로 앞에 놓는 것이다. 이것이 어색할 경우, 다른 자리를 찾는다. 그럼에도 불구하고 혼동을 일으키면, 표현을 다르게 하는 것이 좋다. 특히, 명사 앞에 놓이는 부사에 대해서는 각별한 주의가 필요하다. 만약, 부사가 잘못 놓였음에도 불구하고 어색하지 않다고 느낀다면, 그것은 세뇌의 결과이다. 다음은 수많은 예 가운데 지극히 작은 부분이다.

  가장 인구가 많은 도시 → 인구가 가장 많은 도시
  사상 첫 통영에서 개최 → 통영에서 사상 첫 개최
  아직 장마 종료 시기를 예측하기는 이르다 → 장마 종료 시기를 예측하기는 아직 이르다

4. 변화무쌍한 어미 (語尾) 변화

한국어의 어미는 용언 어간 뒤에 붙어, 활용 (또는 변화, 또는 굴절) 하여 변하는 부분이다. 예를 들어, '먹다, 먹고, 먹으면'에서 '다, 고, 으면' 따위다. 위치에 따라 어말어미 (語末語尾) 와 선어말어미 (先語末語尾) 로 나뉜다.

어말어미는 기능에 따라 종결어미, 연결어미, 전성어미 (轉成語尾) 로 나뉜다. 종결어미는 마침표, 물음표, 느낌표로 끝나는 문장을 만들며, 연결어미는 낱말이나 문장을 연결하며, 전성어미는 문장 전체가 하나의 명사나 형용사처럼 구실하게 만든다. 선어말어미는 종래에 '보조 어간'이라 불렸으며, 어미 앞에 놓여 경어 (敬語) 를 만들거나 시상 (時相) 을 나타낸다. 다음은 4 가지 어미의 예다. <https://jchern96.tistory.com/13756710> 로부터 가져왔다.

어말어미

  종결어미

    평서형: 다/는다/ㄴ다, 네, 오, ㅂ니다, 느니라, 렷다, 마.

    감탄형: 구나/는구나, 군, 로구나, 어라/아라, 을걸/ㄹ걸

    의문형: 니, 느냐, 는가, 나, ㅂ니까, ㄹ까

    명령형: 어라/아라, 려무나, ㅂ시오

    청유형: 자, ㅂ시다, 세

  연결어미

    대등적: 고, 며, 자, 면서, 지만, 락, 거나, 든지

    종속적: 면, 니, 나, 려고, 러, 자, 뿐더러, 니까

    보조적: 아/어, 게, 지, 고

  전성어미

    명사형: 기, (으)ㅁ

    관형사형: ㄴ, ㄹ, 은, 는, 을

선어말어미
- 높임: 시
- 공손: 옵
- 시제: ㄴ, 는, 았/었, 겠, 더

위의 예에서 어미의 수는 52 개다. 한국어에서 어미의 수는 몇 개일까? 표준국어대사전의 사전 통계에 의하면 한국어에서 어미의 수는 808 개로, 상상을 초월한다. 도대체, 이것이 무슨 상황인가? 이 중에서 많이 사용되는 어미가 물론 있겠지만, 그렇더라도, 알맞은 자리에 알맞은 어미를 골라 쓰는 것이 가능한가? 아무튼, 한국인들은 한국어를 그렇게 사용한다.

5. 높임말

한국어에는 높임말 [존댓말 (尊待말) 또는 경어 (敬語)] 과 낮춤말 [반말 (半말)] 이 있다. 높임말은 자신보다 나이가 더 많거나 높은 지위에 있는 사람에게, 또는 서로 만난 지 얼마 되지 않아 친분이 없는 사람에게 사용한다. 반말은 존대도 하대도 아닌 어름어름 넘기는 말투 또는 손아래 사람에게 하듯 낮추어 하는 말씨다.

말을 높이기 위해 명사, 대명사, 동사, 접미사, 조사, 어미를 사용한다.

명사
명사 자체가 존칭을 나타낸다. 예) 밥 → 진지, 얼굴 → 용안.

대명사
상대방을 높이는 방법은 상대를 높이거나 나를 낮추는 두 가지 방법이 있다. 인칭대명사가 이에 해당한다. 그 수는 너무 많다. 예) 저 (제), 저희.

동사

이미 높임의 의미가 들어간 특수 동사로 그 수는 많지 않다. 모시다, 뵙다, 드리다, 여쭙다, 계시다 따위가 있다.

접미사

이 접미사들은 의존명사로도 쓰일 수 있다.

님   하느님, 선생님, 스님, 손님, 스승님, 따님 따위.
'님'이 고정화되어 일반 명사처럼 쓰이기도 한다. 예) 하느님, 선생님, 스님, 손님.
홍길동 님, 전우치 님 따위는 의존명사.

씨   김씨, 이씨, 박씨 따위.
홍길동 씨, 전우치 씨 따위는 의존명사.

분   가족분, 여러분 따위.
그 분, 몇 분 따위는 의존명사. '여러분'도 '여러 분'에서 왔으나, 붙여 써서 접미사 처럼 보인다.

조사

께서   '가', '이'의 높임말인 주격 조사. 예) 아버지~ 하신 말씀
       '는', '도', '만', '야' 따위의 앞에 붙여 존경의 뜻을 나타내는 보조사.
          예) 춘부장~는 안녕하신가?

께   '에게'의 높임말.

요   설명어의 어미나 부사어 등에 붙어, 존칭이나 주의를 끌게 하는 보조사.

어미

시   ① 받침 없는 용언의 어간에 붙어, 존경하는 뜻을 나타내는 선어말 어미.
예) 아버님 이 오~다. 키가 크~다.

② 서술격 조사 '이다'의 어간에 붙어, 존경의 뜻을 나타내는 선어말 어미 (받침 없는 말 앞에서는 '이'가 생략되기도 함).
예) 아버님이~다. 고명한 학자~다.

ㅂ니다   받침 없는 어간에 붙어, 합쇼할 자리에서 존대하여 현재의 동작이나 상태를 나타내는 종결 어미.
예) 집에 갑니다, 내가 한 짓이 아닙니다, 저분이 사장입니다.

높임말에도 두 급이 있다. 하나는 높이는 품사를 사용함에 있어 말 그대로 나이가 더 많거나 높은 지위에 있는 사람에게 존경의 뜻을 담아 해당 품사들을 모두 높임말로 일치시키는 말이다. 예를 들어, '아버님께서 미국에 무사히 도착하셨다.' 처럼 높임형이 일치되면 문장이 자연스러운 반면에, '아버님께서 미국에 무사히 도착했다.' 처럼 높임형이 일치되지 않으면 문장이 어색하다. 다른 하나는 보통 나이가 어리거나 지위가 낮은 사람에게 반말로 하지 않고 높임말을 섞어 쓰는, 즉 반만 높이는 말이다. 예를 들어, '김과장, 이 문서 좀 복사해 줘요.'가 높임말이 일치하지 않는 예다.

나이나 직위가 높은 사람에 대해 말하는 경우, 말을 듣는 사람이 그 사람보다 나이나 직위가 높다면, 그 사람을 높여서는 안 된다. 예를 들어, 아버지에게 '형님이 미국에 도착하셨답니다.'라고 말하면, 그릇된 것이다.

또한, 시청자나 청중에 대한 존대와 예절이 기본인 방송이나 연설 따위에서 쓰이는 언어인 갖춤말 (격식어, formal language) 도 높임말이라 할 수 있으나, 모든 문장은 어미 '비니다'로 끝나고, 다른 높임말은 사용하지 않는다는 점에서 둘은 구별된다. 기자가 방송에서 보도할 때, 예를 들어, '대통령께서 현장에 도착하셨습니다.'라고 말하면, 이것 역시 그릇된 것이다. '대통령이 현장에 도착했습니다.'라고 해야 된다. 누구든 대중보다 높을 수 없기 때문이다. 이 원칙은 유튜브에도 적용된다.

6. 문장 성분의 생략

문장은 어떤 생각이나 느낌을 줄거리를 세워 글자로 기록해 나타낸 것으로, 여러 가지 문장 성분으로 이루어진다. 문장 성분은 글을 구성하는 요소로, 주 성분, 부속 성분, 독립 성분이 있다. 성분은 7가지, 즉 주성분의 주어, 서술어, 목적어, 그리고 보어, 부속 성분의 관형어와 부사어, 독립 성분의 독립어가 있다. 이 성분들이 어우러져 평서문, 감탄문, 의문문, 명령문, 청유문을 만든다.

문장을 이루기 위한 최소 성분은 주어와 서술어로, 서술어가 타동사인 경우 목적어가 추가된다. 거기에 문장 성격에 따라 보어, 관형어, 부사어, 독립 성분이 더해진다. 한국어의 특징 중 하나가 문장 성분의 생략이라 할 수 있으며, 그 대상은 주로 주어와 목적어다. 한편, 주어와 목적어를 만드는 품사인 조사도 생략될 수 있다. 조사의 생략은 꼭지 8 「불편한 조사」에서 다룬다.

주어 생략

한국어는 주어를 자주 생략하는 언어이다. 영어에서는 주어가 생략되면 명령문이 되지만, 한국어에서는 동사에 붙는 어미가 동사의 성격을 규정하기 때문에, 주어를 생략해도 맥락상 주어가 누구인지 분명히 알 수 있다. 그런 상황에서 주어를 꼬박꼬박 쓰면 오히려 어색해 보인다. 주어의 생략은 우리에게 아주 자연스럽다. 다음은 이문구의 『관촌수필』「일락서산」의 일부다. 생략된 주어 자리를 () 로, 생략된 주어가 관장하는 문장이나 절을 밑줄로 표시했다. 엄밀하게 얘기하면 '…ㄴ 법이다'와 '…기 때문이다'도 주어가 필요하나, 여기서는 표시하지 않았다.

<u>() 시골을 다녀오되 성묘가 목적이기는 근년으로 드문 일이었다. 더욱이 양력 정초에 () 몸소 그런 예모(禮貌, 예절에 맞는 모양)를 찾고 스스로 치름은 () 낯고 첫 겪음이기도 했다.</u> 물론 <u>() 귀성 열차를 끊어 앉고부터</u> "숭헌(흉한)…… 뉘라 양력 슬(설)두 슬이라 이른다더냐, 상것들이나 왜놈 세력(歲曆)을 아는 벱여……." 세모(歲暮, 섣달 그믐께)가 되면 한두 군데서 들어오던 세찬(歲饌, 세모에 선사하는 물건)을 놓고 으레껀 꾸중이시던 할아버지 말씀이 자주 되살아나 마음 한켠이 결리지 않은 바도 아니었지만, 시절이 이러매 <u>() 신정 연휴를 빌미할 수밖에 없음을 () 달리 어쩌랴 하며 () 견딘</u> 거였다. 그러나 <u>() 할아버지한테 결례(불효)를 저지르고 있다는 느낌을 () 나 자신에게까지 속일 수는 없었다.</u> <u>() 아주 어려서부터 이렇게 되기까지, 우리 가문을 지킨 모든 선인(先人) 조상들의 심상은 오로지 단 한 분, 할아버지 그 분의 인상밖에는 없었기 때문이었다.</u>

멀지 않은 과거에, 이른바 주어 실종 사건이란 것이 있었다. 아래 문구의 대부분은 『어리둥절 한국말』(하얀책, 2023) 에서 가져왔다.

2000 년 10 월 투자자문회사 BBK의 대표이사 이명박은 광운대 최고경영자 강연에서 이런 말을 했다. "제가 다시 한국에 돌아와서 인터넷 금융회사를 창립을 했습니다. 금년 1 월에 BBK라는 투자자문회사를 설립을 하고…." 그 후, 그는 2007 년 17 대 대통령 선거 한나라당 후보로 지명된다. 후보 시절, BBK의 소유주가 문

제 되자, 후보의 대변인인 나경원은 "'BBK를 설립하였다'라고만 언급돼 있지 '(주어인) 내가'가 빠져 있다"라고 말했다.

주어가 없으니 누가 BBK를 설립했는지 모른다는 얘기다. "와! 한국에 이런 천재도 있구나! 아니, 나경원은 천재가 아니라 만재다!"라고 감탄했던 기억이, "소위 배울 만큼 배운 사람도 저렇게 뻔뻔할 수 있구나!"라고 한탄했던 기억이 있다. 누군가 일부러 뻔뻔할 필요로 스승이 필요하다면, 나경원이 단연 최상이라고 장담한다.

목적어 생략

타동사는 항상 목적어를 취한다. 그러나, 주어와 마찬가지로, 이미 알고 있는 목적어라면, 생략해도 된다. '이미 알고 있는 목적어라면, 생략해도 된다.'라는 문장은 어법에 맞는 문장일까? 아니라면, 완전한 문장은 어떤 문장일까? '그것이 당신이 이미 알고 있는 목적어라면, 당신은 목적어를 생략해도 된다.' 또는 '당신이 목적어를 이미 알고 있다면, 당신은 목적어를 생략해도 된다.'라는 문장이 된다. 가정을 나타내는 절의 주어, 주문장의 주어, 그리고 주문장의 목적어가 생략되어 있다. 영어로 바꾸면, 다음과 같다.

> 그것이 당신이 이미 알고 있는 목적어라면, 당신은 목적어를 생략해도 된다.
> If the object is one you already know, you can omit it.

> 당신이 목적어를 이미 알고 있다면, 당신은 목적어를 생략해도 된다.
> If you already know the object, you can omit it.

일반적으로, 2개 이상의 타동사의 목적어가 같을 경우, 한국어에서는 뒤 타동사의 목적어가 생략된다. 이 점도 영어의 경우와 사뭇 다르다.

나는 책을 사서 읽었다.
I bought the book and read it.

책을 보기만 하고 돌려주세요.
Just view the book and return it.

알고 있는 목적어라도 문법적으로 필요한 경우에는 생략할 수 없다. '문법적으로 필요한 경우'란 두 타동사의 목적어가 다르거나, 서술어가 다른 품사일 경우다. 다음의 예를 보자. 문법적으로 그렇다는 말이다.

그는 산 일부에 울타리를 설치하고 염소 사육장으로 만들었다.
그는 산 일부에 울타리를 설치하고 그곳을 염소 사육장으로 만들었다.
He fenced off part of the mountain and turned it into a goat farm.

선물로 받았는데, 그 책은 너무 재미있었다.
책을 선물로 받았는데, 그것은 너무 재미있었다.
I got it as a gift, and I really enjoyed the book.

거의 모든 생물이 필요로 하지만, 어떤 생물에게는 산소가 필요하지 않다.
거의 모든 생물이 산소를 필요로 하지만, 어떤 생물에게는 산소가 필요하지 않다.
Almost all living things need oxygen, but some don't.

7. 텃말과 한자어 구별

『표준국어대사전』에 기재된 표제어 수 424,213개 가운데, 텃말은

75,969 개 (17.9%), 한자어 193,123 개 (45.5%), 외래어 20,498 (4.8%) 개, 혼종어 74,624 개 (17.6%) 다. 혼종어는 텃말 + 한자어 그리고 외래어 + (텃말, 한자어, 다른 외래어, 텃말 + 한자어) 로 구성되는데, 이 혼종어에서 한자가 들어간 표제어는 73, 269 개다. 이를 순한자어와 더하면 266,392 개로, 전체 표제어에서 한자가 들어간 말이 차지하는 비율은 62.8% 이다. 조금 보태서, 우리말의 2/3 가 한자어인 셈이다.

그러나 텃말 명사, 동사, 형용사, 부사의 대부분은 한자어로 대체할 수 있으므로, 외래어 계통의 말을 제외하면 중요한 한국말은 거의 다 한자어라고 할 수 있다. 하기야, 훈민정음 이전의 글들은 모두 한자였으니, 말해 무엇하랴! 이러한 텃말과 한자어의 이음동의어 자체는 문제 될 것이 없다. 이음동의어는 모든 언어에서 나타나는 현상이지만, 텃말과 한자어의 관계를 고려하면, 한국어에서는 이음동의어의 수와 종류가 많을 수밖에 없다. 이 경우, 듣는 사람, 특히 한국어가 모국어가 아닌 사람에게는 곤혹스럽다. 예를 들어, 어머니를 가리키는 말은 어머니 이외에, 상황에 따라, 엄마, 모친, 자당 (慈堂), 자친 (慈親), 접미사 격의 한자어 모 (母) (예를 들어, '장모' 의 母) 모두를 알고 있어야 소통이 원활하다.

여기서 말하는 '구별' 이란 텃말과 한자어가 쓰이는 자리가 구별된다는, 즉 텃말 자리에 한자어가, 한자어 자리에 텃말이 들어갈 수 없다는 말이다. 이런 자리 구별이 두드러진 말이 수사이다.

『한국어기초사전』 에 의하면 수사의 수는 83 개로 텃말 47 개, 한자어 36 개로 구성되어 있다. 수사는 양을 나타내는 양수사 (量數詞) 혹은 기수사 (基數詞) 와 순서를 나타내는 서수사 (序數詞) 로 나뉜다. 텃말 양수사는 명사와 관형사로 쓰이는데 '다섯' 전까지 그 표기가 다르다 (하나/한, 둘/두, 셋/세, 넷/네). 한자어 양수사는 명사가 될 수 없다. 기수사는 명사형 양수사에 접사 '째'를 붙여 만든다. 하나째가 아닌 첫째를 지나면 열째까지 명사와 관형사 구별이 없으나, 몇몇은 표기에 주의를 요한다 (열하나째, 열두째, 스무째).

수사는 보통 의존명사의 하나인 단위명사와 어울려, 텃말은 텃말끼리, 한자어는 한자어끼리 어울리는 경향이 있다. 예를 들어, 한 마리는 되고 일 마리는 안 된다. 마리가 동물 수를 나타내는 텃말 단위명사이기 때문이다. 다른 예를 들면, 삼십 분(分)은 되고 서른 분은 안 된다. 일반적으로, 비교적 작은 수를 말할 때에는 텃말 수 표현이, 비교적 큰 수를 말할 때에는 한자어 수 표현이 쓰인다. 이러한 두 가지 원칙은 자립명사를 꾸밀 때에도 마찬가지다.

텃말 수사이든 한자어 수사이든 아라비아 숫자로 대체해서 쓸 수 있는데, 읽을 때에는 위의 원칙 아닌 원칙에 의거하여 관습적으로 읽는다. 한자를 모르는 세대나 외국인이 단위명사를 보고 텃말인지 한자어인지 알기 쉽지 않다. 일반적으로 한 글자 단위명사는 한자어 계통이고 두 글자 이상 단위명사는 텃말일 가능성이 크다.

또한, 이러한 원칙에 어긋나는 텃말 수사 + 한자어 단위명사 조합은 수없이 많다. 특히, 시간을 말할 때, '세 시 오 분', '두 시 삼십 분'처럼, 한자어 '시 (時)' 앞에는 반드시 텃말 수사가 온다. 절대로 '삼 시 오 분', '이 시 삼십 분'처럼 쓰지 않는다.

8. 다양한 조사

조사가 얼마나 복잡한지에 대해서 꼭지 8「불편한 조사」에서 다룬 바 있으므로, 여기에서 따로 언급하지 않는다. 다만, 한국어의 조사 수는 500 개에 가깝고, 자주 쓰는 조사라 하더라도 그 수는 거의 100 개에 가깝다는 사실, 그럼에도 불구하고 일부 조사의 경우 그 용법이 명쾌하지 않다는 사실만으로도 조사의 올바른 사용은 결코 만만하지 않음을 예상할 수 있다.

9. 엄격한 단위명사

위에서 언급한 단위명사에 대응하는 명사는 정해져 있다. 예를 들어, 양말 한 켤레, 나무 한 그루, 꽃 한 송이 따위에서 볼 수 있듯이, 켤레에 대응하는 명사는 양말, 장갑, 버선, 신발 따위의 신거나 끼는 것밖에 없다. 사실, 이런 식의 표현은 한국어에는 없는 후치 수식이다. 단위명사는 명사를 꾸미는 말에 불과한데, 명사 뒤에 위치한다. 정확하게 표현하면, 한 켤레의 양말, 한 그루의 나무, 한 송이의 꽃이어야 한다.

그렇다면 한국어에 단위명사는 몇 개나 있을까? 최창범의「우리말 단위명사」(1983, 중국조선어문) 에는 236 개의 단위명사가 실려 있다. 요즈음 실생활에서 자주 쓰는 단위명사는 약 100개 정도로 추정된다. 아무튼, 단위명사에 대응하는 명사를 알맞게 쓰는 것은 큰 고역이다.

10. 복잡한 인칭대명사

이 소주제의 내용은『한국민족문화대백과사전』에서 가져왔다.

국어의 인칭대명사에는 1 인칭에 '나, 저, 저희, 우리(들)' 가 있고, 2 인칭에 '너, 자네, 그대, 당신, 너희(들), 자네들, 당신들' 등이 있으며, 3 인칭에 '그, 그녀, 이이, 그이, 저이, 이분, 그분, 저분, 그들, 저들, 이들' 따위가 있다. '우리'의 쓰임에 대해서는 포괄적인 (inclusive) 용법과 배타적인 (exclusive) 용법이 주목된다. 청자를 포함시켜 '우리'라고 할 때는 포괄적인 용법이라 하고, 청자를 제외하고 '우리'라고 할 때는 배타적인 용법이라 하는데, '나의 부인'을 '우리 마누라'라고 하는 것은 배타적인 용법의 대표적인 예이다.

이들 인칭대명사는 대상을 높이느냐, 그렇지 않느냐, 낮추느냐에 따라서 존칭 (尊稱), 평칭 (平稱), 비칭 (卑稱) 따위로 나누어진다. '당신, 어르신, 이분, 저분, 그분'은 존칭이며, '저, 저희'는 비칭이고, 나머지 예들은 평칭이다. 2 인칭대명사 '당신'은 일반적으로 존칭이라고 분류되나, 부부 사이 외에서는 존칭으로 쓰이지 않으며, 이 경우 오히려 비칭에 가깝다. 평칭은 일반적인 서술형 문장에서 쓰이며, 존칭이나 비칭은 대화체 문장에서 흔히 보인다.

또한, 가리키는 내용이 확실히 정하여지지 않은 경우에 사용되는 부정칭 (不定稱) 으로, '아무, 누구'가 있고, 가리키는 대상을 모르는 경우에 사용되는 미지칭 (未知稱) 으로, '누구'가 있다. '누구'는 그 쓰임에 따라, 미지칭이 되기도 하고 부정칭이 되기도 한다. 미지칭은 의문사라고도 한다.

이 밖에, 앞에 나온 대상을 되가리키는 데 쓰는 '자기, 저, 당신' 따위와 같은 재귀대명사가 있다.

인칭대명사는 격조사와 결합될 때, 그 어형이 달라지는 일이 흔하다. 나+가 → 내가, 나+의 → 내, 너+가 → 네가, 너+의 → 네, 누구+가 → 누가, 누구+의 → 뉘, 저+가 → 제가, 저+의 → 제 따위가 예이다.

이상으로 한국어가 쓰기도 배우기도 어려운 이유 10 가지를 들었지만, 이는 단지 눈에 띄는 것으로, 세세한 이유를 들자면 당연히 더 많을 것이다. 만약, 언어를 사용할 때, 뇌에서 일어나는 회로를 눈에 보이는 깜빡이로 표시할 수 있다면, 한국어를 사용하는 사람의 뇌에서는 번개가 칠 것이다. 언어 회로라는 기계의 관점으로 볼 때, 알맞은 낱말 하나를 선택하기 위해 수많은 낱말을 배제해야 한다. 일본어도 이 범주에 든다. 더구나, 한자를 모르고도 소리로 표시할 수 있는 한국어와 달리, 일본어는 한자의 숙지가 필수일 뿐만 아니라, 한자에 따라 훈독 따로 음독 따로 알아야 하므로, 일본어도 한국어 못지않게 어렵다. 한국어와 일본어는 신의 언어이다. 신 정도 되어야 쉽게 배우고 쉽게 쓸 언어다. 유라시아 대륙 동쪽 끝에 약 2억 명이 신의 언어를 사용하고 있다. 그렇다고 해서, 한국어나 일본어를 사용하는 사람들이 언어의 신이란 말은 절대로 아니다.

단어 하나를 쓰더라도 제 위치가 아니면, 그리고 제대로 변화하지 않으면 말이 되지 않는 영어에 비해, 한국어는 단어의 위치가 좀 잘못되더라도, 그리고 어미나 조사가 정확하지 않더라도 말이 된다. 말의 뜻을 이해하는 데 영어가 직선이라면, 한국어는 곡선이다. 이러한 점이 한국어가 모국어인 사람이 영어를, 영어가 모국어인 사람이 한국어를 어려워하는 이유이다. 비유하자면, 영어는 곧고 날카로운 칼날과 같고, 한국어는 구불구불하고 두툼하고 넓은 철사줄과 같다. 언젠가, 3 년 동안 유튜브로 한국어를 독학한 조지아 여성이 한국어를 한국 사람보다 더 잘 구사하는 것을 보고, 언어를 배우는데, 태어난 자리보다 천부적인 재능이 먼저인 것 같다는 생각이 든다. 신의 언어를 별 어려움 없이 구사하는 그런 외국인들은 분명히 언어의 신이다.

언어의 좋고 나쁨을 가리는 객관적인 기준이 있을 리가 없지만, 개인적인 생각으로, 좋은 언어는 의미가 짧은 시간에 분명하게 전달되는 언어이고, 격식어의 어법이 곧 문법인 언어이고, 불규칙이 적은 언어다. 이런 면에서 한국어는 나쁜 언어에 속한다. 흔히, 한국어가 우수한 언어라고 하면서 제일 먼저 한글을 그 이유로 든다. 한글이 뛰어난 것은 이론의 여지가 없지만, 한글이 뛰어나다고 해서 한국어가 뛰어난 것은 아니다. 글자와 말은 서로 별개의 영역이다. 그나마 한글이 있어서 한국어를 읽고 쓰는데 별 문제가 없을 뿐. 한글이 없었다면 한민족의 어문 생활은 조선 이전과 같이 끔찍한 세상이었을 것이다.

어떤 민족에 있어 모국어는 부모와 같아, 부모를 바꿀 수 없듯이 모국어를 바꿀 수 없다. 좋든 나쁘든 모국어는 평생 지니고 갈 말이다. 그 말을 사용하는 민족이 할 일은 좋으면 좋은 대로, 나쁘면 나쁜 대로, 주어진 환경에서 최선을 다해 말을 다듬는 것이다. 말을 다듬는 일에 너와 내가, 위와 아래가, 학자와 일반인이, 정부와 민간인이 따로 없다.

특히, 현대 사회에서 방송의 사회적 영향력을 고려하면, 방송 대본을 쓰는 사람들은 남다른 사명감으로 글을 써야 한다. 평소에 TV를 잘 보지 않지만, 얼마 전에 M 방송국의 오락 방송을 보다가 깜짝 놀란 적이 있다. 심하게 말해서, 뜻있는 자막은 거의 전부 외국어였다. 그렇게 해야만 시청률이 오르는지 모르지만, '이건 아니다' 라는 생각이 든다.

꼭지 12. 글쓰기

언어를 사용하는 목적은 말과 글을 통해 남과 소통하는 것이다. 말이 일시적이고 즉흥적인 반면, 글은 거의 영구적이고 계획적이다. 물론, 녹음이나 영상이라는 현대 기술로 말을 남길 수 있지만, 남과 소통에 있어 말의 한계는 분명하다. 말에는 실수라는 변명이 통하지만, 글에는 변명의 여지가 없다. '말은 비뚤어져도 글은 똑바로 써라.'가 말과 글의 관계다.

모든 언어의 자국어 교육의 끝은 남의 글을 잘 이해하고, 내 글을 잘 쓰는 것이다. 여기서 '잘'은 들인 노력에 비해 얻은 결과가 크다는 말과 같다. 이 가운데, 남의 글을 이해하는 능력, 즉, 문해력은 객관적으로 평가할 수 있는 항목이기에, 어느 나라든 자국어 교육에서 중요하게 취급되고, 대학 입시의 자국어 시험에서도 빠지지 않는다.

한편, 글쓰기는 상대적으로 등한시되어, 여름 방학 숙제인 일기 쓰기가 초등학교 쓰기 교육의 전부일 정도다. 그것마저 매우 형식적이라. 결국, 글쓰기는 개인의 문제로 돌려진다. 미국의 경우, 5학년부터 학기 내내 쓰기 숙제가 만만하지 않고, 선생님은 쓰기 숙제에 대해 수정할 점과 제시 따위의 조언을 일일이 해준다. 이런 쓰기 교육이 가능한 이유는 문법을 따로 공부할 필요가 없는 영어의 특성 때문이다. 만약 한국에서 초등학교 담임 선생님에게 일기 쓰기 숙제에 대한 평가 내지 조언의 의무를 부과한다면, 살필 것이 한두 가지가 아닌 한국어의 특성으로 인해 업무가 지나치게 많아질 것은 자명하다. 당장, '한두 가지'의 띄어쓰기가 올바른지 알아보기 위하여 사전을 참조해야 될지도 모를 일이다.

우리나라에서 글쓰기 교육이 제대로 이루어지지 않지만, 글쓰기가 중요한 이유 몇 가지를 든다. 첫째, 글쓰기는 정보를 전달하고 의견을 표현하는 데 필수적인 수단으로, 글을 통해 다른 사람들과 소통하고 생각을 공유한다. 둘째, 글쓰기는 논리적인 사고와 비판적 사고가 필요하므로, 글쓰기를 통해 사고력을 향상시키고, 문제 해결 능력을 키우는 데 도움이 된다. 셋째, 글을 통해 자신을 더 잘 이해하고, 다른 사람들에게 자신의 생각, 감정, 경험을 표현할 수 있다. 넷째, 글은 시간과 공간을 초월하여 정보를 기록하므로, 역사적인 사건, 과학적인 발견, 문학적인 작품 따위의 다양한 분야에서 후세에 유산으로 남는다. 다섯째, 무엇보다 실질적으로, 자기소개서 작성, 기사 작성, 보고서 작성, 제안서 작성, 시장 조사 자료 작성 따위의 다양한 업무에서 글쓰기가 필수적이다. 결론적으로, 글은 생각이나 감정을 표현하고, 정보를 전달하며, 남과 소통하는 과정을 남기는 기록이다. 또한, 이것이 글을 쓰는 목적이기도 하다. 조선말의 사상가인 정약용 (1762 년 ~ 1836 년) 이 20 년 유배 기간 동안 500 권에 이르는 책과 문집을 단순히 자신의 소일거리로 저술한 것은 아닐 것이다.

제한된 공간에서 남과 효과적으로 소통하기 위해서는 글을 잘 쓸 필요가 있다. 길지 않은 글이라도 남들이 내 생각이나 감정을 이해할 수 있는 글이 잘 쓴 글이다. 흔히 말하기를, 글을 잘 쓰기 위해서는 교과서에 나옴 직한 몇 가지 요소를 고려해야 한다. 첫째, 자주 글을 쓰면서 경험을 쌓아, 자신의 글쓰기 기법과 강점을 발견한다. 둘째, 다양한 분야 글을 읽으면서, 다른 작가들의 글쓰기 기법과 구조를 익힌다. 셋째, 글을 쓰기 전에 주제를 정하고, 어떤 내용을 다룰지, 어떤 구조를 사용할지 따위의 계획을 세운다. 넷째, 읽을 때 이해하기 쉽도록 복잡한 문장 구조를 피하고, 간결하고 명확한 표현을 사용한다. 다섯째, 다른 사람들에게 글을 보여주어, 다른 시각을 통해 개선할 점을 찾는다. 여섯째, 글을 작성한 후에는 반드시 문법, 맞춤법, 구두점 등을 확인하고 수정한다. 이런 과정을 통해, 자신만의 개성적인 문체를 이루게 된다.

문장의 길이 또한 중요하다. '한 문장에 몇 글자 또는 몇 단어가 적당한가?'에 대해 원칙은 없지만, 쉬지 않고 흘러가는 물 같은 만연체의 글은 지양하는 것이 좋다. 글 쓰는 사람의 취향이라 뭐라 할 수 없지만, 만연체는 글 쓰는 사람의 자아도취에 가까운 문체이다. 특히, 주어와 서술어가 서로 멀리 떨어지는 한국어의 특성 때문에 한국어 문장에서는 더욱 그렇다. 한 문장에 공백을 제외하고 40자에서 50자 정도가 적당하며, 길다 하더라도 60자를 넘지 않는 것이 좋다고 한다.

지금까지 기술한 내용은 글을 쓰는 이유와 글을 잘 쓰는 방법에 대한 상식이다. 짐작할지 모르겠지만, 그것을 보다 깊게 다루는 것이 이 꼭지의 주제는 아니고, 필자는 그럴 능력도 없다. 다만. 한국어라는 환경에서 한국어의 어떠한 특성이 글쓰기에 영향을 나쁘게 미치며, 당연히, 그런 것들을 피하는 것이 글을 잘 쓰는 비결인 바, 이에 대한 것이 이 꼭지의 주제다.

말하기 쉬운 언어가 글쓰기도 쉽다. 한편, 말하기 쉽지 않은 한국어는 글쓰기도 쉽지 않은 언어다. 한국어가 배우기 어려운 언어임을 꼭지 11 「신의 언어」에서 비교적 자세히 기술하였다. 그 가운데, 글쓰기와 밀접하게 관련된 한국어의 치명적 약점은 서로 멀리 떨어진 주어와 서술어, 앞선 수식어, 일정하지 않은 부사어의 위치 따위이다. 이런 한국어의 특성 가운데 특히 앞의 두 가지는 글을 읽는 사람의 집중을 방해하고 글 읽는 속도를 떨어뜨린다. 그러한 한국어의 특성은 지문과 같아서 한국어를 사용하는 한, 이를 근본적으로 해결하는 방안은 없다. 다만, 이 꼭지에서는 그런 약점을 조금이나마 완화하는 방법을 논한다.

개인적인 의견이기는 하지만, 꼭지 6 의 「괄호 띄어쓰기」, 꼭지 7 의 「부호와 조사」, 꼭지 8 의 「불편한 조사」에서 부호와 조사의 앞말에 붙여쓰기 또한, 글 읽는 속도를 떨어뜨릴 수 있는 요소임을 지적했다. 하지만, 이는 어디까지나 실험적인 발상일 뿐, 이 꼭지에서는 다루지 않는다. 다만, 조사가 없는 단독괄호는 앞말로부터 띄어 쓴다.

이상의 한국어 특성을 고려하여 글을 읽는 사람이 글을 읽는 도중에 멈칫거리지 않고, 쭉 읽어 나가기 위한 몇 가지 방안을 제시한다. 주어 생략, 이중 주어, 주어와 서술어 불일치, 부정확한 연결어미 따위의 수많은 잘못 쓴 글의 사례와 고치기에 관해서는 네이버 블로그 <https:// blog. naver. com/urmypride> 를 참조하기 바란다.

1. 문장을 짧게 한다.

문장을 짧게 한다는 말은 주어와 서술어를 최대한 가까이 둔다는 말과 같다. 주어와 서술어가 서로 멀리 떨어지는 것은 SOV 형 언어의 숙명이다. 목적어와 부사어가 주어와 서술어 사이에 끼이므로, 일차적으로 수식 구절을 포함한 목적어와 부사어의 길이에 따라 주어와 서술어 사이가 결정된다. 짧은 문장을 만들기 위하여 첫 번째로 할 일은 될 수 있으면 수식절을 짧게 하거나, 문장 구조를 바꿔 없애는 것이다. 만연체의 글이 긴 수식절로 인해 생기므로, 수식절을 없애는 것은 만연체 글을 피한다는 말이다. 다음은 341 자 한 문장의 「대한민국 헌법 전문」 을 123 자 한 문장으로 줄인 글이다.

> 대한국민은 대한민국임시정부의 법통과 4·19 민주이념을 계승하고, 민족의 단결을 공고히 하고, 사회적 폐습과 불의를 타파하며, 각인의 기회를 균등히 하고 능력을 최고도로 발휘하게 하며, 우리들과 우리들의 자손의 안전과 자유와 행복을 영원히 확보할 것을 다짐하면서 헌법을 개정한다.

그래도 여전히 길어서, 간결체 문장으로 바꿔 본다.

> 대한국민은 대한민국임시정부의 법통과 4·19 민주이념을 계승한다. 또한, 민족의 단결을 공고히 하고, 사회적 폐습과 불의를 타파하며, 각인의 기회를 균등히 하고 능력을 최고도로 발휘하게 한다. 그럼으로써 우리들과 우리들의 자손의 안전과 자유와 행복을 영원히 확보할 것을 다짐하면서, 헌법을 개정한다.

작정하고 쓰지 않는 한, 만연체의 글은 쓰지 말아야 한다. 여기서 조목조목 열거하지 않지만, 만연체 글을 쓰지 말아야 할 이유는 여러 가지다. 하지만, 문학 작품에서 만연체의 글은 감각적인 표현과 비유, 묘사를 통해 독자에게 상상력과 생생한 감동을 전달할 수 있다. 문학 작품이 아니면, 만연체 글을 쓸 생각은 안 하는 게 좋다.

2. 부호, 특히 쉼표를 적절히 사용한다.

쉼표는 글을 읽으면서 쉬어갈 만한 곳에 사용하는 부호로, 글을 읽다 보면 쉬어갈 만한 곳을 거의 본능적으로 알 수 있다. 쉼표가 사용되는 자세한 경우는 역시 위의 네이버 블로그를 참조하기 바란다. 다만, 이 꼭지에서는 주어가 바로 다음 말과 관계가 없을 때 사용되는 쉼표에 대해서만 언급한다. 다음 예를 보자.

> 그는 키가 크고 살결이 창백한 나에게 열등감을 느낀다.

이 문장은 한국어의 약점 중의 하나인 '앞선 수식어'와 밀접한 관계가 있다. 쉼표가 없는 문장 '그는 키가 크고 살결이 창백한 나에게 열등감을 느낀다.'를 볼 때, 수식어인 '키가 크고 살결이 창백한'은 피수식어인 '나'가 나올 때까지 주어 '그'의 서술어로 착각하게 만든다. 이때, 다음의 문장과 같이 '나'와 뒤에 오는 말 사이에 쉼표를 넣어, 이 둘이 아무 상관이 없음을 나타낸다.

그는, 키가 크고 살결이 창백한 나에게 열등감을 느낀다.

하지만, 이 유형의 쉼표는 필요해 보임에도 불구하고, 실제로 잘 쓰이지 않는다. 문장이 시작되자마자 쉼표가 나오는 것에 사람들이 거부감을 느끼는 것 같다. 그렇다면, 아래 4 항과 같이, 주어를 문장 처음이 아닌 다른 자리로 옮기는 것을 고려해 봄 직하다.

쉼표 이외에도, 작은 따옴표 (' '), 겹낫표 (『 』), 홑낫표 (「 」) 따위의 부호도 문장의 성분상 혼란을 방지하는데 많은 도움이 된다. 작은 따옴표는 강조하는 말이나 전문 용어를 드러낼 때, 겹낫표는 책의 제목이나 신문 이름 따위를 나타낼 때, 그리고 홑낫표는 소제목, 그림이나 노래와 같은 예술 작품의 제목, 상호, 법률, 규정 따위를 나타낼 때 쓰인다. 각각은 겹화살괄호 (《 》)와 홑화살괄호 (〈 〉)로 대체될 수 있다. 한국어 문장에서 이들 부호는 붙여쓰기와 조사의 특성과 관계한다. 각각, 꼭지 6, 꼭지 7 을 참조하기 바란다. 영어 문장에서는 많은 경우 대문자가 이 부호들을 대신한다. 예를 들어, '다윈의 『종의 기원』'은 영어로 'Darwin's On the Origin of Species' 인데, 별도의 부호 없이 영어 대문자를 보면 'On the Origin of Species'이 고유 명사인 책 이름을 가리키는 것을 알 수 있다.

3. 될 수 있으면, 부사어를 서술어 앞에 놓는다.

사람들은 한국어의 장점으로 문장 성분의 이동이 자유로운 점을 꼽는다. 이것이 장점이라면 장점일 수 있지만, 보기에 따라서 또한 단점이 될 수 있다. 다음의 두 문장을 비교해 보자.

> 조선 말, <육영공원>의 교사로 온 호머 헐버트 (Homer Hulbert) 는 지극히 조선을 사랑했다.
> 조선 말, <육영공원>의 교사로 온 호머 헐버트 (Homer Hulbert) 는 조선을 지극히 사랑했다.

부사 '지극히'의 위치만 살짝 바뀌었다. 명사 앞에 부사(어)가 올 수 없다는 문법적 원칙에 어긋나는 점을 제외하고, 두 문장의 의미는 서로 다른가? 다르다면 어떻게 다른가? '지극히 조선을 사랑했다'나 '조선을 지극히 사랑했다'의 영어 번역은 'loved Choson dearly'으로, 둘이 서로 다르지 않다. 하지만, 엄밀하게 얘기해서, '조선을 사랑하는데 지극하다'와 '조선은 지극히 사랑하는 것 중의 하나 (또는, 그럴 리 없지만, 오직 하나)'는 다르다. 만약, 두 문장의 뜻이 같다고 주장한다면, 그런대로 넘어갈 수 있다. 왜냐하면, 한국인들은 짧은 서술적 구 또는 절을 한 단어로 인식하는 경향이 짙기 때문이다.

부사어는, 한 마디로 얘기해, 서술어를 꾸며 주는 문장 성분이다. 다음에 여러 쌍의 부사어 비교 문장을 제시한다.

> 항상 너를 위해서 준비해라.
> 너를 위해서 항상 준비해라.
>
> 그것은 결코 우연이 아니었다.
> 그것은 우연이 결코 아니었다.

빨리 형님에게 가서 이 일을 알려라.
형님에게 빨리 가서 이 일을 알려라. (형님에게 가서 이 일을 빨리 알려라.)

반드시 자동차 사고가 난 후에 이렇게 해라.
자동차 사고가 난 후에 반드시 이렇게 해라.

요즈음, 놀이터에서 거의 아이들을 보지 못한다.
요즈음, 놀이터에서 아이들을 거의 보지 못한다.

절대로 수능 시험 전에 하지 말아야 할 몇 가지가 있다.
수능 시험 전에 절대로 하지 말아야 할 몇 가지가 있다.

아주 사람이 많은 시장이었지만, 그녀를 알아볼 수 있었다.
사람이 아주 많은 시장이었지만, 그녀를 알아볼 수 있었다.

위와 같은 예는 수없이 많다. 우리는 이런 형식의 문장을 거리낌 없이 쓰기도 하고 받아들이기도 한다. 명사 앞에 부사어가 올 수 없다는 문법적 원칙이 오히려 어색하다. 무릇, 뒤에 쉼표 없이 명사 앞에 오는 부사어, 특히 홑낱말 부사는 일단 잘못 위치한다고 보고 다시 살필 일이다. 이 말은 문장 부사 뒤에 쉼표를 반드시 찍는다는 말과 같다.

4. 주어를 문장 맨 앞에 놓을 필요는 없다.

으레, SVO 형인 한국어에서 본문 주어는 문장 머리에 위치한다. 하지만, 주어를 문장 가운데로 돌리는 것이 더 나아 보이는 경우가 있다. 위의 2항에서 언급했듯이, 주어가 바로 다음 말과 관계가 없을 때 사용되는 쉼표를 피하는 경우가 그렇다. 특히 '앞선 수식어'가 주어의 서술어인 것처럼 착각하게 만드는 경우에 주어를 뒤로 돌리는 편이 훨씬 낫다. 이 경우, 뜬금없이 엉뚱한 주어가 튀어나와 주의를 흩트리는 단점이 있기는 하지만, 착각보다는 산만이 낫다.

다음의 첫 번째 비교 문장은 그야말로 주어가 뒷말과 아무 상관이 없는, 따라서 착각이 없는 경우이다. 수식절의 주어가 본문의 주어 뒤에 바로 나오기 때문이다. 두 번째 비교 문장은 주어가 뒷말과 상관있는 듯 보이는 착각이 있는 경우이다.

　　유튜브는 현대인이 누구나 그렇듯이 이제 내 생활의 일부가 되었다.
　　유튜브는, 현대인이 누구나 그렇듯이 이제 내 생활의 일부가 되었다.
　　현대인이 누구나 그렇듯이 유튜브는 이제 내 생활의 일부가 되었다.

　　그는 키가 크고 살결이 창백한 나에게 열등감을 느낀다.
　　그는, 키가 크고 살결이 창백한 나에게 열등감을 느낀다.
　　키가 크고 살결이 창백한 나에게 그는 열등감을 느낀다.

첫 번째 경우, 쉼표를 적절히 이용하면, 굳이 본문의 주어를 뒤로 보낼 필요도 없고, 수식절을 앞에 내어 마치 부사절을 문장 부사처럼 쓸 수도 있다.

　　유튜브는, 현대인이 누구나 그렇듯이, 이제 내 생활의 일부가 되었다.
　　현대인이 누구나 그렇듯이, 유튜브는 이제 내 생활의 일부가 되었다.

이상으로, 문학 작품이 아닌 글을 쓰는데 문장의 구조적인 면에서 신경 써야 할 몇 가지를 기술하였다. 당연히, 이 이외에도 여러 가지가 있을 수 있다. 아무쪼록, 문법이 불완전하고 불규칙이 많아 그렇지 않아도 신의 언어인 한국어를 할 수 있는 한 최대한으로 다듬어 인간의 언어에 좀 더 가깝기를 바랄 뿐이다.

넷째 마당　한자어

꼭지 13. 한글전용의 역사

세종대왕이 훈민정음을 창제하고 반포한 이래, 민간에서는 훈민정음을 '언문'(諺文)이라 불렀으며, 20 세기 초 대한제국 시절, '국문'(國文)이라 불렀으며, '한글'은 1912 년 주시경이 만든 말이다. 이 꼭지에서, 한자의 상대 개념으로, 그리고 통시적 개념으로 '한글'이라는 용어를 사용한다.

이 꼭지의 주제는 19 세기 말까지 관의 공식적인 글로 사용되던 한자가 거의 100 년 동안 한글로 대체되는 과정이다. 이 과정은 크게 3 단계로, 조선 말기와 대한제국 시절의 개화기, 35 년 동안의 일제강점기, 광복 이후의 시기이다.

개화기

이 시기에 한글이 일반 대중에게 노출되는 수단은 주로 신문, 부로 잡지였다. 그 내용은 다음과 같다.

신문

『한성주보』(漢城週報)

1886 년에, 통리아문 (統理衙門; 외무, 통상 업무를 맡아보던 관청)의 박문국 (博文局; 인쇄소) 에서 창간된 우리나라 최초의 주간신문이다. 한글이 공식적으로 그 모습을 드러낸다. 이 신문은 한문으로 발행된 우리나라 최초의 신문『한성순보』(漢城旬報) (1883 년 창간, 1894 년 폐간) 의 후신이다. 『한성주보』는 최초로 한자를 혼용하였고, 내용에 따라 순한글 또는 순한문만을 썼다. 폐간 즈음에는 한글을 전혀

쓰지 않았다. 1888년에 폐간되었다.

『독립신문』

『한성주보』 이후 8년 동안 우리나라에서 신문발간의 맥이 끊어졌다가, 다시 이어진 신문은 1896년에 창간한 『독립신문』이다. 이 신문은 우리나라 신문사에서 여러 가지 '최초'의 명함을 가진다. 최초의 민간 신문이자, 최초의 한글전용 신문으로, 최초로 한글의 띄어쓰기가 시행되었고, 최초로 괄호 부호가 나타난다. 주 3회 발행되었다. 1899년에 폐간되었다.

『매일신문』(每日新聞)

당시 발간되고 있던 배재학당 학생회인 협성회의 기관지 『협셩회회보』를 개제하여 1898년에 창간한 우리나라 최초의 일간신문이다. 한글로만 기사를 작성하였다. 1899년 4월, 창간 1년 3개월 만에 재정난으로 폐간되었다.

『황성신문』(皇城新聞)

1898년에 창간된 일간신문으로, 한자를 혼용하였다. 주필 장지연이 을사늑약에 분개하여 쓴 「시일야방성대곡」(是日也放聲大哭) 이란 논설로 3개월간 정간되는 곡절을 겪기도 했다. 경술국치와 함께 1910년에 폐간되었다.

『제국신문』(帝國新聞)

1898년에 창간된 대표적인 민족 신문으로, 원명은 『뎨국신문』이다. 일반 민중을 대상으로 한 대중신문으로, 신문은 한글만을 사용했다. 경술국치와 함께 1910년에 폐간되었다.

『대한매일신보』(大韓每日申報)

1905년 영국인 베썰(Ernest Bethell)이 창간한 신문으로, 한자를 혼용하고 영문으로 발행하였다. 베썰은 호머 헐버트와 함께 한국을 위해 몸 바친 외국인으로 널리 알려진 인물이다. 이 신문은 국채보상운동에 앞장섰고, 항일운동의 선봉으로 의병 활동을 상세히 보도하였다. 1909년 베썰의 사망과, 경술국치로 1910년 폐간되었다.

『만세보』(萬歲報)

1906년에 동학의 제3대 교주 손병희의 발의로 창간한 일간신문으로, 한자를 혼용하면서 한자를 잘 모르는 독자들도 쉽게 읽을 수 있도록 한자 옆에 한글로 음을 달다가 1907년 3월 9일자부터 없앴다. 친일단체인 일진회를 강하게 비판하였으나, 얼마 안 가서 경영난에 빠지자, 이인직이 이를 인수하여 이완용 내각의 기관지인 『대한신문』으로 바꾸었다.

위에 열거된 신문 가운데, 『독립신문』, 『매일신문』, 『제국신문』은 한글로만 기사를 작성한 신문으로, 한글전용의 측면에서 돋보인다. 그러나 『독립신문』보다 10년 전에, 그것도 국가 기관에 의해 발행된 『한성주보』도 언급할 만하다. 해설의 많은 부분이 한글로만 작성되었고, 기사 제목을 한글만으로 또는 한자를 혼용하여 적는 등, 관보의 성격이 감함에도 불구하고 나름 신문의 효시 역할을 하였다.

잡지

잡지는 1905년 이후에 본격적으로 발행되었는데, 이는 '을사늑약'이라는 정치적 사건과 관련하여, 일본 유학생들, 단체, 학회가 정치운동의 일환으로 발간한 잡지들, 그리고 일반 대중의 개화와 계몽이 목적인 잡지들이 주를 이룬다. 한글전용 측면에서 언급할 만한 잡지는 『가뎡잡지』다. 이 잡지는 1906년, 가정주부를 대상으로 창간한 우리나라 최초의 여성 월간 잡지다. 당시의 모든 간행물들이 한자를 혼용하였지만, 『가뎡잡지』는 제호를 한자와 병기했을 뿐, 내용은 한글로만 작성되었다. 이 잡지의 발행인 겸 편집인은 전기 (1906. 6. - 1907. 1) 에 유일선, 휴간 후, 후기 (1908. 1 - 1908. 7) 에 신채호였으며, 편집진으로 주시경, 장지연 등이 활약하였다.

일제강점기

개화기에 한글이 대중에게 노출된 곳은 신문이 전부라 해도 과언이 아니다. 그러나, 민간 신문은 일제강점기의 시작과 함께 모조리 폐간되었다. 그 대신, 민족정신에 입각한 조선어 학자들의 학회 활동이 활발했으며, 잡지가 대중의 전면에 나섰다.

신문

경술국치 다음 날부터 『대한매일신보』에서 '대한' (大韓) 두 자를 떼어 낸 채 『매일신보』가 되어, 조선총독부 기관지로 바뀌었다. 이 신문은 1945년 11월 정간 처분이 내려졌고, 이후 『서울신문』이란 이름으로 변경해, 1945년 11월 석간부터 속간하였다. 대부분의 기사는 한자의 혼용으로 작성되었고, 연재되는 신소설에는 한글만을 사용하였다.

삼일운동 후 1920년, 『조선일보』와 『동아일보』기 창간되며, 조선인에 의한 민간 신문의 맥을 이었다. 일반 기사는 한자의 혼용으로 작성되었으며, 한자로 쓸 수 없는 동사와 형용사 및 조사와 어미, 외래어를 제외한 거의 모든 글자는 한자를 사용하였다.

잡지

이 시기에 빼놓을 수 없는 인물과 단체가 주시경과 오늘날의 '한글학회'다. 1908년, 주시경과 김정진 등은 <국어 연구 학회>를 창립한다. 이 학회는 1911년 <배달말글 몯음>으로, 1913년 <한글모>로 이름을 바꾸고, 1917년까지 활동한다. 언문의 명칭이 '국어', '배달말', '한글'로 바뀌는 과정을 볼 수 있다. 이 기간에 1876년 생인 주시경은 40살이 채 안 된 1914년에 요절한다. 1921년 주시경의 제자들이 <조선어 연구회>란 이름으로 학회를 재건한다. 1931년, 이름을 <조선어 학회>로 고치고, 해방을 맞는다. 그 사이 1943년에 '<조선어 학회> 사건'이 발생한다.

이 일련의 모임은 국어의 원리와 이론을 연구하는 데 그치지 않고, 주시경의 제자들을 중심으로 그의 정신과 학문을 이어받아, 말과 글을 통해서 민족정신을 고취하는데 힘썼다. <조선어 연구회>는 1926년에 음력 9월 29일을 한글날 (가갸날)로 제정하였고, <조선어 학회>는 1933년에 「한글 맞춤법」의 뿌리가 되는 「한글 마춤법 통일안」과 1936년에 표준말 체계를 정리한 「조선어 표준말 모음」을 발표하였다. 1941년에는 외래어 표기를 통일한 규정집을 발행하였다.

경술국치 후, 정치색을 띤 잡지의 발행은 금지되었으며, 문예와 교양 계통의 잡지 발행만 허가되었다. 삼일운동 후, 문예와 교양 계통의 온갖 종류의 잡지와 소수의 학술지가 간행되었는데, 정도의 차이만 보일 뿐, 모두 한자를 혼용하였다. 심지어, 1927년 국문 연구의 학술지로서 창간된 『한글』도 그러했다. 『한글』에서 한 가지 돋보인 점은 가로쓰기다.

광복 이후

광복 직후 남한 지역의 문맹률은 12 살 이상의 인구 (약 천만 명) 의 약 78% (약 8백만 명) 로 매우 높았다. 이에 미 군정청은 <국문 강습소> 를 운영하여 성인의 문맹률을 낮추고, 공민학교를 설치하여 아동과 청소년에게 한글을 학습시켰다. 그 결과, 1948 년 대한민국 정부 수립 즈음, 문맹률은 약 41% 로 낮아졌다.

1945 년 8 월 미 군정청 학무국의 <조선교육심의회> 는 한글전용을 추구하던 스승 주시경을 따른 최현배의 주도 아래 교과서에 한자를 버리고 한글만 사용하기로 결정하였고, 가로쓰기가 채택되었다.

또한, 1946 년에 한글날은 공휴일로 지정되었다. 1940 년 7 월 발견된 『훈민정음』「해례」의 「서문」에 반포일이 9 월 '상한 (上澣)' 으로 기록된 것을 토대로, 싱순의 미지막 날인 음력 9 월 10 일을 양력으로 환산하여 10 월 9 일을 한글날로 확정하였다.

1948 년 대한민국 정부 수립 이후, 한글전용의 역사는 교육, 공문서, 간행물의 3 분야에서 각자의 길을 걸어간다.

교육

세 분야 중, 가장 중요한 교육 분야에서, 안타깝게도 그리고 어떻게 보면 그렇게 될 수밖에 없어 보이지만, 한글전용과 한자혼용 사이에서 혼선의 혼선을 거듭한다. 다음은 『한국민족문화대백과사전』이 국어 교과서에서 한자의 쓰임을 정리한 내용으로서, 네 단계로 나뉜다. 약간의 수정을 가했다.

1. 한자 병용기 (1945. 8. - 1965. 2.)

각급 학교 교과서에서 한자 위에 독음을 달거나 한자를 괄호 속에 넣어 썼다.

2. 한자 혼용기 (1965. 9. - 1970. 3.)

<교육부> (당시 문교부) 가 책정한 '임시 허용 한자' 1,300 자의 범위 안에서 초등학교 (당시 국민학교) 4 학년 이상 국어 교과서에 600 자를, 중학교 교과서에 400 자를, 고등학교 교과서에 300 자를 혼용하였다. 그 밖에, 내용 이해에 필요한 글자는 괄호 안에 넣어 쓰게 하였다. 당시 중학교, 고등학교의 국어를 포함한 각 과 교과서에 나타난 한자는 3,503 자다.

3. 한자 제외기 (1970. 3. - 1975. 2.)

한문과 고전 교과서를 제외하고는 모든 교과서의 표기를 한글로민 개편했다. 이 기간에 문교부는 「한문 교육용 기초한자」 1,800 자를 선정, 1972 년에 공표하였다.

4. 한자 부분병용기 (1975.3. - 현재)

우선 중학교와 고등학교 국어 교과서에 「한문 교육용 기초한자」 를 각각 900 자씩 괄호 속에 넣었다. 그리고 다음 해부터 국사와 도덕 과목에는 필요한 한자를 쪽 밑에 넣었다.

공문서

1948년 10월 9일, 정부는 '대한민국의 공용 문서는 한글로 쓴다. 다만, 얼마 동안 필요한 때에는 한자를 병용할 수 있다.' 는 「한글전용에 관한 법률」을 제정한다.

1958년부터 「한글전용 실천요강」이 시행되었다. '공문서와 공공기관에서 발행하는 간행물은 반드시 한글로 쓴다.' 가 주된 내용이다 (단, 한글만으로써 알아보기 어려운 말에는 괄호를 치고 한자를 써 넣는다.). 이것은 1948년의 「한글전용에 관한 법률」의 내용이 제한적이며 구체성이 없는 것을 보완하는 것이었다. 「한글전용 실천요강」은 공문서를 한글만으로 작성한 시초였다.

1970년 1월 1일부터 행정, 입법, 사법의 모든 문서뿐만 아니라, 민원 서류도 한글을 전용하며, 구내에서 한자가 든 서류를 접수하지 말고, 1948년에 제정한 「한글전용에 관한 법률」의 '단서'를 적용하지 않고, 한글을 전용하게 한다.

1998년, 공문서에 한자를 섞어 쓰는 것이 용인되어, 도로 표지나 철도역, 버스 정류소에서 한자가 병기되었다.

2005년, 정부는 「국어 기본법」을 제정한다. 공문서는 어문규범에 맞추어 한글로 작성하여야 한다. 다만, 대통령령이 정하는 경우에는 괄호 안에 한자 또는 다른 외국 문자를 쓸 수 있다.

간행물

일제강점기 동안, 몇 개의 신문과 수 많은 잡지들에서 한글전용은 보이지 않았다. 정도의 차이는 있지만, 모든 매체가 채택한 것은 한자혼용이었다. 이러한 추세는 광복 후에도 계속 이어지다가, 잡지의 경우 1976년에, 신문의 경우 1988년에 한글전용이 시도된다.

잡지

1976년 3월, 『뿌리깊은 나무』(발행인: 한창기)는 상업간행물로서는 최초로 한글만을 사용하고, 가로쓰기를 시도한다. 1980년, 군사정권에 의해 폐간된다. 그 후, 『뿌리깊은 나무』의 발행인이 1984년 발행한 『샘이깊은물』이란 여성잡지가 한글전용을 했으며, 이후, 신문과 마찬가지로 거의 모든 잡지들이 한글만을 사용하게 된다.

신문

1988년 5월 15일, 『한겨레신문』 창간호는 종합일간지 중 최초로 한글만을 사용해, 그리고 가로쓰기로 기사를 작성한다.

1995년 10월 9일, 일부를 제외한 모든 일간지가 한글을 사용해 기사를 작성한다. 더불어, 가로쓰기도 전면적으로 시행된다. 『주선인보』와 『동아일보』는 신문 제호에 한자를 아직도 사용하고, 기사에서도 가끔 한자가 보이나, 99.9%는 한글이다.

이상, 한글전용의 역사를 살펴보았다. 이 역사는 한글전용을 주장하는 이들과 한자혼용을 주장하는 이들 사이의 논쟁의 역사다. 1990년대 중반쯤, 논쟁의 일단 하나의 단락을 맞이한다. 개인 컴퓨터가 보급되면 시점과 일치한다. 하지만, 이 논쟁은 여전히 현재진행형이다.

꼭지 14. 한자 제대로 익히기

거의 60 년 전의 일이다. 당시 국민학교 4 학년 국어 교과서에서 필자가 처음 본 한자는 '少年' 이었다. 그때부터 무작정 읽힌 한자가 고등학교를 졸업할 무렵에는 적어도 5,000 자를 넘었다. 지금의 눈으로 보면, 그것은 거의 미친 짓이었다. 그 후, 한글 전용론 (한자 폐지론) 과 한자 혼용론의 소위 문자 전쟁을 거쳐, 지금은 일상생활에서 한자어가 소리글자로만 전해진다.

한자는 표어문자 (表語文字, Logogram, 단어 문자) 이다. 표어문자는 하나의 문자로 언어의 하나 하나의 말이나 형태소를 나타내는 문자이다. 한자는 중국에서 발원하여 중국 대륙, 한반도와 만주, 일본, 베트남, 싱가포르 따위의 동아시아와 동남아시아 지역에서 사용되고 있거나 사용되었던 문자이다.

한자의 기원은 3,300 년 전 사용된 갑골문 (甲骨文) 과 3,000 년 전 사용된 금문 (金文) 이다. 갑골문자는 1903년 중국 허난성 (河南省) 안양현 (安陽縣) 에 있는 은허에서 출토된 은나라 때의 문자다. 기원전 14 세기 ~ 기원전 11 세기에 사용된 것으로 추정되는 이 문자는 그림 모양으로 당시 중대사를 거북의 배딱지 (腹甲) 나 짐승의 어깨뼈 (肩骨) 에 새겨 놓은 것이었다. 현재, 6,000 자 정도가 출토되었으며, 2,000 자 정도가 해독되었다.

금문은 금속 (청동) 에 새기거나 주물로 만든 문자이다. 청동 종 (鐘) 이나 청동 세발솥 (鼎) 에 보이기에 종정문 (鐘鼎文) 이라고도 불린다. 금문은 중국 주나라의 상형문자로, 갑골문자와 거의 일치한다. 그 후, 주나라 선왕 (宣王; 기원전 800 년 경) 때 태사 (太史) 사주 (史籒) 가 주문 (籒文: 大篆) 을 만들었다. 篆은 도장 (圖章) 의 뜻으로, 관청에서 사용했다는 말이다. 춘추전국시대 (기원전 770 년 ~ 기원전 221 년) 에는 각 나라마다 서로 다른 글자체가 쓰인다.

진나라 시황제 때, 승상 이사 (李斯) 가 대전 (大篆) 을 개량하여 소전 (小篆) 을 만듦으로써 문자를 통일하였다. 또한, 진의 정막 (程邈) 은 전서의 번잡함을 생략하여 예서 (隸書) 를 만들었다. 노예와 같은 사람도 이해하기 쉽게 만든 글자라는 뜻에서 붙은 이름이라고 하는데, 글쎄다. 진예 (秦隸) 라고도 부른다.

한나라 때, 예서를 다듬어 한예 (漢隸) 라 불렀고, 후한 (後漢) 에 이르러 왕차중 (王次仲) 은 한예를 간단하게 고쳐 해서 (楷書) 를 만들었다. 楷 (본보기 해) 는 모범 또는 표준이라는 말이다. 즉, 이사가 소전을 제정하여 문자 대혁신을 이룩한 후 300여 년이 경과하여, 한자는 해서 (楷書) 로서 정립된 것이다. 해서가 한나라 문자인 한자 (漢字) 다. 한자의 역사를 보면, 갑골문, 금문, 전서, 예서, 해서 따위의 다섯 시대로 구분할 수 있다. 해서 이후로는 오랜 시대에 걸쳐 변화한 흔적이 없다.

여기서 잠깐, 문제 하나를 낸다. 최초의 『논어』 는 어떤 글자로 쓰였을까? 『논어』 는 춘추시대 사람인 공자 (기원전 551 년 ~ 기원전 479 년) 와 그의 제자들의 말과 행동을 기록한 유교 경전의 하나다. 『논어』 의 최초 판본은 공자의 제자인 증삼 (曾參; 증자, 기원전 505 년 ~ 기원전 435 년) 의 문인들이 완성했을 것이라는 견해가 유력하다. 증자의 제자 시대를 100

년으로 넓게 잡으면, 『논어』는 기원전 300년대에 편찬되었을 것이다. 이때는 종이도, 붓도, 먹도 없었을 때이다. 사람들은 액체를 머금을 수 있는 뾰족한 나무 끝에 검은 염료 (주로 옻)를 묻혀 대나무 조각에 글을 썼다. 글 쓴 대나무 조각을 이어 죽간 (竹簡)을 만들었으니, 이것이 책 (册)의 시초이고 상형이다. 춘추전국시대에는 각 나라마다 서로 다른 글자체가 쓰였다 하나, 『논어』의 서체는 아마도 이전보다 간단하게 변형된 금문이었을 것이다. 필기구의 특성상, 처음 닿는 부분에 염료가 많이 묻어나고 종극에는 가느다란 선처럼 그어져, 글자 모양이 올챙이 같았다. 이른바, 과두문자 (蝌蚪文字) 이다. 蝌蚪는 올챙이의 한자어다. 과두문자는 문자의 이름이 아니라, 필기구의 특성으로 인한 문자 모양이다.

이 꼭지의 주제로 들어가기 전에, 현재 한국어에서 한자어가 차지하는 상황을 살펴보면, 꼭지 11에서 본 바와 같이, 『표준국어대사전』에 기재된 표제어 수 424,213개 가운데, 순한자어 193,123개와 한자가 들어간 혼종어 73,269개를 합쳐 모두 266,392개로, 전체 표제어에서 한자가 들어간 말이 차지하는 비율은 62.8% 이다. 당연히, 품사에 따라서 한자어가 차지하는 비율은 다르다. 주요 품사인 명사, 동사, 형용사, 부사 별로 구분하면 다음과 같다. 외래어는 제외하였다.

품사	표제어 수	텃말	한자어	혼종어
명사	269,199	36,097 (13.4%)	185,978 (69.0%)	26,972 (10.0%)
동사	56,348	18,998 (16.0%)	0	37,347 (66.3%)
형용사	13,394	5,643 (42.1%)	0	7,751 (57.9%)
부사	12,316	9,368 (78.3%)	545 (4.4%)	2,403 (19.5%)

() 안의 숫자는 각 품사의 표제어 수를 100%로 했을 때의 비율. 소수점 둘째 자리 반올림.

명사 혼종어 대부분은 '텃말 + 한자어'의 형태이므로 한국어 명사의 약 80% 는 한자어를 포함한다. 부사에서 한자어 4.4% 가 의외인데, 이는 대부분 부사형 접미사가 생략된 형태다 (예, 절대로 → 절대, 만약에 → 만약).

이런 언어 환경에서 한자를 알면 좋은 이유로 여러 가지를 들 수 있다. 한국어 단어의 뿌리를 파악해 어휘력이 크게 향상되고, 한자 문화권 동아시아 국가의 역사와 문화를 쉽게 이해할 수 있고, 한자어가 많이 쓰이는 법률, 의학, 철학 등 다양한 학문 분야의 자료를 이해하는 데 도움이 되고, 중국어나 일본어 따위의 한자를 사용하는 언어를 배우는데 유리하고, 한국어에서 발음이 같은 여러 단어, 예를 들어, '물 水', '손 手', '지킬 守' 따위의 의미를 명확히 구분할 수 있어 의사 소통에 도움이 된다.

물론, 한자를 모른다고 해서 어휘력이 떨어지고, 인접국의 문화와 다양한 분야의 자료를 이해하는데 어려움이 있고, 중국어나 일본어을 배우는데 시간이 걸리고, 의사 소통에 지장이 온다는 말은 아니다. 책을 안 읽으면 어휘력이 당연히 떨어지고, 관심이 없어서 인접국 문화와 사회에 소홀할 뿐이고, 중국어나 일본어을 배우고자 하는 사람에게 한자는 어차피 필수이고, 의사 소통은 관습어로 이루어진다.

배우면 여러 가지로 유익한 한자를 현재 한국의 공교육에서 어떻게 다루고 있을까? 현재, 중학교와 고등학교에서 각각 한문 교육용 기초 한자 900 자, 그러니까 모두 1,800 자의 음과 뜻을 알고 쓸 수 있게 하여 언어생활에 활용하는 능력을 기른다. 한문은 중학교에서는 선택 과목, 고등학교에서는 1 년 간 필수과목, 수능시험에서는 제 2 외국어 계열과 함께 선택

과목이다. 하지만, 2022 년 개정 교육과정이 의한 고교학점제 도입으로, 2025 년부터 한문이 학생 선택 과목으로 내려가서, 학생 본인이 싫다고 하면 한자를 전혀 배우지 않아도 된다.

우리나라에서 고등학교까지 배우는 1,800 자의 의미는 무엇일까? 중국의 경우, 초등 필수 한자 2,460 자를 비롯한 상용한자 2,500 자에 준상용한자 1,000 자로 모두 3,500 자 정도를 익힌다. 일본의 경우, 2,136 자의 상용한자를 배운다. 1,800 자는 중국 상용한자에 비해 많지도 않고, 한자가 필수인 일본에 비해 적지도 않은 숫자다. 기본적인 언어 생활에는 충분해 보인다. 한자 3,000 자를 알면 중국어 문장의 99% 를 이해할 수 있다 하니, 현재까지 발굴된 갑골문 6,000 자가 대단해 보인다.

한국 상용한자 1,800 개는 현재 한국에서 쓰이는 한자의 수 - 물론, 다 알 필요는 없다. - 에 비하면 턱없이 부족하다. 대한민국 대법원에서 제정한 인명용 한자의 수는 2015 년 현재 8,142 자다. 이름에 별 희한한 한자가 많이 쓰이는 모양이다. 이름에 잘 쓰이는 않는 한자까지 더하면, 현재 시중에 돌아다니는 한자의 수는 10,000 자에 이르지 않을까? 한편, 우리가 컴퓨터에 입력할 수 있는 국가 표준 코드인 KS 코드에서 한자는 기본 4,888 자, 확장 2,856 자로 모두 7,744 자이다. 우리나라에서 5,000 자의 한자를 알면, 사범 소리를 듣는다.

우리나라에서 '한문'(漢文) 이라는 교과목을 만들어 한자를 한문 교육용으로 배운다고 하는데, 한문을 이해하는데 1,800 자로는 어림도 없고, 우리가 한문을 배울 이유도 없다. 한자가 한문을 이해하는데 필수 요소이지만, 한글과 한국어의 관계가 그렇듯이, 한자와 한문은 별개의 영역이다. 한자를 많이 아는 일반인이라도 어느 누가 『목민심서』나 『조선왕조실록』 같은 한문 서책을 한문으로 읽는가? 차라리 중고등학교 '한문'이라는 교과목을 '생활 한자'라는 교과목으로 이름을 바꾸어 '한문'이라는 거부감을 해소하는 편이 낫다. 정말로 한문을 이해하고자 하는 사람은 스스로 정진해야 할 것이다. 대학에서 한문이 필요하다면 그때 진심을 다해 익히면 된다.

간절함과 호기심, 그리고 그것을 충족하고자 하는 의지는 지식의 원동력이다. 일제강점기 때 한글을 배우지 못해 성인이 되고 자식들이 다 자란 뒤에도 소위 까막눈인 할머니 할아버지들이 자식에게 물어서라도 한글을 익히는 모습은 한 세대 전만 하더라도 심심치 않게 보였다. 그들은 글을 읽지 못하는 답답함에서 거의 독학 수준으로 한글을 배웠다. 모든 배움은 어떤 목적이든 간절함이 먼저다. 거기에 호기심이 더한다면, 배우지 말라고 해도 배운다. 한자도 마찬가지다. 한자를 배우고자 하는 간절함과 한자는 어떤 글자이며 우리말에서 한자의 가치를 알고자 하는 호기심을 깨우지 않는 한, 한자 혼용론은 공염불이 될 가능성이 크다. 요즘 같은 세상에 배우고자 하는 의지만 있으면 배우지 못할 것이 있는가? 굳이 학교에서 배우지 않아도 배울 길은 많다.

한자가 우리 글에서 사라지는 것은 시대의 흐름이다. 불과 한 세대 전에 문명의 이기라고 하던 것들은 박물관에서나 볼 수 있고, 컴퓨터를 손바닥에 들고 다니면서 궁금한 것이 있으면 그 자리에서 알 수 있는 시대에, 그리고 온갖 매체가 한글을 전용하는 시대에 소위 꼰대의 시각으로 지금 시대를 재고 있다. 걱정은 해도 바꾸지 않는 사람들이 꼰대다. 꼰대들보다 젊은이들이 영어는 훨씬 잘 하지 않는가? 그 젊은이들이 꼰대가 되면 그들 나름의 꼰대 짓을 할 것이다. 지금 당장 혼란스러워도 시간이 지나면 모든 것이 평형점을 찾게 마련이다.

위에서 언급했듯이, 당시 국민학교 4 학년 국어 교과서에서 느닷없이 '少年' 이라는 한자를 처음 접한 후 많은 한자를 배웠지만, '한자를 효율적으로 배웠으면 좋았겠다' 라는 아쉬움은 지금도 여전하다. 어떤 한자 학습 방법이 가장 효율적일까?

현재 한자의 수는 100,000 자나 되고, 『현대한어사전』 에는 60,000여 자의 한자가 실려 있다. 상형문자인 갑골문자에서 출발한 한자가 어떻게 이렇게나 많이 불어날 수 있었을까? 한자의 형성 과정을 크게 여섯 가지로 나눠 육서 (六書) 라고 하며, 상형 (象形), 지사 (指事), 회의 (會意), 형성 (形聲), 전주 (轉注), 가차 (假借) 가 그것이다. 상형은 어떤 물건의 모양을 본뜨는 것으로, 月, 火, 水, 木, 土, 日 따위가 예다. 지사는 글자의 모양이 어떤 사물의 위치나 수량을 가리키는 것으로, 上, 下, 一, 二, 三, 凹, 凸 따위가 예다. 회의는 둘 이상의 글자의 뜻을 모아 새로운 뜻의 한 글자를 만드는 방법으로, 日과 月이 합쳐 明이 되는 따위다. 형성은 두 글자를 합하여 새 글자를 만들 때, 한 글자는 모양 (形) 을, 다른 글자는 소리 (聲) 를 나타낸다. 예를 들어, 나무를 뜻하는 '木' 과 소리를 나타내는 '主' (주) 가 합하여 '기둥 柱' 가 되는 따위다. 전주는 어떤 글자의 뜻을 딴 뜻으로 바꾸는 것이다. 가끔 음이 바뀌기도 한다. 예를 들어, '樂' 이 '즐거울 락', '노래 악', '좋아할 요' 로 읽힌다. 중국어 발음은 각각 [lè], [yuè], [yào] 이다. 가차는 어떤 뜻을 나타내는 한자가 없을 때 뜻은 다르나 음이 같은 글자를 빌려 쓰는 방법으로, 원래 보리를 뜻하는 '來' 자를 빌려 '오다' 를 뜻하는 글자로 쓰는 따위이다.

한국 상용한자 1,800 자의 육서 비율은 상형자 200 자 (11%), 지사자 36 자 (2%), 회의자 429 자 (24%), 형성자 1,135 자 (63%) 이다. 두 글자를 합쳐서 만드는 회의자와 형성자의 비율은 87% 에 이른다. 중국 한자 전체로 보면, 90% 가 형성자이다. 한자를 상형문자라 부르지 않고 표어문자라 부르는 이유는 이러한 한자 조어 방법에서 기인한다.

한글의 자모와 영어의 알파벳 같은 부호가 한자에도 있는데, 부수 (部首) 라 부른다. 부수는 사전에서 한자를 배열하기 위해 고안된 개념으로, 한 무리 (部) 의 우두머리 (首) 또는 대표를 뜻한다. 여기서 '무리'란 각 한자마다 구성 요소를 추출해 그 중에서 뜻에 해당하는 부분이 비슷한 한자들을 말한다. 214 개의 부수가 있다. 글자의 왼쪽, 오른쪽, 위, 아래 따위에 위치하며, 각각 부르는 이름이 다르다. 또한, 위치에 따라 모양이 변하기도 한다.「부록 4」를 참조하기 바란다. '물 수 (水)'를 예로 들면, '강 강 (江)', '바다 해 (海)', '큰 바다 양 (洋)', '법 법 (法)' 따위에서 글자의 오른쪽 변에 점 세 개 모양으로 삼수변 (氵) 이라 부른다. 물의 변형인 고드름 또는 얼음을 나타내는 이수변 (冫) 과 대조된다.], '클 태 (泰)', '사나울 폭 (暴)' 따위에서는 글자의 발에 '氺' 모양으로, '논 답 (畓)'과 '샘 천 (泉)' 따위에서는 각각 글자의 머리와 발에 '水' 모양으로 온다. 모두 물과 관련된 단어들이다. '법 (法)'이 물과 무슨 관련이 있을까 의아해하겠지만, 法의 본자는 灋이었다. 이 글자는 '물 水, 해태 廌, 갈 去'를 합친 회의자이다. 여기서 해태는 전설상의 동물 해태를 말한다. 해태는 바르지 않은 자를 뿔로 들이받아 없애는 동물이다. 물은 평평하여 공평을 의미한다고 해석된다. 灋에서 廌는 사라지고 水와 去만 남아 法이 되었다.

부수에 대해 길게 얘기한 이유는 공교육이든 사교육이든 부수부터 가르치는 것이 한자를 가르치는데 가장 효율적인 방법이라고 생각하기 때문이다. 위에서 말한 아쉬움이란 부수를 어느 누구도 체계적으로 가르쳐 주지도 않았고, 스스로 배울 엄두도 내지 못해, 한자를 재미있게 배울 기회가 없었음을 말한다. 한자 부수를 배우는 것이 한자 학습의 첫 걸음이라고 생각한다. 나이는 상관없다. 어린아이부터 어른에 이르기까지 나이에 맞는 교재는 유튜브에 얼마든지 있다. 한자 부수의 대부분이 갑골문에서부터 출발하니, 그 뜻을 그림과 함께 익히면 더욱 효과적일 것이다.

우리나라 상용한자 1,800 자에는 175 개의 부수가 들어 있다. 175 개의 부수를 알면, 글자의 뜻을 정확히 모르는 상태에서도 1,800 자의 뜻을 어렴풋이나마 짐작할 수 있다는 말이다. 예를 들어, '초' 글자 草, 初, 礎, 招, 焦, 醋 를 보면, 풀, 옷감과 칼, 돌, 손, 불, 술 (酉는 원래 술이었으나 12 지지인 '닭 유'에게 글자를 빌려주고, 자신은 삼수변으로 뜻을 보충하여 酒가 되었다.) 과 관계있다고 짐작할 수 있다. 그러고 보면, 천자문을 소리부터 외는 것은 무식한 방법이었고, 느닷없이 '少年'을 들이밀어 한자를 익히게 하는 것은 더 무식한 방법이었다.

한자를 알고 모름은 개인의 경쟁력 문제이다. 한자를 알면 유익한 점을 몰라서 한자를 배우지 않을까? 사람들은 소위 스펙을 쌓기 위해 얼마나 많은 시간과 돈을 들이는가? 한자를 배우는 것은 가장 적은 시간과 돈을 들여서 쌓을 수 있고 가장 유용하게 쓸 수 있는 스펙이다. 만약, 학교에서 나이에 맞는 한자를 재미있게 가르치면, 단언하건대, 그 학생들은 사회에 나가서도 매우 경쟁력이 있는 사람이 될 것이다. 학교에서 가르치지 않는 경우, 개인적으로 배운다면, 언젠가 그 노고에 대해 충분히 보상받는다는 것을 장담한다.

부수 명칭과 부수 목록은 『나무위키』로부터 가져와 수정, 보완하였다. 각각 「부록 4」와 「부록 5」에 실었다.

꼭지 15. 알면 재미있는 한 글자 한자어

단독 품사 한 글자 한자어는 채 300 개가 안 된다. 대부분이 명사 계열이다. 그 가운데 재미있을 만한 여러 개를 골랐다. 독음 그 자체가 훈이 되는 경우가 많다. '과하다 (過一), 척지다 (隻一), 추하다 (醜一), 심하다 (甚一)' 처럼 접미사가 붙어야만 품사를 이루는 한 글자 한자어는 제외하였다. 어떤 글자에는 동음이의어도 있으나, 따로 적지 않는다. 『표준국어대사전』의 풀이와 예가 앞서고, 필요한 경우 해설이, 그리고 영어 번역어가 뒤따른다. 영어는 동사, 명사, 형용사, 부사(구)를 명확하게 구분하여 적지 않는다.

갑 匣 (갑 匣)
 ① 작은 상자. 예) 반지를 ~에 넣다.
 ② 형체가 완성된 도자기를 구울 때 담는 큰 그릇.

'담배 한 갑' 처럼 의존명사로도 쓰인다.
영어로 case, box, pack.

경 黥 (자자할 黥)
 ① 도둑을 다스리던 형벌의 하나.
 ② 호된 고통이나 꾸지람.

'이런 경을 칠 놈' 처럼, 보통 '치다' 와 결합해 '경을 치다' 로 쓰인다. 옛날 중국에 큰 죄를 지으면 이마에 먹물로 죄명을 이마에 새겨 넣는, 즉, 경을 치는 형벌을 받았다. 黥은 자자 (刺字) 로, 문신(文身) 이다.
영어로 severely punished.

곽 槨 (덧널 槨)

관(棺)을 담는 궤.

실생활에서 '우유곽'의 '곽'이 그 뜻으로 쓰이나, 이것은 원래 의미에서 많이 벗어났다.

영어에는 없는 단어다. 굳이 만든다면, coffin chest 정도.

귤 橘 (귤 橘)

귤나무의 열매. 둥글납작하고 붉은 빛임. 맛이 시고 달콤함. 껍질은 말려서 약재로 씀. 예) ~을 담은 상자.

영어로 mandarin, tangerine

기 氣 (기운 氣)

① 활동하는 힘. 또는 뻗어 나가는 기운. 예) ~가 세다. ~가 살다. ~가 왕성하다. ~를 꺾다. ~가 죽다. ~가 질리다. ~가 허하다.
② 숨 쉴 때 나오는 기운. 예) ~가 막히다. ~가 통하다.
③ 막연한 전체적인 느낌. 분위기. 예) 살벌한 ~가 돌다.

기(가) 꺾이다 【관용구】 기세가 수그러지다.

기(가) 나다 【관용구】 의욕이 일거나 기세가 오르다. 예) 기가 나서 덤벼들다.

기(가) 차다 【관용구】 하도 어이가 없어 말이 나오지 않다. 예) 기가 차서 말을 못하겠다.

기(를) 살리다 【관용구】 기를 펴고 뽐내도록 만들다. 예) 선수들의 기를 살리기 위해 응원가를 부르다.

기(를) 쓰다 【관용구】 있는 힘을 다하다. 예) 기를 쓰고 공부하다.

기(를) 펴다 【관용구】 억눌림이나 곤경에서 벗어나 마음을 편히 가지다. 예) 이제는 좀 기를 펴고 살 수 있겠지.

영어로 mental power, energy.

녹　綠 (푸를 綠)

산화 작용으로 쇠붙이의 표면에 생기는 물질. 예) ~을 닦아내다. ~이 나다. ~이 슬다.

영어로 rust.

농　弄 (희롱할 弄)

'농담'의 준말. 예) ~을 걸다. ~이 심하다. ~을 주고받다. ~으로 한 말이다.

영어로 joke, harrassment.

농　籠 (대바구니 籠)

① 버들채나 싸리 따위로 함처럼 만들어 종이를 바른 상자《옷 따위를 넣음》.
② 같은 크기의 궤를 2층 또는 3층으로 포개도록 된 가구《장(欌) 비슷한데 네 기둥과 개판(蓋板)이 없음》. 농상(籠欌).
③ '장롱(欌籠)'의 준말.

두음법칙이 적용되기 전의 발음은 '롱'이다. '농구 (籠球)'에서도 볼 수 있다.

영어로 closet, chest.

맥　脈 (혈맥 脈)

① '혈맥'의 준말. 예) ~을 찾아 주사를 놓다.
② '맥박'의 준말. 예) ~이 뛰다. ~을 짚다. ~이 고르다. ~이 약하다.
③ 〔광〕 '광맥'의 준말.
④ '맥락(脈絡)'의 준말. 예) ~을 같이하는 이야기. ~이 통하다. ~이 닿다. 전통의 ~을 잇다.
⑤ 〔식〕 '엽맥(葉脈)'의 준말.
⑥ 〔민〕 풍수지리에서, 지세에 정기가 흐르는 줄. 예) ~과 혈(穴). ~이 끊어지다.
⑦ 기운이나 힘. 예) ~을 잃고 드러눕다.

맥(도) 모르다【관용구】일의 속내나 까닭을 알지 못하다. 예) 맥도 모르고 덤비다.

맥(을) 놓다【관용구】긴장이 풀려 멍하게 되다. 예) 그 말을 듣고는 맥을 놓고 앉아 있다.

맥(을) 못 추다【관용구】힘을 쓰지 못하다. 예) 돈이라면 맥을 못 춘다.

맥(이) 빠지다【관용구】기운이나 힘이 없어지다. 예) 맥 빠진 얼굴을 하다.

맥(이) 풀리다【관용구】기운이나 긴장이 풀어지다. 예) 시험을 치르고 나니 온몸의 맥이 풀려 버린 것 같다.

영어로 energy, flow, context, mineral reserves.

보 洑 (보 洑)

① 논에 물을 대기 위해 둑을 쌓고 흐르는 냇물을 막아 두는 곳. 예) ~를 막다. ~를 쌓다.
② '봇물'의 준말.

Dam 으로 막힌 호수보다 작은 규모다.

영어로 reservoir.

보 褓 (포대기 褓)

① 물건을 싸거나 씌워 덮기 위해 네모지게 만든 천. 보자기. 예) 이불~. 책상을 흰 ~로 덮다.
② 가위바위보의 하나.

영어로 wrapping cloth.

우 愚 (어리석을 愚)

어리석음. 예) ~를 범하다.

영어로 stupidity, mistake

잔 盞 (잔 盞)

① 술·차·물 등의 음료를 따라 마시는 작은 그릇. 예) 커피가 든 ~을 들어 한 모금 마시다.
② '술잔'의 준말. 예) ~을 권하다. ~을 들다. ~에 술을 따르다.
③ (의존 명사적으로 쓰여) 술이나 음료가 든 잔의 수를 세는 단위. 예) 우유 한 ~.

잔(을) 기울이다 【관용구】 술잔에 따라 놓은 술을 마시다.

잔(을) 돌리다 【관용구】
㉠ (술잔을 비운 뒤 상대편에게) 잔을 권하다.
㉡ 술잔 하나로 좌중에 차례로 돌려 가며 술을 권하다.

잔(을) 받다 【관용구】 돌리거나 권하는 술잔의 술을 받다.

영어로 mug, glass, cup

전 煎 (달일 煎)

번철에 기름을 두르고, 생선·고기나 채소 따위를 얇게 썰어 밀가루를 묻혀 지진 음식의 총칭. 예) ~을 부치다.

영어로 pan-fried battered (달걀이나 밀가루를 힙힌) 을 기본으로 뒤에 fish fillet (생선), pollack fillet (동태 절편) 을 붙여 말을 만든다. pan-fried battered fish fillet (생선전), pollack fillet (동태전).

죽 粥 (죽 粥)

곡식을 물에 오래 끓여 알갱이가 흠뻑 무르게 만든 음식.

영어로 porridge.

즙 汁 (즙 汁)

물체에서 배어 나오거나 짜낸 액체. 액즙. 예) ~을 내다. ~을 짜다.

영어로 juice.

진 津 (나루 津)

① 풀이나 나무의 껍질 등에서 분비되는 끈끈한 물질.

② 수증기·연기 또는 눅눅한 기운이 서려서 생기는 끈끈한 물질. 예) 담뱃대에 ~이 가득 차다.

진(을) 빼다【관용구】기진맥진할 정도로 힘이나 정력을 다 써 없애다. 예) 그깟 일로 진을 빼지 말고 아예 그만둬라.

진(이) 빠지다【관용구】실망하거나 싫증이 나서 더 이상 의욕을 상실하다. 또는 힘을 다 써서 기진맥진해지다.

텃말인 줄 알았는데 의외다. 한자로는 도저히 그 뜻을 짐작하기 힘들다. '농도가 또는 빛깔이 진하다' 의 '진하다'는 '津하다' 이다. 위 관용구에서 '기진맥진'은 한자로 '氣盡脈盡'이다. '津'과 아무 상관이 없다.
영어로 resin, sap, filth. '진이 빠지다'는 exhausted, mentally drained.

체 滯 (막힐 滯)

'체증'의 준말.

'교통체증'에서 볼 수 있다.

영어로 indigestion. '교통체증'은 traffic jam.

초 醋 (초 醋)

조미료의 하나 《3-5%의 초산을 함유하여, 시고 약간 단맛이 있는 액체》. 식초. 예) 마늘을 ~에 절이다.

초(를) 치다【관용구】한창 잘되어 가는 일에 방해를 놓아 일이 잘못되거나 시들해지게 만들다. 예) 남 하는 일에 괜히 초 치지 마라.

영어로 vinegar. '초를 치다'는 spoil the mood.

초 燭 (촛불 燭)

불을 밝히는 데 쓰는 물건의 하나. 밀랍·백랍(白蠟)·쇠기름 등을 원료로 끓여서 여러 모양으로 굳혀, 실 따위로 그 가운데에 심지를 박음. 예) ~ 한 자루. ~를 켜다. 성냥불로 ~에 불을 붙이다.

촉(燭)에서 ㄱ이 떨어져 생긴 낱말이다. '청사초롱(靑紗一籠)'의 '초籠'도 '靑紗燭籠'이다. 실생활에서 쓰는 말 '화촉(華燭)을 밝히다'에서 볼 수 있다. 지금은 안 쓰는 말이지만 '촉광(燭光)'의 준말로, '100 촉짜리 전구'처럼 의존명사로도 쓰였다.

영어로 candle.

촉 鏃 (화살촉 鏃)

긴 물건의 끝에 박힌 뾰족한 물건의 총칭. 예) 화살~. 연필 ~.

영어로 point, nib.

축 逐 (쫓을 逐)

바둑에서, 끝까지 단수에 몰려 잡히게 된 경우. 또는 그 수. 예) ~에 걸리다. ~으로 몰다.

영어로, 바둑 용어 ladder.

칠 漆 (옻 漆)

① '옻칠'의 준말.

② 겉에 발라 썩는 것을 막거나 광택이나 색깔을 내는 데 쓰는 물질. 또는 그것을 바르는 일. 예) ~이 벗겨지다. 크레용을 ~하다.

영어로 lacquer, paint.

탈 頉 (탈 頉)

① 변고나 사고. 예) ~ 없이 지내다.

② 몸에 생긴 병. 예) 몸에 ~이 생기다. ~이 나서 누워 있다. 아이가 ~ 없이 무럭무럭 자라다.

③ 트집이나 핑계. 예) ~을 잡으려고 안달이 났다. ~ 잡힐 일일랑 하지 마라.

④ 결함이나 허물. 예) 그는 말이 많은 게 ~이다.

영어로 trouble, fault.

태 態 (모습 態)

① 맵시. 예) ~가 잘 나지 않다.

② 겉에 나타난 모양새. 예) 고상한 ~가 나는 노신사.

③ 일부러 꾸미는 태도. 예) 멋 부린 ~가 없다. 늙은 ~를 내다.

'태'는 뒤에 '나다'를 써서 '그는 어떤 옷을 입어도 태가 난다.' 와 같이 쓴다.

영어로 '태가 나다' 는 look good (or beautiful or nice).

통 桶 (통 桶)

물이나 물건 따위를 담는 그릇의 총칭. 예) ~에 물을 붓다.

영어로 cask, container

투 套 (씌울 套)

① 버릇이 된 일. 예) 말하는 ~가 좋지 않다.

② 일의 법식. 예) 편지 ~로 쓴 글.

③ 무슨 일을 하는 품이나 솜씨. 예) 하는 ~가 많이 해 본 사람이다.

영어로 '말투' 는 parlance. 보통 habit.

패 牌 (패 牌)

같이 어울린 동아리. 예) ~를 짓다. ~를 가르다. 그런 ~들과는 어울리지 마라.

같은 한자, 다른 뜻으로 화투나 투전에서, 각 장. 또는 그것이 나타내는 끗수 따위의 내용. 예) ~가 나쁘다. ~를 돌리다.

영어로 group, party.

폭 幅 (폭 幅)

종이·피륙·널 같은 조각 또는 그림·족자를 세는 단위. 예) 열두 ~ 병풍. 한

~의 그림 같다.

같은 한자, 다른 뜻으로 '강폭이 넓다' 처럼 '너비' 의 뜻이 있다.
보통, 멋진 풍경을 볼 때 그냥 '그림 같다' 라고 하지 않고, 꼭 '한 폭의 그림 같다' 라고 한다. 영어로 할 때, 폭에 신경 쓰지 말고, 단순히 'magnificent scenery' 라고 표현할 수 있다.

풍 風 (바람 風)

① 정신 작용·근육 신축·감각 등에 탈이 생긴 병. 예) ~에 걸리다. ~이 들다.
② 원인 불명의 살갗의 질환.

같은 한자, 다른 뜻으로 '허풍'의 준말로 쓰인다. 예) 그놈은 밤낮 ~만 떨고 다닌다. 워낙 ~이 센 사람이라 통 믿을 수가 없다.
영어로 stroke.

필 疋 (짝 疋)

일정한 길이로 짠 피륙을 셀 때 쓰는 단위《30자가 1필임. 광목·옥양목은 특히 '통'이라 부름》. 예) 명주 한 ~.

같은 발음, 다른 한자로 '말 한 필' 의 짝 匹, '대지 한 필' 의 붓 筆, '납세필' 의 마칠 畢이 있다.
영어로 roll.

허 許 (허락할 許)

① 그쯤 되는 곳. 예) 십 리~ 떨어진 곳.
② 평교(平交) 이하의 사람에 대한 편지나 적발에서, 성명 뒤에 써서 '앞'의 뜻을 나타내는 말.

경상도 민요 '성주풀이' 의 '낙양성 십리허에 높고 낮은 저 무덤은' 이란 가사에 '허' 가 나온다.

영어로 around, near.

혼 魂 (넋 魂)

넋. 얼. 정신. 영혼. 예) 작가의 ~이 담긴 작품이다.

혼(을) 뽑다 【관용구】
㉠ 몹시 혼나게 하다.
㉡ 정신이 나가 얼떨떨하게 만들다.

혼(이) 나가다(빠지다)【관용구】 정신이 정상적인 상태에서 벗어나 무엇을 알아차리지 못하고 어리벙벙해 하다. 예) 혼이 나간 사람처럼 멍청히 있다.

혼(이) 뜨다【관용구】 정신을 잃을 정도로 몹시 놀라다.

제일 많이 쓰이는 '혼나다 (魂―)' 는 '호되게 꾸지람을 듣거나 벌을 받다.' 이다. '혼구멍을 내주다', '혼쭐이 나다' 의 '혼' 도 '魂' 이다.

영어로 soul, spirit.

화 火 (불 火)

① '화기(火氣)'의 준말.
② 오행의 하나.
③ 못마땅하거나 언짢아서 나는 성. 예) ~를 내다. ~가 치밀다.

화가 머리끝까지 나다 (치밀다)【관용구】 극도로 화가 나다.

영어로 anger, rage.

회 膾 (회 膾)

물고기·고기 등을 날로 잘게 썰어서 먹는 음식《초고추장·간장 등에 찍어 먹음》. 예) ~를 뜨다. ~를 쳐 먹다.

영어로 sliced raw fish.

흠 欠 (하품 欠)
① 물건이 이지러지거나 깨어지거나 상한 자리. 예) 가구에 ~이 나다.
② 사람의 인격이나 행동 따위에 나타나는 잘못된 점이나 흉이 되는 점. 예) ~이 없는 사람은 없다. 명성에 ~이 가다.
③ 어떤 사물의 모자라거나 잘못된 부분. 하자(瑕疵). 예) 공사의 ~이 드러나다. 물건은 좋은데 비싼 게 ~이다.

한자 뜻으로는 그 쓰임을 짐작할 수 없다.
영어로 scratch, flaw.

꼭지 16. 알면 재미있는 두 글자 한자어

어려운 한자어임에도 불구하고 일상에서는 쉽게 쓰는 두 글자 한자어, 또는 유사 두 글자 한자어를 적는다. 사람에 따라서 쉬운 단어도 포함된다. '하다', '히' 등의 어미와 결합해 동사, 형용사, 부사로 쓰이는 것이 많다. 『표준국어대사전』의 풀이와 예가 앞서고, 필요한 경우 해설이, 그리고 영어 번역어가 뒤따른다. 영어는 동사, 명사, 형용사, 부사(구)를 명확하게 구분하여 적지 않는다.

가령 假令 (거짓 假, 하여금 令)

예를 들면. 이를테면 (가정해서 말할 때 쓰는 말). 가사 (假使). 예) ~ 복권이 당첨된다면 그 돈을 어디에 쓸까.

영어로 suppose, for example.

가량 假量 (거짓 假, 헤아릴 量)

수량을 대강 어림쳐서 나타내는 접미사. 쯤. 예) 열 명~ 모였다. 식수 (食水) 가 얼마~ 필요한가.

접미사이므로 앞말에 붙여 쓴다. '정도 (程度)'로 바꿔도 무빙하다. 다만, '정도'는 띄어 쓴다. '약 (約)'이란 말과 함께 올 수 없다. '약 10 일가량'은 틀린 말이다.

영어로 about, around.

감히 敢히 (감히 敢, -)

① 두려움이나 송구함을 무릅쓰고. 예) ~ 아뢰다.

② 말이나 행동이 주제넘게. 예) 뉘 앞이라고 ~ 그런 말을 하느냐.
③ (주로 '못하다'와 함께 쓰여) 함부로. 만만하게. 예) 선생님이 어려워서 ~ 얼굴도 못 들다.

영어로 darely, imprudently.

건달 乾達   (하늘 乾, 통달할 達)
① 하는 일도 없이 건들거리는 짓. 또는 그런 사람. 예) ~ 노릇을 하다.
② 아무것도 가진 것 없이 난봉을 부리고 돌아다니는 사람. 예) ~들이 행패를 부리다.
③ 아무것도 가진 것이 없는 빈털터리.

불교 용어 건달바 (乾達婆) 에서 유래했다. 건달바는 산스크리트어 Gandharva의 음역이다. Gandharva는 수미산 남쪽의 금강굴에 살며, 술과 고기는 입에 대지 않고 향 (香) 만 먹고 하늘을 날아다니는 음악 담당 신 (神) 이다. 향신 (香神) 이나 후향 (嗅香) 등으로 번역된다.

영어로 scamp, wastrel.

고초 苦楚   (쓸 苦, 회초리 楚)
고난. 예) 갖은 ~를 겪다. ~가 심하다.

苦는 쓴 풀, 즉, 씀바귀를 뜻한다. 楚는 수풀 림 (林)과 발 족 (足)의 조합형으로 '우거지다' 라는 뜻이고, 초나라 초 또는 회초리 초로 쓰인다. 다른 뜻으로, 가시나무를 가리킨다. 고초는 씀바귀와 가시나무를 가리키고, 어려움 또는 아픔을 의미한다.

영어로 suffering, ache.

곤란 困難　(곤할 困, 어려울 難)

사정이 매우 딱하고 어려움. 또는 그런 일. 예) ~한 문제. 생활이 ~하다

困難의 원음은 '곤난' 이다. 활음조 현상 (발음하기 어렵거나 좋지 못한 소리를 발음하기 편리하도록 바꾸어 사용하는 것) 으로 인해, '곤란' 으로 읽는다. 이와 비슷한 경우의 낱말로 논란 (← 논난 論難) 이 있다.

困자는 囗자와 木자가 결합한 글자로, 본래, '문턱' 이나 '문지방 (門地枋)' 이라는 뜻으로 쓰였다. 나중에, 본래의 의미는 사라지고, '지치다' 나 '어렵다' 라는 뜻으로 바뀌었다. 짐이나 농기구를 끌어서 옮길 때, 문턱이 문제이고, 밥상을 들고 방으로 들어갈 때, 문지방이 문제이다.

영어로 difficulty. 문지방은 threshhold.

관건　關鍵　(관계할 關, 열쇠 鍵)

① 빗장과 자물쇠.
② 어떤 사물이나 문제 해결의 가장 중요한 부분. 핵심. 예) 문제 해결의 ~ 을 쥐고 있다.

關자는 門 (문 문) 자와 絲 (실 사) 자, 丱 (쌍상투 관) 자가 결합한 모습이다. 여기서 丱자는 의미와는 관계없이 모양 역할만 하고 있다. 關자의 금문을 보면, 중간에 점이 찍힌 막대기 두 개가 門자에 세로로 걸려있나. 문을 빗장으로 잠갔다는 표현이다. 關자의 본래 의미는 빗장이다. 후에 '관계하다' 라는 뜻으로 파생되었다.

영어로 key.

괄시　恝視　(근심 없을 恝, 볼 視)

업신여김. 괄대. 예) 없이 산다고 ~하지 마라.

恝은 거의 쓰이지 않는 글자이다. '소홀히 하다' 또는 '푸대접하다' 의 뜻이 있다.

영어로 ignore, disregard.

구속 救贖   (구원할 救, 속죄할 贖)

예수가 십자가의 보혈(寶血)로 인류의 죄를 대신 씻어 구원한 일. 대속 (代贖).

우리가 흔히 알고 있는 구속 (拘束) 과 달라서 이 말을 골랐다. 贖은 '재물을 바쳐서 형벌을 면하다', 즉, '속 바치다', '속죄하다', 또는 '형벌을 면하기 위해서 바치는 재물' 이라는 뜻으로 쓰인다. 救贖의 의미는 '값을 치르고 사다' 라는 뜻이다. 특별히 노예를 사서 자유를 주는 것을 일컫는 말로 사용되었다. 기독교의 '나를 구속하신 주님' 은 '예수가 몸을 바쳐 우리 죄를 면하게 했다' 는 말이다.

영어로 redemption.

굴지 屈指   (굽힐 屈, 가리킬 指)

① 무엇을 셀 때, 손가락을 꼽음.
② (주로 '굴지의'의 꼴로 쓰여) 여럿 가운데서 손가락을 꼽아 셀 만큼 아주 뛰어남. 예) 한국 ~의 실업가.

영어로 prominent, outstanding.

귀감 龜鑑   (거북 龜, 거울 鑑)

거울로 삼아 본받을 만한 모범. 예) ~이 되다. ~으로 삼다.

거북은 거북등을 말하고, 거울은 청동거울을 말한다. 거북등은 길흉을 점치고, 청동거울은 사물의 모습을 비춘다는 데서 유래해, 본받을 만한 본보기 또는 모범을 가리킨다.

영어로 role model.

귀추 歸趨　　(돌아갈 歸, 달아날 趨)
일이 되어 나가는 형편. 귀착하는 곳. 예) ~가 주목되다.

歸와 趨는 글자 뜻으로는 서로 반대이다. '상황', '결과' 의 뜻이다. '귀추가 주목되다' 라는 말은 '어떤 상황 또는 결과가 상당한 눈길을 끌다' 또는 '어떤 상황 또는 결과에 많은 관심이 쏠린다' 라는 뜻이다.

영어로 development, consequence, detail.

금방 今方　　(이제 今, 모 方)
① 이제 방금. 예) ~ 구워 낸 빵. 예) ~ 밥을 먹었다.
② 조금 뒤에 곧. 예) ~ 온다. 예) ~ 눈이 내릴 것 같다.
③ 순식간에. 예) 합격 소식에 ~ 얼굴이 환해졌다.

영어로 soon.

노점 露店　　(이슬 露, 가게 店)
길가의 한데에 물건을 벌여 놓고 장사하는 곳. 예) ~ 상인.

露는 '드러나다' 의 뜻이다. 거리 장사라 路店일 것 같지만, 아니다.

영어로 roadside stall, booth.

노출 露出　　(이슬 露, 날 出)
① 겉으로 드러나거나 드러냄. 예) 감정 ~. 허점을 ~하다. 위험에 ~되다. ~이 심하다.

② 사진술에서, 촬영할 때 필름, 건판 (乾板) 등의 감광면 (感光面) 에 적당한 양의 빛을 쬐는 일. 노광 (露光). 예) 빛의 ~. ~을 줄이다.

露도 出도 '드러나다' 의 뜻이다.

영어로 reveal, expose.

농구 籠球 (대바구니 籠, 공 球)

다섯 사람씩 두 팀으로 나뉘어, 상대편의 바구니 (바스켓) 에 공을 던져 넣어 득점을 겨루는 경기.

籠은 대바구니를 뜻한다.

영어로 말 그대로 basketball.

단지 但只 (다만 但, 다만 只)

다만. 오직. 예) 자신 있는 과목은 ~ 국어밖에 없다.

영어로 merely, only.

대저 大抵 (클 大, 막을 抵)

대체로 보아. 대컨. 무릇. 예) ~ 교육은 나라의 백년지계이다.

영어로 in general, generally speaking.

도구 道具 (길 道, 갖출 具)

① 일에 쓰는 여러 가지 연장. 예) 가재 ~. 취사 ~. 청소 ~. 세면 ~. 인간은 ~를 사용하는 동물이다.
② 어떤 목적을 이루기 위한 수단이나 방법. 예) 출세의 ~로 삼다. 문학을 정치의 ~로 이용하다.
③ 불도를 닦는 데 쓰는 기구 [불상 (佛像), 바리때 따위].

원래, 위 ③ 의 불교 용어로부터 출발한 말이다.

영어로 equipment.

도모 圖謀   (그림 圖, 꾀 謀)

어떤 일을 이루려고 수단과 방법을 꾀함. 예) 동료 간의 친목을 ~하다.

텃말로 좋은 의미의 '꾀하다' 로 보면 된다. 圖는 '그림' 이외에 '꾀하다' 의 뜻이 있다. '시도하다' 의 '도' 역시 圖로, '시도' 는 한자로 試圖이다.

영어로 plan, devise.

도배 塗褙   (칠할 塗, 속적삼 褙)

도배지로 벽이나 반자 (천장) 등을 바름. 예) 천장을 ~하다.

한자로는 뜻을 알 수 없다. 褙자는 무척 희귀한 글자로, 겨울철에 부녀자 (婦女子) 가 저고리 위에 덧입는 옷인 배자 (褙子) 에서 보이는 정도이다. 참고로, '장판', '천장' 은 한자어로, 각각 壯版, 天障이다.

영어로 papering.

득달 得達   (얻을 得, 통달할 達)

목적한 곳에 다다름. 목적을 달성함.

실생활에서 '득달같이' 란 말을 사용하는데, '잠시도 지체하지 않고' 라는 뜻이다.

영어로 immediately, without delay.

만화 漫畫   (흩어질 漫, 그림 畫)

① 이야기 따위를 간결하고 익살스럽게 그린 그림 (대화를 삽입하여 나타냄). 만필화. 예) ~를 연재하다.
② 붓 가는 대로 아무렇게나 그린 그림.
③ 사물이나 현상의 특징을 과장하거나 단순화해서 인생이나 사회를 풍자, 비평한 그림. 예) 시사 ~.

일본에서 만든 말. '漫'이 재미있고 특이해서 이 말을 골랐다. '대충 그린 그림'이란 뜻이다. 신문이나 잡지에 실리는 짧은 만화는 comics. 만화책은 comic book. cartoon은 보통 애니메이션 만화를 가리킨다. 한국에서 만든 영어인 웹툰 (webtoon) 은 웹 (web) 과 카툰 (cartoon) 의 합성어로, 인터넷에 연재되는 디지털 만화를 가리킨다.

영어로 comics, cartoon.

망라 網羅   (그물 網, 벌일 羅)

물고기나 새를 잡는 그물이란 뜻으로, 널리 구하여 모두 받아들임의 일컬음. 예) 정계의 거물들을 거의 ~하다. 모임에 명사들이 ~되다.

羅는 그물의 뜻도 있다. '망' 은 물고기를 잡는 그물이고, '라' 는 새나 날짐승을 잡는 그물이다. 천라지망 (天羅地網) 이라는 말이 있다. 하늘에는 새 그물을 치고, 땅에는 물고기 그물을 쳤으니, 빠져나갈 곳이 없다는 뜻이다.

영어로 encompass.

목로 木壚   (나무 木, 흑토 壚)

주로 선술집에서, 술잔을 벌여 놓기 위하여 널빤지로, 좁고 기다랗게 만든 상 (床).

壚는 기름진 흙을 뜻하기 때문에, 한자로 목로의 뜻을 짐작하기 어렵다.

1980년대 대중가요「목로주점」의 '목로'이다. 그 노래의 가사에 나오는 백열등(白熱燈)과 함께 지금은 죽은 말이 되었다. 그래서 이 말을 골랐다. 「목로주점」(L'Assommoir) 에밀 졸라의 1877년 장편소설이기도 하다.

영어로 해당되는 말은 없다. '목로주점'은 bar.

무려　無慮　(없을 無, 생각할 慮)

어떤 수효를 말할 때, 그 수가 예상보다 상당히 많음을 나타내는 말. 예) 사상자가 ~ 수천 명에 달했다. 물가가 한 달 새에 ~ 두 배나 올랐다.

영어로 whopping. 와핑. 버거킹 와퍼와 발음이 비슷하다. 항상 'a'가 앞에 온다. '자그마치'의 경우에도 쓰인다. 예) Whopper sales grew a whopping 50 percent. 와퍼 판매액이 무려 50% 늘었다.

물론　勿論　(말 勿, 논할 論)

말할 것도 없음. 말할 것도 없이. 무론. 예) 그야 ~이지. 나는 ~이고 가족이 모두 투표에 참가했다. ~ 가고말고.

영어로 of course, certainly.

미안　未安　(아닐 未, 편안 安)

① 마음이 편하지 못하고 거북함. 예) 약속을 못 지키게 되어 ~하다.
② 남에게 대해 부끄럽고 겸연쩍음. 예) 이거 참 ~합니다.

영어로 Sorry!, apology.

박자　拍子　(칠 拍, 아들 子)

곡조의 진행하는 시간을 헤아리는 단위 (보통 마디를 단위로 표시함). 예) 4

분의3 ~. ~가 느리다. ~를 맞추다. 한 ~를 쉬다.

拍子는 원래 토기를 만들 때 바탕흙을 두드려 단단하게 하는 데 쓰던 연장. 손잡이가 달린 편편한 나무판으로, 여러 가지 무늬가 새겨져서 두드릴 때 그릇 겉면에 무늬를 내기도 한다. 음악과 연결된 정확한 이유는 알 수 없다.

영어로 beat, time, meter.

배구 排球 (밀칠 排, 공 球)
구기(球技)의 하나. 직사각형의 코트 중앙에 네트를 사이에 두고 두 팀이 상대하여, 공을 땅에 떨어뜨리지 않고 손으로 패스하여 세 번 안에 상대편 코트로 넘기는 경기.

排자는 일상에서 잘 쓰이지 않는 글자이다. 우리가 아는 排자 낱말은 배척(排斥), 배출(排出), 배설(排泄) 이다.

영어로 volleyball. 스포츠 용어 volley는 '공이 땅에 닿기 전에 치거나 또는 차는 것'을 의미한다.

복종 服從 (옷 服, 좇을 從)
남의 명령이나 의사에 그대로 따름. 예) ~을 요구하다. 상관에게 ~하다.

服자가 의외다. 원래, 갑골문의 뜻은 배(舟) 앞에 꿇어앉은 죄인의 머리를 뒤에서 잡고 있는 모습이다. 舟가 月로 바뀌어서, 본래의 의미를 잃었다. 굴복(屈服) 또한 마찬가지다. 나중에 옷이란 의미가 파생되었다.

영어로 obey, yield.

분식 粉飾 (가루 粉, 꾸밀 飾)

① 내용이 없이 거죽만을 좋게 꾸밈.
② 실제보다 좋게 보이려고 사실을 숨기고 거짓으로 꾸밈.

일본식 한자어. 분식이 들어가는 낱말은 분식회계 (粉飾會計) 가 유일하다. 분식회계는 기업이 부당한 방법으로 그 재정 상태나 경영 실적을 실제와 다르게 정부에 기록하는 일을 말한다. 그냥 '회계조작' 또는 '가짜회계'란 말을 쓰면 될 일이지, 어려운 말, 그것도 밀가루 음식인 분식 (粉食) 과 헷갈리는 말을 굳이 빌려다 쓰는 이유는 뭘까? 이 꼭지에서 알아도 재미없는 유일한 낱말이다.

영어로 accounting fraud.

비난 非難 (아닐 非, 어려울 難)
남의 잘못이나 흠을 책잡아 나쁘게 말함. 예) ~을 받다. ~을 사다. ~이 일다. 원색적으로 ~하다.

한자로 보아서는 그 뜻을 짐작하기 어렵다. 참고로, 비슷한 말 '비방'의 한자는 誹謗 (헐뜯을 誹, 헐뜯을 謗) 이다. 의미가 약간 다른 말 '비판'의 한자는 批判 (비평할 批, 판단할 判) 이다.

영어로 criticism, blame.

비단 非但 (아닐 非, 다만 但)
'다만'의 뜻. 부정의 경우에 씀. 예) ~ 개인의 문제일 뿐 아니라.
'아니다' 따위의 부정하는 말 앞에 쓰여, '다만', '오직'의 뜻을 나타내는 말이다. 한자의 뜻으로는 '다만'이 아닌데, 말의 뜻은 '다만' 이다.

영어로 not only, simply, merely.

빙자　憑藉　　(기댈 憑, 깔개 藉)

① 남의 힘을 빌려서 의지함. 예) 공권력을 ~한 보복은 막아야 한다.
② 말막음을 위하여 핑계로 내세움. 예) 신병을 ~하여 결석하다. 혼인 ~ 혐의를 받다.

'기대어 의지하다'의 뜻이다. 憑자는 '빙의 (憑依)'에서, 藉자는 '소문 (所聞) 이 자자하다 (藉藉一)'에서 볼 수 있다.

영어로 depend, rely.

생략　省略　　(살필 省, 간략할 略)

줄이거나 뺌. 예) 이하 ~. 긴 설명을 ~하다.

省은 '덜어내다', '줄이다'의 뜻도 있으며, 이 경우, '성'으로 읽지 않고 '생'으로 읽는다. 略자는 '각자'라는 뜻을 가진 各자에 田자를 결합한 것으로 본래는 각자의 논밭을 구분한다는 뜻으로 만들어졌다. 하지만 후에, '빼앗다'로 바뀌고, '어떠한 것을 간략하게 한다'는 의미까지 더해졌다. '생략'은 현재 실생활에서 '생'자가 들어가는 유일한 낱말이다.

영어로 omit, abbreviate.

소박　疏薄　　(소통할 疏, 엷을 薄)

처나 첩을 인정 없이 모질게 대함. 예) ~을 당하다. 조강지처를 ~하다.
疏는 '서로의 간격이 뜨다'로 親의 반대말. '소원(疏遠)하다'에서 볼 수 있다. 薄은 '엷다'로 厚의 반대말. '야박 (野薄) 하다', '박대 (薄待) 하다'에서 볼 수 있다. 疏薄은 '멀리하고, 야멸차고, 인정이 없다'라는 말이다.

영어로 abuse, abandon.

속절 俗節 (풍속 俗, 마디 節)

제삿날 외에 철에 따라 사당이나 선영(先塋)에 차례를 지내는 날 (음력 설날이나 한식, 단오, 추석 따위).

우리는 보통 '없다' 를 붙여 '속절없다', 즉, '어찌할 도리가 없다' 는 뜻으로 쓰지만, 한자만 보면, 그 뜻을 짐작하기 어렵다.

영어로 '속절없이' 는 helplessly.

손색 遜色 (겸손할 遜, 빛 色)

(주로 '없다'와 함께 쓰여) 서로 견주어 보아 못한 점. 예) 가전제품은 외국 제품과 비교해도 전혀 ~이 없다.

겸손과 아무 관계가 없다.

영어로 fault, inferiority.

수염 鬚髥 (수염 鬚, 구레나룻 髥)

① 성숙한 남자의 입가·턱·뺨에 나는 털. 나룻. 예) ~을 깎다. ~을 기른 노인.
② 벼·보리·옥수수 등의 낟알 끝 또는 사이에 난 까끄라기나 털 모양의 것.
③ 동물의 입 근처에 난 뻣뻣하고 긴 털

엄청 어려운 한자로, 이 단어 이외는 쓰이지 않는다.

영어로 beard, mustache (콧수염).

시방 時方 (때 時, 모 方)

지금. 예) ~도 가고 있다. ~ 하고 있는 일.

영어로 now.

앙숙 怏宿　(원망할 怏, 잘 宿)

앙심 (怏心) 을 품고 서로 미워하는 사이. 예) 그들은 서로 ~이다.

宿은 '숙환 (宿患; 오래 묵은 병)' 에서 볼 수 있듯이, '묵은' 의 뜻이다. 앙숙은 단순한 경쟁 관계가 아니라, 원망 (怨望) 이 오래된 사이를 말한다.

영어로 being like cats and dogs.

야단 惹端　(이끌 惹, 끝 端)

① 떠들썩하고 부산하게 일을 벌임. 예) ~을 부리다. 반갑다고 끌어안고 ~이다.
② 소리를 높여 마구 꾸짖는 일. 예) 덜렁거리면 ~하신다.
③ 난처하거나 딱한 일. 예) 그거 참 ~인데.
④ '야기요단(惹起鬧端)'의 준말. 그런 행동을 한 사람이 섭섭하게 여겨져 언짢음.

불교 용어 '야기요단' 에서 유래했다. '야기요단' 은 '시비의 단초를 던지다' 의 뜻이다. 설법을 듣거나 불경을 읽는 법석 (法席) 에서 무슨 일의 단서 (端緖) 가 야기 (惹起) 되어 매우 소란한 형국이 되었다는 데서 '야단 (惹端)' 이라는 말이 나왔다. '惹起鬧端' 의 '鬧' 는 '시끄러울 료' 이다. '야단' 과 '법석' 을 합해, '시끄럽고 소란스러운' 뜻인 야단법석 (惹端法席) 이란 말이 나왔다. 한편, 또 다른 야단법석 (野壇法席; 야외에 단을 마련하여 부처의 말씀을 듣는 자리) 의 뜻도 '시끄럽고 소란스러운' 뜻이나, 시끄러운 이유가 약간 다르다. 시비가 일어 시끄러운 것은 惹端法席이고, 단순히 사람이 많이 모여 시끄러운 것은 野壇法席이다.

영어로 uproar, scold.

양말 洋襪   (바다 洋, 버선 襪)

맨발에 신도록 실이나 섬유로 짠 것. 예) 털실로 짠 ~. ~을 신다.

풀이하면, 서양식 버선이라는 뜻이다. 襪은 처음 보는 글자이다. 衤(옷의변 의) +蔑(업신여길 멸). 蔑자도 흔하지 않으며, 蔑視 (멸시), 경멸 (輕蔑), 모멸 (侮蔑) 에서 볼 수 있다.

영어로 socks.

애로 隘路   (좁을 隘, 길 路)

① 좁고 험한 길.
② 일을 진행하는 데 방해가 되는 점. 지장. 예) ~ 사항. ~가 있다. 일하는 데 ~가 많다.

발음이 비슷한 '에로 (ero)' 와 함께 포털 검색에선 '19금' 취급을 받는다.

영어로 bottleneck.

애매 曖昧   (희미할 曖, 어두울 昧)

희미하여 분명하지 않음. 예) ~한 대답.

모호 (模糊: 풀칠하여 흐릿함) 와 같은 말이다. 뜻에 있어서, 일본식 힌자이다. 중국 고전에서 '떳떳하지 못하다', 우리 고전에서 '억울하다' 의 뜻으로 쓰였다.

영어로 ambiguous.

액자 額子   (이마 額, 아들 子)

그림이나 글, 사진 따위를 끼우는 틀.

額자가 들어간 말로 금액 (金額), 편액 (扁額), 액면 (額面), 액수 (額數) 가 있다. 額의 뜻을 그대로 살린 낱말이 이마와 얼굴, 즉, 겉모습을 뜻 하는 '액면' 이다. 틀의 출발은 편액 (현판) 이다. 편 (扁) 자는 원래 서 (署) 의 뜻으로, 건물의 문 (門) 과 처마 사이에 건물 명칭을 제서 (題書) 함을 가리키며, 액 (額) 자는 이마를 뜻한다. 건물의 이마는 문과 처마 사이이다. 편액은 글씨를 쓴 널빤지와 그것을 둘러싸는 틀로 이루어진 다. 나중에 額이 그 틀만을 의미하게 되었다. 子는 물건을 뜻하는 접미 사이다. 지폐의 틀에 해당하는 부분에 적힌 숫자를 액수라 한다. 금액은 돈의 액수이고, 확장해서 값을 가리킨다. 주식의 액면가는 액면 (중의적 으로, 앞면 또는 금액이 적힌 면) 에 적힌 가격을 말한다.

영어로 frame.

억울 抑鬱   (누를 抑, 답답할 鬱)
① 억제를 받아 답답하다.
② 애먼 일을 당해 분하고 답답하다. 예) 억울하게 당하다.

보통 ②의 뜻으로 쓰인다. 억울할 때 답답함을 누르고 있으려면 얼마나 억울할까?

영어로 보통 unfair 라고 하나, 상황마다 설명하는 식으로 표현할 수 있다.

여운 餘韻   (남을 餘, 운 韻)
① 어떤 일이 끝난 뒤에 아직 가시지 않고 남아 있는 느낌이나 정취. 예) 감 동의 ~을 남기다.
② 떠난 사람이 남겨 놓은 좋은 영향.
③ 여음(餘音).

한자를 보면 어떤 사람인지 말을 잘 만들었다는 생각이 든다.

영어로 afterglow, lingering feeling.

역시 亦是   (또 亦, 이 是)

① 또한. 예) 나 ~ 몰랐다.
② 전에 생각했던 대로. 예) ~ 네가 제일이구나.
③ 전과 마찬가지로. 예) 오늘도 ~ 엄마는 마중을 나오셨다.
④ 아무리 생각해도. 예) 장사는 ~ 먹는 장사가 제일이다.

영어로 also, as well.

잿밥 齋ㅅ밥   (재계 齋, 一)

불공할 때, 부처 앞에 올리는 밥.

齋의 사전적 의미는 '종교적 의식 따위를 치르기 위하여 몸과 마음을 깨끗이 하고 부정한 일을 멀리함'으로, 법회 (法會) 를 말한다. 齋자는 목욕재계 (沐浴齋戒) 에서 볼 수 있다. 齋의 다른 뜻은 '집'이다 [예, 창덕궁 낙선재 (樂善齋)]. '가지런하다' 라는 의미일 때는 '제'로 읽는다.

젯밥 (祭ㅅ밥) 과 혼동하기 쉽다. 젯밥은 '제삿밥'의 준말로, 제상에 차려놓은 밥 (또는 메), 또는 제사 지내고 먹는 밥을 말한다. 각각의 예는 '염불에는 마음이 없고, 잿밥에만 마음이 있다' 와 '제사보다 젯밥에 정신이 있다.' 에서 볼 수 있다. 잿밥은 불가 (佛家), 젯밥은 유가 (儒家) 용어인 셈이다. 불교 용어인 '사십구재 (四十九齋)' 와 '천도재 (薦度齋)' 모두 齋자를 쓴다. '사십구제' 와 '천도제' 가 아니다. 그게 그거 같지만 말이다.

영어로 ritual food, offering.

점심 點心   (점 點, 마음 心)

① 낮에 끼니로 먹는 음식. 중반(中飯). 중식(中食). 예) ~을 늦게 먹다. ~을 거르다.

② 선종에서, 배고플 때 조금 먹는 음식.

③ 무당이 삼신에게 음식을 차려 놓고 갓난아이의 젖이나 죽은 사람의 명복을 비는 일. 예) ~을 바치다.

원래, 위 ② 의 불교 용어이다. 우리는 딤섬을 중국 음식의 하나라고 알고 있으나, 광둥성을 비롯한 남중국에서 점심 전후로 간단하게 먹는 만두 및 과자류를 일컫는 말이다. 광둥어로 點心을 [딤쌈] (dim·saam) 으로 발음한 데서 유래한다. 중반 (中飯) 은 중국식 한자어. 중식 (中食) 은 일본식 한자어.

영어로 lunch.

조리 笊籬   (조리 笊, 울타리 籬)

쌀을 이는 데 쓰는 기구. 가는 대오리나 싸리, 철사 따위로 조그마하게 삼태기 모양으로 만들고, 이어서 손잡이 자루를 냄. 예) ~로 쌀을 일다.

쌀을 조리질할 일이 없는 요즘에는 죽은 말이다.

해당하는 영어는 없다.

죄송 罪悚   (허물 罪, 두려울 悚)

죄스럽고 송구 (悚懼) 스러움.

사극 용어인 송구, 황송 (惶悚), 황공 (惶恐) 모두 영어로 하면 'I am very sorry.' 의 뜻이다.

영어로 apology.

지금 只今   (다만 只, 이제 今)

이제. 바로 이때. 시방(時方). 예) ~의 상황. ~의 형편으로는 못한다. ~부터 한 시간 후에 만나자. ~까지 꾹 참았다.

영어로 presently.

진즉 趁卽 (쫓을 趁, 곧 卽)
진작.

텃말 '진작' 과 같은 말이다.

영어로, 격식어로는 여러 표현이 있다. 주로, 'should + have + pp' 를 쓸 수 있다. 비격식어 문어체로는 'About time.' 한 문장이다. 예) About time. I've been waiting for you to come for a whopping 20 minutes. 진작에 왔었어야지. 난 무려 20 분 동안 네가 오길 기다렸어.

짐작 斟酌 (짐작할 斟, 술 부을 酌)
어림쳐서 헤아림. 침량 (斟量). 예) ~이 가다 (들다). 이번 일에 대해 ~되는 것이 있나요?
술 문화와 관계있다. 옛날 술잔은 속이 보이지 않고 깊어서, 더구나 상대방과 떨어져서 술을 따를 때면 넘치지 않게 어림으로 따를 수밖에 없다.

영어로 guess, assume, surmise.

창피 猖披 (미쳐 날뛸 猖, 헤칠 披)
체면이 깎이거나 아니꼬움을 당한 부끄럼. 예) ~를 당하다. ~가 막심하다. ~를 주다.
중국 전국시대의 시인 '굴원' 이 쓴 서사시 「이소경(離騷經)」 에 '何桀紂之猖披兮(하걸주지창피혜)' 라는 구절에서 나왔다. '어찌 걸주의 창피스런 행동으로'의 뜻인데, 하나라의 걸왕 (桀王) 과 은나라의 주왕 (紂王) 이 나라가 망하는 순간에 옷을 풀어 헤친 난잡한 모습을 가리킨다. 그 후, '창피'라는 뜻은 부끄럽고 수치스럽다는 의미로 쓰이게 되었다. 우리가 아는 猖 낱말은 '창궐 (猖獗)'로, ' 전염병이 창궐하다' 에서 볼 수 있다.

영어로 embarrassed (분사), embarrassing (형용사).

천생 天生 (하늘 天, 날 生)

① 날 때부터. 당초부터. 타고난 것처럼 아주. 예) ~ 여자처럼 생겼다.
② 이미 정해진 것처럼 어쩔 수 없이. 예) ~ 굶게 마련이다. 차가 없으니 ~ 걸어가는 수밖에 없다.

우리가 흔히 쓰는 '너는 천상 장사꾼이구나!' 에서 '천상' 은 '천생'의 사투리다. '너는 천생 장사꾼이구나!' 로 써야 한다.

영어로 innate, inherent.

천착 穿鑿 (뚫을 穿, 뚫을 鑿)

① 구멍을 뚫음.
② 학문을 깊이 연구함.
③ 억지로 이치에 닿지 않는 말을 함.

보통 ② 의 뜻으로 쓴다. '파고들다' 의 뜻이다. 쓰기에 아름다운 말이 있는 반면, 쓰고 싶지 않은 말도 있다. 이 말은 후자다. 한자에 한해서 그렇다는 말이다. '굳이 鑿같은 한자를 써야 하나?' 라는 생각이 들지만, 우리는 '굴착 (掘鑿)' 같은 일상적인 단어에서 鑿자를 볼 수 있다.

영어로 pursue, excavate.

초미 焦眉 (탈 焦, 눈썹 眉)

(주로 '초미의'의 꼴로 쓰여) 눈썹에 불이 붙은 것같이 매우 위급함의 비유. 초미지급. 예) ~의 관심사.

焦는 '타다', '태우다' 의 뜻. 초토화 (焦土化; 모든 것을 태워 버림), 노심초사 (勞心焦思) 의 焦思 (애태움) 에서 볼 수 있다.

영어로 urgent.

초상 初喪   (처음 初, 잃을 喪)

사람이 죽어서 장사 지낼 때까지의 일. 예) ~을 치르다.

초종상례 (初終喪禮) 의 줄임말. 초종은 임종 (臨終) 전부터 임종 후 부고를 내기까지의 상례의식. 조선시대 유가 (儒家) 의 상례에 의하면, 초종이 포함된 장사 (葬事), 1, 2 주기 제사를 포함한 상중의 여러 가지 제사 (祭祀), 만 24 개월 동안의 시묘 (侍墓) 를 마치면 탈상한다. 탈상 2 개월 후에 지내는 제사인 담제 (禫祭) 를 지내면 상례로부터 벗어난다. 흔히 말하는 삼년상 (三年喪) 이다. '삼년' 은 '삼년째' 를 말한다. 삼년상을 다 마치려면, 만 26 개월이 걸린다. 윤달은 안 치기 때문에, 윤달이 끼면 만 27 개월이 걸린다.

영어로 funeral.

편달 鞭撻   (채찍 鞭, 때릴 撻)

① 채찍으로 때림.
② 종아리나 볼기를 침. 편복(鞭扑).
③ 타이르고 격려함. 예) 지도와 ~을 바라다.

원래, '채찍질을 가하여 말이나 소를 부리다' 의 뜻이다. 회초리 정도의 의미이다. 요즈음에는 잘 안 쓰는 말이다.

영어로 encouragement.

핍박 逼迫   (핍박할 逼, 핍박할 迫)

① 형세가 매우 절박하도록 바싹 닥쳐옴.
② 경제적으로 여유가 없는 상태로 됨. 예) 재정적인 ~. ~한 사정에 몰리다.
③ 심히 억압하여 괴롭게 함. 예) 수모와 ~을 당하다.

두 글자 모두 잘 쓰이지 않는다. 迫이 '급박하다'의 '급박 (急迫)'에서, '절박하다'의 '절박 (切迫)'에서 보이는 정도이다.

영어로 persecute, harass, oppress.

타당 妥當   (온당할 妥, 마땅 當)

형편이나 이치에 마땅함. 예) ~한 방법. 논리가 ~하다.

妥는 여인의 머리 위에 손을 얹어 복종하게 한다는 모양이다. 그것이 마땅하니, 지금 시대에는 여성을 비하하는 말이다.

영어로 make sense, valid, appropriate, feasible.

하필 何必   (어찌 何, 반드시 必)

어찌하여 꼭 그렇게. 다른 방도도 있는데 왜. 해필(奚必). 예) ~ 오늘 비가 올게 뭐람.

영어로 of all the days.

할애 割愛   (나눌 割, 사랑 愛)

소중한 시간, 돈 따위를 아까워하지 아니하고, 선뜻 내어 줌. 예) 바쁜 시간을 ~하다.

MBC 표시곡 (表時曲) 인 '우리 함께 나눠요, 사랑을 나눠요.'는 '우리 함께 할애해요.'의 뜻인가?

영어로 commit, devote.

호도 糊塗   (풀칠할 糊, 칠할 塗)

풀을 바른다는 뜻으로, 명확하게 결말을 내지 않고 일시적으로 감추거나 흐지부지 덮어 버림의 비유. 예) 진상을 ~하다.

'호도'의 대상은 사건의 진실, 진상 등으로, 사람이 될 수 없다. '국민을 호도(糊塗)하지 말라'는 잘못된 표현이다.

영어로 mislead.

혹시 或是   (혹 或, 이 是)

① 만일에. 혹야. 혹여. 혹자. 예) ~ 실패하더라도 용기를 잃지 말게.
② 어쩌다가 우연히. 예) ~ 그를 만나면 알려 주세요.
③ 확실한 것은 아니지만. 짐작하기로. 예) ~ 사고는 아닌지. ~ 김 선생님이 아니신지요?

영어로 happpen to (do).

환장 換腸   (바꿀 換, 창자 腸)

① 마음이나 행동 따위가 비정상적인 상태로 달라짐. 환심장(換心腸).
② 지나치게 즐기거나 탐하여 제정신을 차리지 못할 지경이 되는 것. 예) 술과 노름에 ~을 한다.

영어로 go mad.

회자 膾炙   (회 膾, 구울 炙)

회와 구운 고기라는 뜻으로, 널리 사람의 입에 자주 오르내림. 예) 인구(人口)에 ~되다.

膾는 생선회가 아니라, 육회 (肉膾) 를 말한다. 날고기와 구운 고기가 사람들의 입에 맛있게 오르듯이, 사람, 사건 등이 뭇사람들의 이야기거리가 되는 것을 가리킨다.

영어로 be talked about in public.

꼭지 17. 알면 재미있는 세 글자 한자어

한자를 조금 안다면, 그리고 사람에 따라서, 짐작할 수 있는 단어도 포함된다. 또, 세 글자 한자어라고 했지만, 한자가 들어간 세 글자 단어가 맞는 말이다.『표준국어대사전』의 풀이와 예가 앞서고, 필요한 경우 해설이, 그리고 영어 번역어가 뒤따른다. 영어는 동사, 명사, 형용사, 부사(구)를 명확하게 구분하여 적지 않는다. 대부분 일본식 한자 조어다.

가급적 可及的 (옳을 可, 이를 及, 과녁 的)

될 수 있는 대로. 형편이 닿는 대로. 예) ~ 빨리 오너라. ~이면 현지인을 고용할 것.

'及'의 반대말은 '不及'이다. 예로, 과유불급 (過猶不及).

영어로는 as...as possible, as...as one can.

각축전 角逐戰 (뿔 角, 쫓을 逐, 싸울 戰)

승부를 다투는 싸움. 예) ~이 벌어지다. ~을 벌이다.

소나 사슴같이 뿔을 가진 짐승들이 뿔로 겨루는 것. 바둑 용어인 '축'도 '쫓는다'는 의미의 '축'이다.

영어로는 neck-and-neck race.

간신히 艱辛히 (어려울 艱, 매울 辛, ㅡ)

가까스로. 겨우. 예) ~ 도망치다. 터져 나오려는 웃음을 ~ 참다.

영어로는 barely.

개차반   개茶飯   (一, 차 茶, 밥 飯)

개가 먹는 똥이라는 뜻으로, 말과 행동이 몹시 더러운 사람을 욕하는 말. 예) 술만 먹으면 ~이 된다.

차반은 밥상이란 뜻이다. 개차반은 개의 밥상으로 똥을 말한다.

영어로는 scum.

결단코   決斷코   (결단할 決, 끊을 斷, 一)

확신을 가지고 단언하는 모양. 반드시. 꼭. 절대로. 대개 부정의 말이 뒤에 온다. 결코. 예) ~ 그런 일은 없다.

영어로는 never, (not) ever, by any [no] means.

고무적   鼓舞的   (북 鼓, 춤 舞, 과녁 的)

힘내도록 격려하여 기세를 돋우는 (것). 예) ~인 발언.

북치고 춤춘다는 뜻.

영어로는 encouraging, inspiring.

고자질   告者질   (이를 告, 놈 者, 一)

남의 잘못, 비밀을 몰래 일러바치는 짓. 예) 친구의 실수를 ~하다. ~은 신의를 저버리는 짓이다.

영어로는 tell on (somebody, something).

굉장히   宏壯히   (클 宏, 장할 壯, 一)

① 아주 크고 훌륭하게.

② 보통 이상으로 대단하게.

영어로는 greatly, amazingly.

금자탑   金字塔   (쇠 金, 글 字, 탑 塔)
1. 피라밋.
2. 길이 후세에 전해질 만한 가치 있는 업적. 예) ~을 세우다. ~을 쌓다.

영어로, 1 은 pyramid, 2 는 monumental work.

근근이   僅僅이   (겨우 僅, 〃, ㅡ)
겨우. 간신히. 예) 쥐꼬리만 한 월급으로 ~ 살아가다.

영어 관용적 표현은 make ends meet.

급기야   及其也   (미칠 及, 그 其, 잇기 也)
마지막에 가서는. 마침내. 예) ~ 그는 파산하고 말았다.

영어로는 at last.

기라성   綺羅星   (비단 綺, 벌일 羅, 별 星)
밤하늘에 반짝이는 무수한 별이라는 뜻으로, 신분이 높거나 훌륭한 사람들이 많이 모여 있음을 비유하여 일컫는 말. 예) ~ 같은 선배.

綺羅 는 곱고 아름다운 비단 (緋緞) 또는 비단옷을 말한다.

영어 격식어로는 constellation, 비격식어로는 galaxy.

기어코   期於코   (기약할 期, 어조사 於, ㅡ)
1. 꼭. 틀림없이. 예) 반드시. ~ 이기겠다.

2. 마침내. 예) 그녀는 ~ 울음을 터뜨렸다.

영어로는 by all means.

기필코　期必코　(기약할 期, 반드시 必, ㅡ)
꼭. 반드시. 기어코. 기어이. 예) 이번 협상은 ~ 성사시켜야 한다. 에베레스트 등정에 ~ 성공하겠다.

영어로는 at all rates.

꼴불견　꼴不見　(ㅡ, 아닐 不, 볼 見)
하는 짓이나 겉모습이 우습고 거슬려 차마 볼 수 없음. 예) 사십도 안 되어 배가 나오니 ~이네.

영어로는 ugliest.

나선형　螺旋形　(소라 螺, 돌 旋, 모양 形)
나선상 (狀). 예) ~ 층계를 걸어 올라갔다.

두음법칙이 적용되지 않으면 라선형이다. 螺旋形은 소라의 돌아 올라가는 모습이다. 나사못 (螺絲-) 은 소라처럼 꼬인 실타래 모양의 못으로, 나사는 그 줄임말. 나전칠기 (螺鈿漆器) 의 나전은 소라나 조개의 진주빛 얇은 막, 즉, 자개를 말한다.

영어로는 spiral, helix.

다반사　茶飯事　(차 茶, 밥 飯, 일 事)
'항다반사 (恒茶飯事)'의 준말. 예) 결근을 ~로 한다.
불교 용어다. 차를 마시거나 식사를 하는 것처럼 흔히 일어나는 일을 뜻한다.

'많이 일어나는 일' 이라는 생각에서 多 (많을 다) 를 쓴다고 혼동하기 쉽다.

영어로 everyday occurrence.

단말마   斷末魔   (끊을 斷, 끝 末, 마귀 魔)

(불교) 숨이 끊어질 때의 모진 고통. 예) ~의 비명을 지르다.

末魔 또는 末摩는 급소 (急所) 를 뜻하는 산스크리트어 marman의 음역으로 아무 뜻도 없다. 원래, 단말마는 '급소를 끊다' 라는 의미다.

영어로는 death agony.

단언코   斷言코   (끊을 斷, 말 言, ㅡ)

주저하지 않고 딱 잘라 말함. 예) ~을 내리다. 네 생각이 옳다고만 ~하지 마라.

영어로는 absolutely.

단연코   斷然코   (끊을 斷, 그러할 然, ㅡ)

'단연'의 힘줌말. 예) ~ 반대하다. ~ 앞서다.

'단연코' 는 '단연(斷然)' 을 강조하여 이르는 부사어로, '확실히 단정할 만하게', '두말할 것도 없이 매우 분명하게' 라는 뜻이다. 간혹 '단연코' 를 '단언코' 로 헷갈리는 경우가 있다.

영어로는 obviously.

당당히   堂堂히   (집 堂, 〃, ㅡ)

거리낌 없이 떳떳한 태도. 예) ~ 싸워라.

언덕 위에 지은 집의 모양새를 말한다. '정정당당 (正正堂堂)' 에서도 볼 수 있다. 그 외, 의젓하고 드레진 모습이나 태도 혹은 형세나 위세가 대단한 모양의 뜻도 있다.

영어로는 confidently.

대관절 大關節 (클 大, 관계할 關, 마디 節)
여러 말 할 것 없이 요점만 말하건대. 도대체. 예) ~ 어찌 된 일이냐?

영어로는 at all.

도대체 都大體 (도읍 都, 클 大, 몸 體)
'대체'보다 더욱 힘을 주어 강조하는 말. 예) ~ 어떻게 된 셈이냐?

都는 거의 모든 중국어 방언에서 부사 '모두'를 적는 한자지만, 잘 안 쓰인다.

영어로는 at all.

도저히 到底히 (이를 到, 낮을 底, ㅡ)
(뒤에 부정하는 말과 함께 쓰여) 아무리 하여도. 끝끝내. 예) 그 일은 ~ 못 하겠다. ~ 용서할 수가 없다.

영어로는 no way of.

무뢰한 無賴漢 (없을 無, 의지할 賴, 사람 漢)
일정한 직업이 없이 돌아다니며 불량한 짓을 하는 사람. 예) 광포한 ~으로 변하다. 뜻으로만 보면, '일정하게 사는 곳과 하는 일이 없이 떠돌아 다니는 사람 (들)' 이다. 부랑자 (浮浪者, 떠도는 사람) 와 같다.

영어로는 hoodlum.

무리수　無理手　(없을 無, 다스릴 理, 손 手)

상황에 맞지 않은 무리한 생각이나 행동의 비유. 예) 회사가 자금난에 몰리다 보니 그런 ~를 두었다.

우리가 보통 쓰는 말 '무리하지 마.'의 '무리'도 이 '무리'다.

영어로는 마땅한 명사가 없으나, 바둑이나 장기 용어인 '~을 두다'와 합쳐 overreach 혹은 go too far.

무진장　無盡藏　(없을 無, 다할 盡, 감출 藏)

1. 한없이 많이 있음. 예) ~한 지하자원. 온 산에 진달래가 ~으로 피어 있다.
2. 굉장히 많이. 예) 광석이 ~ 묻혀 있다.

다함이 없이 혹은 끝없이 (無盡) 쌓여 있는 (藏) 상태.

영어로는 inexhaustible.

문외한　門外漢　(문 門, 밖 外, 사람 漢)

어떤 일에 전문적인 지식이 없거나 직접 관계가 없는 사람. 예) 나는 그 방면에는 ~이다.

영어로는 outsider. 관용 표현은 do not know the first thing about.

미증유　未曾有　(아닐 未, 일찍 曾, 있을 有)

지금까지 한 번도 있어 본 적이 없음. 예) ~의 사건.

영어로는 unprescedented.

반창고　絆瘡膏　(얽어맬 絆, 부스럼 瘡, 기름 膏)

파라 고무, 발삼, 라놀린 등 점착성 물질을 헝겊이나 테이프에 바른 의료품의 일종. 상처를 보호하거나 붕대 따위를 고정시키는 데에 씀. 예) 일회용 ~.

옛날에는 헐거나 곪은 데에 붙이는 끈끈한 검은 약인 고약 (膏藥) 이라는 것이 있었다.

영어로는 plastic bandage. 미국에서 일반적으로 쓰는 말인 band-aid 는 상표명.

벽창호   碧昌戶   (푸를 碧, 창성할 昌, -)
고집이 세고 미련한 사람의 비유.

건물의 벽, 문과 전혀 관련 없고, '벽창우 (碧昌牛)'가 변하여 굳어진 말이다. '벽창' 은 평안북도의 '벽동군 (碧潼郡)'과 '창성군 (昌城郡)' 이라는 지명에서 각각 한 자씩 따와 만든 말로서, '벽창우' 는 '평안북도 벽동과 창성에서 나는 소를 말한다. '벽창우' 는 매우 크고 억세기 때문에, 고집이 세고 무뚝뚝한 사람을 이에 빗대어서 '벽창우'라고 했던 것인데, 이 말이 변해서 '벽창호' 라고 쓰인다.

영어로는 stubborn person.

별안간   瞥眼間   (깜짝할 瞥, 눈 眼, 사이 間)
갑작스럽고 아주 짧은 동안. 갑자기. 난데없이. 예) ~ 그게 무슨 말이냐? ~ 일어난 일이라 손쓸 겨를이 없었다.

삽시간, 순식간, 일순간과 같은 뜻이나, 그것들과는 다르게 '갑자기' 라는 의미가 있다.

영어로는 suddenly, abruptly, all of a sudden.

보자기　褓子기　　(쌀 褓, 아들 子, ―)

물건을 싸는 작은 보 (褓子). 예) ~로 도시락을 싸다. ~를 끄르다. 광주리를 ~로 덮다.

'子'는 '작은'을 의미하는 접미사. '기'는 물건, 도구를 의미하는 접미사.

영어로는 (wrapping) cloth.

복마전　伏魔殿　　(엎드릴 伏, 마귀 魔, 전각 殿)

마귀가 숨어 있는 집이나 굴이라는 뜻으로, 나쁜 일을 꾸미는 무리가 모인 곳을 비유하는 말.

복마전은 수호지에서 나온 말이다. 요즘은 부정부패, 비리의 온상지를 말한다.

영어로는 pandemonium.

부득불　不得不　　(아닐 不, 얻을 得, 아닐 不)

하지 아니할 수 없어. 마지못하여. '불가불 (不可不)'과 같은 의미. 예) ~사직하게 되었다.

영어로는 reluctantly, against one's will.

부득이　不得已　　(아닐 不, 얻을 得, 이미 已)

마지못해 하는 수 없이. 불가부득(不可不得)의 준말. 예) ~한 사정이 있어 결근했다.

영어로는 inevitably.

부지기　不知其　　(아닐 不, 알 知, 그 其)

수 (數) 와 묶여 부지기수 (不知其數) 로 쓰인다. 너무 많아서 그 수효를 헤아릴 수가 없음. 또는 그 수효. 예) 모인 사람이 ~로 많다.

영어로는 countless.

분수령　分水嶺　(나눌 分, 물 水, 고개 嶺)
원래 뜻은 수계가 되는 산마루나 산맥이나, 어떤 일이 결정되는 중요한 고비나 발전의 전환점. 예) 승부를 가르는 ~.

영어로는 watershed.

불세출　不世出　(아닐 不, 인간 世, 날 出)
좀처럼 세상에 나타나지 않을 만큼 뛰어남. 예) ~의 영웅.

영어로 extraordinary, uncommon, unparalleled.

불야성　不夜城　(아닐 不, 밤 夜, 성 城)
등불 따위가 휘황하게 켜 있어 밤에도 대낮처럼 밝은 곳. 예) ~을 이룬 거리.

영어로는 white way. 미국 뉴욕 Broad Way 일부를 Great White Way 라고 부른다.

불한당　不汗黨　(아닐 不, 땀 汗, 무리 黨)
1. 떼를 지어 돌아다니는 강도. 화적. 명화적(明火賊).
2. 남을 괴롭히는 짓을 일삼는 무리. 예) 이 ~ 같은 놈들.
뜻으로는 '땀을 흘리지 않는 사람', 즉, 일하지 않는 불로 (不勞) 의 사람으로, 놀고 먹는 사람이니, 불로소득자 혹은 백수를 말한다.

영어로는 scoundrel.

사소한　些少한　(적을 些, 적을 少, ㅡ)

보잘것없이 작거나 적은. 예) 사소한 일로 다투다.

영어로는 trivial, insignificant.

삼매경　三昧境　　(석 三, 어두울 昧, 지경 境)

잡념을 떠나서 오직 하나의 대상에만 정신을 집중하는 경지. 예) 독서 ~에 빠지다.

본래 불교 용어로서, 산스크리트 말 samadhi의 음역어. samadhi는 '마음을 한 곳에 집중하다' 라는 뜻. 한자어 三昧는 아무 뜻도 없다.

영어로는 being lost, being absorbed.

삽시간　霎時間　　(가랑비 霎, 때 時, 사이 間)

(주로 '삽시간에'의 꼴로 쓰여) 극히 짧은 시간. 일순간. 예) 들판은 ~에 물바다가 되었다.

'霎' 은 비 우 (雨) + 첩 첩 (妾). 뜻으로는 '가랑비 오는 사이' 이다. 그 정도 시간이면 짧지 않은 시간인데, 아무튼, 그렇게 쓴다.

영어로는 instant.

선풍적　旋風的　　(돌 旋, 바람 風, 과녁 的)

돌발적으로 발생하여, 사회에 큰 영향을 끼치거나 관심의 대상이 될 만한 (것). 예) ~인 인기를 끌다.

旋風은 회오리 바람 또는 돌개바람을 뜻한다.

영어로는 sensational.

수완가　手腕家　　(손 手, 팔뚝 腕, 집 家)

수완이 좋은 사람.

팔 전체를 잘 쓰는 사람이 수완가다.

영어 좋은 의미로 skillful man, 나쁜 의미로 wheeler-dealer.

순식간　瞬息間　　(깜짝일 瞬, 쉴 息, 사이 間)

극히 짧은 동안. 순식. 예) ~에 매진되다.

눈 한 번 깜짝이는 사이.

영어로는 in a flash, in a wink.

신기루　蜃氣樓　　(이무기 蜃, 기운 氣, 다락 樓)

온도나 습도의 관계로 대기의 밀도가 층층이 달라져, 광선의 굴절로 인하여 엉뚱한 곳에 어떤 사물의 모습이 나타나는 현상. 예) ~가 보이다.

뜻으로만 보면, 이무기가 토해낸 기운으로 만들어진 건물로, 바다 또는 사막에서 착시 현상으로 집들이 공중에 떠 있는 것처럼 보인다. 蜃은 큰 조개를 의미하기도 하나, 맥에 맞지 않는다.

영어로는 mirage.

심지어　甚至於　　(깊을 甚, 이를 至, 어조사 於)

심하다 못해 나중에는. 예) ~ 주먹질까지 했다.

'甚' 의 예는 '감기가 甚하다, 장난이 甚하다' 에서 볼 수 있다.

영어로는 even.

아수라　阿修羅　　(언덕 阿, 닦을 修, 벌일 羅)

불교용어. 악귀의 세계에서 싸우기를 좋아하는 귀신.

원음은 Asura. 음역으로, 한자는 아무 뜻이 없다. 보통, '장 (場)', '판'과 묶여, 아수라장, 아수라판으로 쓰인다. 싸움, 사고, 방치 등으로 끔찍하게 무질서한 곳을 일컫는 말이다.

영어로는 bedlam, chaos.

어언간   於焉間   (어조사 於, 어찌 焉, 사이 間)
'어찌어찌하는 사이에'라는 뜻이다.' 준말은 '어언'. 예) 이곳으로 이사온 지도 ~ 오 년이 지났다.

영어로는 somehow.

어중간   於中間   (어조사 於, 가운데 中, 사이 間)
'중간에 있다'는 뜻이다. 이도 저도 아닌 어정쩡한 상태를 일러 어중간하다고 하는 것이다. 예) ~하게 들어맞다. ~한 태도를 취하다. 시간이 ~하다.

상황에 따라, 여러 가지 영어로 의역할 수 있다. in-between, noncommital, halfway.

어지간   於之間   (어조사 於, 갈 之, 사이 間)
1. 정도가 표준에 가깝다. 예) 키가 ~하다.
2. 생각보다 꽤 무던하다. 예) 성격이 ~하여 잘 참아 낸다.
3. 정도나 형편이 기준에 크게 벗어나지 않다. 예) ~하면 그냥 두세요.
  '於'는 '…에', '之'는 '이 (This)', '間'은 '사이'라는 뜻이니, '於之間'은 '이 사이', 즉 '그만그만한 사이에 있는' 상태를 이르는 말이다.

영어로는 quite, fairly.

어차피 於此彼   (어조사 於, 이 此, 저 彼)

'어차어피 (於此於彼) 에'의 줄임말. 이렇게 하든지 저렇게 하든지. '이차이피에'라는 말도 쓴다. 예) ~ 그만둘 사람. ~ 한 번은 가야 한다. ~ 늦었으니 좀 쉬었다 가자.

영어로는 anyway.

애당초 애當初   (ㅡ, 마땅 當, 처음 初)

'애초'의 힘줌말. 예) ~에 무리한 주문이었다. 그런 말은 ~ 꺼내지 말았어야지.

'일이 생기기 시작한 처음'이라는 뜻이 '당초(當初)'이다. 이 '당초'에 '맨 처음'의 뜻을 더하는 접두사 '애-'가 붙어 '애당초'가 됐다. 즉 접사 '애-'를 붙여 '당초'의 뜻을 한 번 더 강조한 말이 '애당초'이다. '당최'는 '당초에'를 줄인 표현이다. 그런데 이 표현은 주로 부정의 뜻이 있는 말과 함께 쓰여서 '도무지' 또는 '영'이라는 뜻을 나타낸다. '당췌'는 '당최'가 변한 말로, 표준어는 아니다. '애시당초'도 잘못된 말이다.

영어로는 from the beginning.

여반장 如反掌   (같을 如, 뒤집을 反, 손바닥 掌)

손바닥을 뒤집는 것처럼 매우 쉽다는 뜻. 예) 1등 하긴 ~이야.

영어로는 a piece of cake.

열심히 熱心히   (더울 熱, 마음 心, ㅡ)

온 정성을 다하여. 정신을 집중하여. 예) ~ 공부하다. ~ 살다.

영어로는 assiduously. 제한적으로 hard를 쓸 수 있는데, 동사는 work,

study, exercize, think 정도다.

요지경   瑤池鏡   (아름다운 옥 요 瑤, 못 池, 거울 鏡)
확대경(擴大鏡)을 장치하고 그 속의 여러 재미나는 그림을 돌리면서 구경하는 장난감.

시차를 두고 찍은 풍경이나 건축물의 사진을 따로 따로 두 눈에 보여주어 입체적으로 보이게 하는 장난감으로, TV의 전신이라고 할 수 있다. 휴대하기에는 덩치가 크다. 만화경 (kaleidoscope) 과는 다르다. 만화경은 거울 세 장을 겹쳐 넣은 밀폐된 긴 원통에 형형색색의 구슬, 종이조각 등을 넣어 아름다운 무늬를 볼 수 있도록 만든 장치이다.

영어로 직역하면, magic glass 혹은 peep show. '세상은 요지경이다'의 의미는 'The world doesn't make sense.'

용수철   龍鬚鐵   (용 龍, 수염 鬚, 쇠 鐵)
나사 모양으로 되어 늘고 주는 탄력이 있는 쇠줄. 스프링. 예) ~이 튕겨 나가다. 용의 수염처럼 나선형으로 꼬인 쇠줄을 말한다.

영어로는 spring.

외골수   外骨髓   (一, 뼈 骨, 뼛골 髓)
한 가지에만 매달리고 파고드는 사람.

영어로는 single-minded.

일순간   一瞬間   (한 一, 깜짝할 瞬, 사이 間)
눈 깜짝할 사이. 아주 짧은 동안. 삽시간. 예) ~의 실수로 사고를 내다. ~에 일어난 일이다.

영어로는 for a moment.

자고로   自古로   (스스로 自, 예 古, ㅡ)

'자고 이래로'의 준말. 순화어는 '예로부터'. 예) ~ 혼인을 인륜대사라 하여…

한문에서는 '~부터' 라는 의미로도 쓰인다.

영어로는 since early times.

자세히   仔細히   (자세할 仔, 가늘 細, ㅡ)

아주 작고 하찮은 부분까지 구체적이고 분명하게. 예) ~ 살펴라.
'가는 실을 올올이 세 듯' 의 뜻이다.

영어로는 in detail.

적나라   赤裸裸   (붉을 赤, 벗을 裸, 벗을 裸)

ㅡ하다. 발가벗는다는 뜻으로, 있는 그대로 드러내어 숨김이 없다. 예) ~한 인간상

赤의 또 다른 의미는 '벌거벗다' 이다. '적수공권(赤手空拳)'에서 '赤手'의 뜻은 '맨손' 이다. 세 글자 모두 '벌거벗다' 의 뜻이다. 두음법칙이 적용되지 않으면 '적라라' 이다.

영어로, 직역하면 naked, 의역하면 explicit.

정녕코   丁寧코   (고무래 丁, 편안할 寧, ㅡ)

틀림없이 꼭. 예) ~ 네가 한 짓이렷다.
한자만 보면, 뜻을 짐작할 수 없다.

영어로는 surely.

졸지에 猝地에   (갑자기 猝, 땅 地, ㅡ)

느닷없고 갑작스러운 판국에. 예) 불이 나서 ~ 알거지가 되다.

느닷없이 개에게 물린 꼴이다. '별안간' 과 같은 뜻이다.

영어로는 suddenly, abruptly.

주마등 走馬燈   (달릴 走, 말 馬, 등 燈)

등 (燈) 의 하나. 안쪽에 종이로 만든 말이나 그림을 그린 종이를 붙인 뒤 돌게 하여, 그 모습이 바깥쪽에 비치도록 만든 등. 예) 옛 추억이 ~같이 스쳐 갔다.

실생활에서 많이 쓰는 말이나, 이 등을 본 사람을 주위에서 본 적이 없다.

영어로는 shadow-picture lantern.

주전자 酒煎子   (술 酒, 달일 煎, 아들 子)

술이나 물 따위를 데우거나 그것을 담아 따르게 된 그릇. 주둥이·뚜껑·귀때·손잡이가 있음.

'子' 는 작은 그릇, 도구, 물건 등에 붙이는 접미사.

영어로는 kettle.

줄행랑 줄行廊   (ㅡ, 다닐 行, 사랑채 廊)

대문의 좌우로 죽 벌여 있는 행랑.

줄행랑(을) 놓다【관용구】낌새를 채고 피하여 달아나다. 예) 수박서리를 하다 들키자 ~.

행랑은 대문 양쪽에 벌여 있어 하인들이 거처하던 방. 줄행랑은 줄지어 있는 행랑. 한자로는 그 뜻을 도저히 짐작할 수 없다. 관용구로 '줄행랑(을) 치다'를 쓰기도 한다.

영어로는 take flight, turn tail, show one's heel, run away from.

철면피   鐵面皮   (쇠 鐵, 얼굴 面, 겉 皮)

쇠로 만든 낯가죽이라는 뜻으로, 염치없고 뻔뻔스러운 사람을 이르는 말. 예) 저런 ~를 다 보았나.

영어로는 wretch.

철부지   철不知   (一, 아닐 不, 알 知)

철없어 보이는 어리석은 사람. 예) 그는 아직도 어린애 같은 ~였다.

영어로는 immature.

철옹성   鐵甕城   (쇠 鐵, 독 甕, 성 城)

'철옹산성'의 준말. 예) ~ 같은 수비. ~ 같은 저택의 육중한 대문이 굳게 닫혀 있었다.

옹성은 보통 성문 앞에 2중 방어용으로, 반으로 잘린 독의 입 모양으로 둥그렇게 덧대어 쌓은 성을 말한다. 지금 남아 있지 않지만, 한양도성 4대문 가운데 흥인지문 (동대문) 이 이런 식으로 지어졌다. 옹성을 쇠로 만들면 철옹성이다. 튼튼하게 둘러쌓은 성이라는 뜻으로, 견고한 방어를 의미한다.

영어로는 impenetrable fortress.

치도곤   治盜棍   (다스릴 治, 도둑 盜, 몽둥이 棍)

1. 조선 때, 곤장의 하나. 예) ~을 맞다.

2. 몹시 혼남. 또는 그런 곤욕. 예) ~을 당하다.

원래 도둑을 다스리는 곤장이었으나, 위 1 번으로 의미가 넓어지고, 변하여, 지금은 2 번의 의미로 쓰인다.

영어로 직역하면, club for flogging a criminal. '치도곤을 당하다'의 영어 번역은 suffer hardships.

파다히 播多히 (뿌릴 播, 많을 多, ㅡ)
소문 따위가 널리 퍼진 상태로. 아주 많이. 예) 소문이 ~.

영어로는 widespread, known widely.

파락호 破落戶 (깨뜨릴 破, 떨어질 落, 집 戶)
재산이나 세력 있는 집안의 자손으로 집안의 재산을 털어먹는 난봉꾼. 예) ~로 전락하다.

『대원군』이라는 소설을 보면, 조선 말 고종이 왕위에 오르기 전, 그의 아버지 이하응을 파락호라 하였으나, 그의 집안은 선대에 이미 쇠락하였으니, 엄밀하게 말하면, 그는 파락호가 아니다.

마땅한 영어 단어는 없고, 옮긴다면 someone who ruins his family's fortune.

파렴치 破廉恥 (깨뜨릴 破, 살필 廉, 부끄러울 恥)
염치를 모르고 뻔뻔스러움. 예) ~한 행위. ~한 인간. ~한 범죄를 저지르다.

영어로는 shameless.

피로연 披露宴   (헤칠 披, 이슬 露, 잔치 宴)

결혼, 출생 등을 널리 알리는 뜻으로 베푸는 연회. 예) 결혼 ~. ~을 성대하게 베풀다.

披는 '드러내다' 의 뜻이다. 우리에게 익숙한 披 글자 낱말은 피력 (披瀝) 이다. 피력은 '평소 (平素) 에 숨겨둔 생각을 모조리 털어내어 말함' 이다. 露도 '드러내다' 의 뜻이다. 우리에게 익숙한 露 글자 낱말은 노출 (露出), 노천 (露天) 이다.

영어로는 reception, feast.

하여간 何如間   (어찌 何, 같을 如, 사이 間)

어찌하든지 간에. 여하간. 어쨌든지. 하여튼. 예) ~ 틀림은 없다. ~ 내 생각은 이러하니, 그리 알게.

영어로는 anyway.

허풍선 虛風扇   (빌 虛, 바람 風, 부채 扇)

1. 바람을 불어 넣어 숯불을 피우는 손풀무가 원래 뜻이나, 허풍을 잘 치는 사람을 뜻한다.
2. 지나치게 과장하여 실속이나 믿음성이 없는 말이나 행동.

영어로, 사람은 boaster, 행위는 bluff.

화수분 화水盆   (一, 물 水, 동이 盆)

재물이 계속 나오는 보물단지. 그 안에 온갖 물건을 담아두면 끝없이 새끼를 쳐 그 내용물이 줄어들지 않는다는 설화상의 단지를 이른다.

원래 뜻은 河水盆으로, 황하 (河) 의 물 (水) 을 담는 커다란 동이 (盆). 중국 진시황 시절 만리장성을 쌓을 때 河水를 담아두던 전설의 동이로, 아무리 물을 빼내어 써도 물이 줄어들지 않았다. 재물로 확대하면, 『천일야화』에 나오는 「알라딘과 요술램프」에 해당한다.

1925 년에 발표된 전영택의 단편소설 『화수분』은 '화수분' 이란 이름을 가진 지게꾼의 이야기로, 위의 화수분과 아무 관계가 없다.

영어로는 deep pocket.

꼭지 18. 잘못 알고 있는 사자성어

우리가 잘못 알고 있는 사자성어 (四字成語) 를 모았다. 그 수는 20 개도 채 안 된다. 잘못된 말, 바른말, 바른 한자 성어, 사전적 정의 순으로 적고, 필요한 경우, 해설을 곁들인다.

동거동락   동고동락   同苦同樂 (같을 同, 쓸 苦, 같을 同, 즐거울 樂)
'괴로움과 즐거움을 함께 한다' 라는 뜻이다.

영어로 share one's pains and joys.

백전불패   백전불태   百戰不殆 (일백 百, 싸울 戰, 아닐 不, 거의 殆)
손자병법 중 '지피지기 백전불태 (知彼知己, 百戰不殆)' 라는 구절에서 유래한다. 해석하면 '적을 알고 나를 알면, 백번 싸워도 위태로움이 없다.' 라는 말이다. 세간에는 지피지기 뒤에 오는 말이 '백전백승' 이나 '백전불패' 로 잘못 알려져 있다. 손자병법 원문 내에, '백전백승' 이라는 구절이 '지피지기' 의 구절보다는 좀 더 앞에 나온다. '是故百戰百勝, 非善之善者也' 으로, '백 번 싸워서 백 번을 이긴다 해도, 그것이 최고의 방법은 아니다.' 라는 구절이다.

영어로 직역하면, If you know your enemy and yourself, you will never be defeated. 관용어로, 의역하면, Keep your friends close and your enemies closer.

산수갑산   삼수갑산   三水甲山 (석 三, 물 水, 갑옷 甲, 뫼 山)
함경남도의 삼수와 갑산이 교통이 불편한 오지 (奧地) 라는 뜻으로,

'몹시 어려운 지경'을 이르는 말. ♣ 삼수갑산에 가는 한이 있어도【관용구】자기에게 닥칠 어떤 위험을 무릅쓰고라도 어떤 일을 단행할 때 쓰는 말.

영어로 hermitage, remote place.

성대묘사   성대모사   聲帶模寫 (소리 聲, 띠 帶, 본뜰 模, 베낄 寫)
자신의 목소리로 다른 사람의 목소리나 새, 짐승 따위의 소리를 흉내 내는 일.

모사는 '사물을 형체 그대로 그림', 또는 '어떤 그림을 본보기로 그와 똑같이 본을 떠서 그림'을 말한다. 행동은 흉내이다.
영어로 '~의 성대모사를 하다' 는 do an impression of someone.

야밤도주   야반도주   夜半逃走 (밤 夜, 반 半, 도망할 逃, 달릴 走)
한밤중에 몰래 도망치는 행위. '야간도주 (夜間逃走)' 라고도 한다.

야반 (夜半) 은 '밤의 가운데' 의 의미로, 한밤중을 말한다.
영어로 moonlight flit.

양수접장   양수겸장   兩手兼將 (두 兩, 손 手, 겸할 兼, 장수 將)
'양수겸장' 은 장기에서 두 개의 기물이 한꺼번에 장 (將) 을 부른다는 뜻. 체스에서는 더블 체크.

영어로 double check.

염치불구   염치불고   廉恥不顧 (살필 廉, 부끄러울 恥, 아닐 不, 돌아볼 顧)
염치는 '체면을 차릴 줄 알며 부끄러움을 아는 마음' 이다. 불고 (不顧) 는 '돌아보지 않다' 라는 뜻. 염치불고는 '부끄러움을 무릅쓰다' 정도의 말이다.

영어로 despite shame.

일사분란 일사불란   一絲不亂 (한 一, 실 絲, 아닐 不, 어지러울 亂)
일사불란은 직역하면 '한오라기의 실도 흐트러지지 않음', 의역하면 '질서정연하여 조금도 어지럽거나 흐트러짐이 없음'을 말한다.

영어로 well-ordered.

절대절명 절체절명   絶體絶命 (끊을 絶, 몸 體, 끊을 絶, 목숨 命)
절체절명은 '몸도 목숨도 다 되었다'는 뜻으로, 어찌할 수 없는 궁박한 경우를 비유한다.

영어로 desperate.

주구장창 주야장천   晝夜長川 (낮 晝, 밤 夜, 길 長, 내 川)
'밤낮으로 쉬지 않고 잇따라'의 뜻이다.

'밤낮없이 흐르는 긴 강물'이란 말로, 꾸준함을 뜻한다. '주야장창'이란 말도 잘못된 말이다.

영어로 working day and night.

중구남방 중구난방   衆口難防 (무리 衆, 입 口, 어려울 難, 막을 防)
'뭇사람의 말을 이루 다 막기가 어렵다'는 뜻으로, 막기 어려울 정도로 여러 사람이 마구 지껄임을 이르는 말.

難防은 '입을 다물게 하기 어렵다'라는 뜻이다. 실생활에서 '시끄럽다'라는 의미로도 쓰인다.

영어로 disorganized, disorder, messy.

평양감사   평안감사   平安監司 (평평할 平, 편안 安, 볼 監, 맡을 司)

관용구 '평양감사도 제 싫으면 그만'으로 쓰이나, 평양감사는 없는 벼슬이다. 1395 년 (태조 4 년) 에 평안도관찰사 감영을 평양에 설치하였다. 관하에 부윤, 목사, 부사, 군수, 현령, 현감을 지휘 감독하였다. 평양의 행정 수반은 감사가 아니라 부윤이다. 평안감사가 평양부윤을 겸하였다.

말로는 평안감사이든 평양감사이든 크게 상관없다.

영어로 '평양감사도 제 싫으면 그만'을 의역하면, There is no accounting for tastes. 혹은 You can lead a horse to the water, but you can't make him drink.

포복졸도   포복절도   抱腹絕倒 (안을 抱, 배 腹, 끊을 絕, 넘어질 倒)

'배를 안고 넘어진다'는 뜻으로, 몹시 우스워서 배를 안고 몸을 가누지 못할 만큼 웃음.

비슷한 말로, '손뼉을 치며 크게 웃다'라는 뜻의 박장대소 (拍掌大笑) 가 있다.

영어로 be in stitches.

풍지박산   풍비박산   風飛雹散 (바람 風, 날 飛, 우박 雹, 흩어질 散)

사방으로 날아 흩어짐.

문자 그대로의 뜻은 '바람이 불어 우박이 흩어진다'이다.

영어로 being scattered in all directions.

환골탈퇴   환골탈태   換骨奪胎 (바꿀 換, 뼈 骨, 빼앗을 奪, 아이 밸 胎)
사람이 전보다 훨씬 나아져서 딴사람처럼 됨.

본래, 도교의 연단술에서 나온 말이다. 신선이 되기 위하여 비방의 선단을 사용해서 범부의 뼈를 '선골'로 바꾼다는 뜻이다. 脫 (벗을 탈) 이 아니라 奪 (뺏을 탈) 을 쓴다.

영어로 turn over a new leaf.

황당무개   황당무계   荒唐無稽 (거칠 荒, 당나라 唐, 없을 無, 상고할 稽)
말이나 행동이 거칠고 터무니없다. 황탄(荒誕)무계하다. 예) ~한 소문이 떠돈다.

稽는 보기 드문 글자이다.

영어로 absurd, preposterous.

허장성쇠   허장성세   虛張聲勢 (빌 虛, 베풀 張, 소리 聲, 형세 勢)
실속은 없으면서 허세만 떠벌림. 예) ~를 일삼다.

쓸데없이 목소리의 기세만 높인다는 뜻이다. 줄여서 허세 (虛勢). 속담으로 '빈수레가 요란하다.' 가 있다.

영어로 bravado.

홀홀단신   혈혈단신   孑孑單身 (외로울 孑, 〃, 홀 單, 몸 身)
의지할 데 없이 외로운 홀몸.

'孑' 의 독음은 '혈'이고, '외롭다'라는 의미이다. 아들 자 (子) 와 비슷해 혼동하기 쉽다. '孑' 나 '子' 는 외로워 보이기는 하다.

영어로 being all alone.

참고로, 잘못 알고 있지 않지만, 원래 한자음으로부터 변하여, 텃말같이 된 사자성어 또는 유사 사자성어를 몇 개 적는다.

곤두박질   근두박질   筋斗撲跌 (힘줄 筋, 말 斗, 칠 撲, 거꾸러질 跌)
① 몸을 번드쳐 갑자기 거꾸로 내리박히는 짓. 예) 비행기가 ~하여 추락하다.
② 좋지 않은 상태로 급히 떨어짐의 비유. 예) 주가가 ~을 거듭하다.

17 세기에는 '跟陡(근두)질ㅎ다' 라는 말이었다. '발꿈치 跟, 높이 솟을 陡' 는 '발이 물구나무서다' 뜻이다. '근두질' 이 19 세기에는 접미사 '박 (撲)' 이 더해지고, 제 2 음절인 '두' 에 'ㄱ' 이 덧붙어, '근둑박질' 로 변했다. 'ㄱ' 이 덧붙은 이유는 알 수 없다. 동작이나 행동을 이르는 우리말인 '질' 도 그럴듯한 한자로 바뀌었다. 20 세기에 들어, '跟陡ㄱ' 이 '筋斗' 로 한자 자체가 바뀌면서 'ㄱ' 이 떨어져 나가 '근두박질' 로 바뀌고, 다시, '곤두박질' 로 바뀌었다. 현재, 어원과 멀어진 '곤두박질' 이 '근두박질' 보다 더 널리 쓰이므로, '곤두박질' 을 표준어로 삼고, '근두박질' 은 버린다.

영어로는 '코를 박다' 의 의미인 nose dive. '곤두박질치다' 는 take a nose dive.

잡동사니   잡동산이   雜同散異 (섞일 雜, 같을 同, 흩어질 散, 다를 異)
쓸데없는 것이 한데 뒤섞인 것. 또는 그 물건. 예) 해묵은 ~.

원래, 조선시대 22대 정조 때의 학자 안정복이 지은 책 이름이다. 경사자집

(중국 서적에서 경서, 사서, 제자, 문집의 총칭) 에서 문자를 뽑아 모으고, 물명 (物名), 통계, 패설도 기록했다.

영어로는 odds and ends.

호락호락　홀약홀약　忽弱忽弱 (갑자기 忽, 약할 弱, 갑자기 忽, 약할 弱)
일이나 성격이 만만하여 다루기 쉬운 모양. 예) ~ 넘어가지 않는다, 세상은 그렇게 ~한 것이 아니야.

영어로는 easy to deal with.

호래자식　호노자식　胡奴子息 (되 胡, 종 奴 아들 子, 쉴 息)
배운 데 없이 막되게 자라 교양이나 버릇이 없는 사람을 낮잡아 이르는 말.

큰 말은 '후레자식' 이다.

영어로는 bastard.

흐지부지　휘지비지　諱之祕之 (숨길 諱, 갈 之, 숨길 祕, 갈 之)
끝을 분명하게 맺지 못하고 흐리멍덩하게 넘기는 모양. 예) ~ 끝나다. ~하게 처리되다.

영어로는 fizzle out.

다섯째 마당 외래어

꼭지 19. 「외래어 표기법」 유감

『표준국어대사전』에 의하면, 언어에 대한 정의는 다음과 같다.

> 생각, 느낌 따위를 나타내거나 전달하는 데에 쓰는 음성, 문자 따위의 수단.
> 또는 그 음성이나 문자 따위의 사회 관습적인 체계.

의사를 소통하기 위한 음성은 말이며, 문자라는 기호를 이용해 말을 시각적으로 표현한 것이 글이다. 말은 일시적이고 공간적 제약이 있기 때문에, 글로 보존되고 전달된다. 말과 글은 체계적이며, 사용자의 동의를 전제로 사회적 구속력을 가진다. 언어는 세대에서 세대로 유전되는 역사성을 가지며, 사용 공동체의 지식, 신념, 사상, 관심 등이 공유되는 사회성을 가진다. 이런 이유로, 즉 그 의미를 수많은 다른 사람들과 시의적으로 공유하기 때문에, 올바르지 않다거나 원래 말뜻과 다르다거나 등의 이유로 하루 아침에 바꿀 수 없다. 그러므로 새 말을 만들어 쓸 경우, 시의성 있게 잘 만들어야 한다.

언어의 기본 요소는 어휘 또는 단어다. 한 나라의 언어는 그 어휘에 있어 고유 단어와 외래 단어로 형성된다. 한국말의 경우, 『표준국어대사전』에 약 364,000 개의 단어가 등록되어 있다. 어휘의 종류는 기본적으로 3 가지로 구분되는 바, 고유어는 우리말에 본래 있는 말이며 (약 25%), 한자어는 한자에서 유래한 말이고 (약 58%), 외래어는 외국으로부터 들어와 한국어처럼 쓰는 말 (약 8%) 이다. 나머지는 위 3 종류의 합성어다. 외래어는 고유어나 한자어로 대체할 수 없다는 점에서 외국어와 다르다. 품사별로 살펴보면, 명사 (약 75%), 동사 (약 14%), 형용사 (약 4%), 부사 (약 4%) 가 거의 대부분을 차지한다. 외래어는 명사에 국한한다고 해도 과언이 아니다.

언어는 그대로 있는 것이 아니라 끊임없이 변화한다. 어법은 사용자가 잘 알아차리지 못할 정도로 시나브로 변하지만, 어휘의 사용은 그에 비해 급격하다. 어휘 사용의 변화는 언어공동체 내부에서 발생하기도 하고, 외부로부터 유입되는 새로운 말로부터 생긴다. 외부로부터 유입되는 말은 처음에 외국어로 쓰이다가 시간이 지나 드물게 - 드물다고 했지만, 이미 우리말의 10%를 차지하고 있다 - 외래어가 되는 경향이 있다. 일반적으로, 특정 언어의 외래 단어 분포는 상대적인 문화력 (文化力), 즉 문화 경도에 의해 결정된다. 우리말의 경우, 일제강점시대에는 일본어, 해방 후에는 영어에 치우쳐 있다.

이제 외국어 또는 외래어를 안 쓸 수 없는 상황에 이르러, 그것들을 마땅한 우리말로 대체하는 것이 최선이지만, 쓸 바에야 제대로 쓰자는 것이 이 꼭지의 주제다. 여기서 다루어질 내용은 크게 두 가지로서 하나는 표기이고, 다른 하나는 일본식 영어다. 이하, 외래어와 외국어를 구별하지 않는다.

표기는 해당 단어의 발음과 밀접한 관계가 있다. 예를 들어, 'top'을 '톱'이라 적을지, '탑'으로 적을지의 문제다. 왜 '토프'나 '타프'라고 적지 않을까? 'hat'은 '햇'이라 적으면서 'hat trick'의 'hat'은 왜 '해트'라고 적을까? 이런 혼란을 피하기 위해, 정부는 1986년「외래어 표기법」을 시행하였고, 더불어, 1991년 정부와 언론은 <외래어 심의 공동위원회>를 구성하여 외래어 표기를 심의하여 한글 표기를 결정해 왔다. 다만, 「외래어 표기법」은 외국인과의 대화를 위한 것이 아니라, 한국어를 쓰는 공간 안에서 한국인의 의사소통 편의를 위해 만들어진 규범이라는 것에 주목할 필요가 있다. 하지만, 이 규범에 동의하지 않는 개인이 그 나름의 표기를 고집한다면, 「외래어 표기법」은 그저 참고 사항일 뿐, 아니, 참고조차 하지 않을 정도로 별로 쓸모가 없을 것이다.

「외래어 표기법」은 4 개의 장과 부칙 (제 1 장 표기의 기본 원칙, 제 2 장 표기 일람표, 제 3 장 표기 세칙, 제 4 장 인명, 지명 표기의 원칙, 부칙) 으로 이루어졌다. 이 중, 제일 중요한 제 1 장 '표기의 기본 원칙'을 상술하면 다음과 같다. 외래어를 표기할 때, 이들 5 개 항으로 충분하지 않다는 것에 대해서 사항에 따라 아래에 따로 기술한다.

> 제 1 항 외래어는 국어의 현용 24 자모만으로 적는다.
> 제 2 항 외래어의 1 음운은 원칙적으로 1 기호로 적는다.
> 제 3 항 받침에는 'ㄱ, ㄴ, ㄹ, ㅁ, ㅂ, ㅅ, ㅇ' 만을 쓴다.
> 제 4 항 파열음 표기에는 된소리를 쓰지 않는 것을 원칙으로 한다.
> 제 5 항 이미 굳어진 외래어는 관용을 존중하되, 그 범위와 용례는 따로 정한다.

외래어를 표기하는 방법은 이론상 두 가지가 있을 수 있다. 하나는 우리의 음운구조에 어울리지 않더라도 될 수 있으면 원음에 가깝게 표기하는 방법과, 다른 하나는 원음과는 다소 다르더라도 우리의 음운구조에 어울리게 표기하는 것이다. 이 두 가지 방법을 개인에 따라서 임의적으로 적용하면 혼란을 피할 수 없다.

우선, 원음에 대한 정의가 필요하다. 영어의 경우, 전 세계적으로 광범위하게 쓰이는지라 지역에 따라 발음이 같지 않다. 영어 원음을 미국식 영어와 영국식 영어로 국한할지라도, 당장 위의 'top' 같은 경우가 생긴다. 미국 사람들에게 'cobalt' 를 '코발트' 라고 발음하면 아무도 못 알아듣는다. 비슷하게 발음하면 '코볼' 이다. 외래어가 단순히 한국인의 의사소통 편의를 위해 만들어진 단어라면, 차라리 새로운 한국어 낱말을 만들어 쓰는 편이 나을 수도 있다.

현재, 과학, 기술, 문화, 사회 등 전 분야에 걸쳐 미국이 대세임을 감안하여 영어 원음을 미국식 영어에 기초하더라도, 무엇보다 중요한 것은 원칙이다. 영어 발음이 아무리 중구난방이지만, 그 나름의 규칙이 있다. 예를 들어, 'hat' 과 'hat trick' 에서 둘 다 [햇] 으로 발음될 뿐, 각각 [햇] 과 [해트] 로 발음되지 않는다. 'hat trick' 은 [햇 트릭] 으로 발음된다. 우리가 매체에서 자주 보는 '해트트릭' 혹은 '해트 트릭' 은 잘못된 표기일까?

「외래어 표기법」 (용례)에 의하면, 'hat' 이 외래어가 아니라서 그런지 예로 나와 있지 않지만, 유추할 수 있는 외래어로 '오페라해트 (opera hat)' 와 '해트트릭 (hat trick)' 을 들 수 있다. 「외래어 표기법」 영어의 표기 세칙 중 하나인 '짧은 모음 다음의 어말 무성 파열음 ([p], [t], [k]) 은 받침으로 적는다.' 라는 원칙이 있다. 'gap [gæp] 갭', 'cat [kæt] 캣', 'book [buk] 북' 이 예시 되었다. 만약, 'hat' 을 '해트' 라 한다면, 'hat' 은 '햇' 이 되어야 하는 이 원칙에 위배 된다. 'cat' 은 '캣' 이고, 'hat' 은 '해트' 라? '캣' 은 맞고, '햇' 은 그르다?

예외 없는 원칙은 없다지만, 많은 예외가 있는 원칙은 이미 원칙이 아니다. 그런 원칙은 남을 설득할 수 없거니와, 동의를 이끌어 낼 수도 없다. 이는 개개인 취향에 따라 자신이 생각하는 바를 따르면 된다는 말과 같고, 「외래어 표기법」 을 무용지물로 만든다. 'bat', 'cat', 'fat', 'hat', 'mat', 'rat', 'sat' 가운데 어느 것도 예외를 적용할 만한 것은 없다.

일본식 영어의 도입은 3 가지 면에서 문제가 된다. 첫째, 발음의 문제다.

우리말과 달리, 일본어는 'ㄴ'이 받침 소리로 유일할 뿐, 'ㄱ, ㄹ, ㅁ, ㅂ, ㅅ, ㅇ'의 다른 받침 소리가 없는 개음절 언어다. 이런 종류의 언어는 받침이 있는, 예를 들어, 한국어와 영어 같은 폐음절 언어를 적을 때, 제 소리대로 적을 수 없고, 자음 하나 하나에 모음을 더해 풀어 쓸 수밖에 없다. 더 고약한 것은 5 개 모음 (ㅏ, ㅣ, ㅜ, ㅔ, ㅗ) 이 아닌 'ㅓ, ㅐ, ㅡ'가 올 경우, 'ㅓ'와 'ㅐ'는 [ㅏ] 로, 'ㅡ'는 상황에 따라 나머지 4 개 모음으로 적을 수밖에 없다. 예를 들어, '어나운서 (announcer)'를 '아나운사 (アナウンサー) 로, '샐러드 (salad)'를 '사라다 (サラダ)'로, '애플 (apple)'을 '아뿌루 (アップル)'로 적는다, 그리고 보면, 외래어 '아나운서'는 [아] 는 일본식, [서] 는 미국식 영어 발음의 섞음음이다. 제대로 적는다면, '어나운서'가 된다.

둘째, 일본어에는 [L] 발음이 없기 때문에, [L] 과 [R] 은 구별되지 않고, 무조건 [R] 로 적는다. 여기서 [R] 은 정확한 미국식 [R] 이 아니라, 우리말 [수레] 의 [레] 같은 [R] 임을 유념해야 한다. 일본말 [ライス] 는 'rice (쌀)'인지 'lice (이)'인지 구별할 수 없다. 많은 한국인도 [L] 과 [R] 을 구별하지 않고 발음한다. 그러니까, [R] 발음상, 일본식 영어를 잘 받아들일 준비는 되이 있는 셈이다.

셋째, 일본식 영어는 영어를 줄여 쓴 것이 많다. 예를 들어, 'extreact'에서 [ex] 만을 취해 [엑기스 (エキス)] 로, 'running shirt'에서 [running] 만 취해 [난닝구 (ナンニング)] 로, 'register'에서 [regi] 만 취해 [레지 (レジ)] 로, 'overcoat'에서 [over] 만 취해 [오바 (オーバー)] 로 등등, 그 수는 상당하다. 이런 줄여쓰기는 그 말의 유래를 짐작하기 어렵게 한다. 세 가지 문제 중 두세 개가 한꺼번에 나타날 때면 더욱 그렇다.

다음은 외래어를 표기할 때, '표기의 기본 원칙' 5 개 항으로 충분하지 않다는 것에 대해 영어를 기준으로 기술한다.

제 1 항 외래어는 국어의 현용 24 자모만으로 적는다.

영어 자음 중 한글로 표기하지 못하는 소리는 [f], [v], 'the' 의 [ð], 'thin' 의 [θ] 이다. 물론, 제일 좋은 방법은 별도의 기호를 만들어 쓰는 것이지만, 이는 결코 쉽지 않다. [ð] 와 [θ] 는 각각 [ㄷ] 과 [ㅆ] 와 비슷하나, 엄연히 다른 발음에도 불구하고 섞어 쓰는 것 가장 큰 문제다. 예를 들어, 전 영국 수상 'Thatcher' 를 모든 매체에서 [대처] 로 발음하고, '대처' 로 표기하지만, Th 발음이 [θ] 이기 때문에, 근사한 발음은 [쌔처] 다. 하긴, '쌔처' 가 집권시 영국 불황에 잘 '대처'하기는 했다. 하지만, 영어 표기 제 4 항 '파열음 표기에는 된소리를 쓰지 않는 것을 원칙으로 한다' 에 의거하여 표기한다면, 이마저도 '새처' 로 표기해야 한다. 우리에게 너무 잘 알려진 'McArthur' 도 '맥아더' 로 표기하지만, [맥아써] 가 근사한 발음이고, 보다 근사하게는 [매카써] 다.

[f] 와 [v] 는 각각 'ㅍ' 과 'ㅂ' 으로 표기되지만, 원래 발음과는 거리가 멀다. 중세 한국어에는 순경음 (脣輕音) 또는 '입술가벼운소리' 가 있는 바, 순음에 'ㅇ' 을 세로로 적어 만든 'ㅱ', 'ㅸ', 'ㅹ', 'ㆄ' 이다. 순경음 중에 국어 표기에 'ㅸ' 만 실제로 사용되었으며, 나머지는 한자음의 표기에만 쓰였다. 중국 한자음 표기에서 [f] 와 [v] 를 구별할 때에 한해, [ㅸ] 은 [f], [ㅹ] 은 [v] 를 의미했다. [ㆄ] 는 [f] 를 [ㅍ] 만큼 공기를 오래 넣어서 발음하는 것이 [ㅸ] 와 달랐다. 현재, 'ㅸ' 는 '날이 더버서' 처럼 경상도 사투리에 일부 남아 있다.

외래어를 표기하기 위해, 국어의 현용 24 자모 외에 작정하면 못 만들 것 없는 문자부호를 새롭게 만드는 것보다 만들어야 한다는 것에 대한 언중의 동의를 얻는 것이 더 힘들 것이다.

제 2 항 외래어의 1 음운은 원칙적으로 1 기호로 적는다.

음운은 말의 뜻을 구별하여 주는 소리의 가장 작은 단위를 말한다. 자음과 모음이 소리의 기본을 이루며, 소리의 길이, 높낮이, 강세 등이 더해져 최종적으로 말소리가 된다. 외래어를 표기할 때, 하나의 소리에 하나의 소리를 대응시킨다는 말인데, 외국어의 음운체계와 우리 것이 같지 않을진대, 불가능한 경우도 있다. '원칙적으로'란 말은 '될 수 있으면'이란 말과 같다. 한편, 사람에 따라, 혹은 시대에 따라 한 음운을 달리 표기할 수도 있다. 예를 들어, 'bench'를 '벤치'와 '벤취' 중 어느 것으로 적느냐의 문제다. 옛날 매체에 '벤취'로 적던 것이 근래에는 '벤치'로 적는다. 소리나는 대로 적으면 '벤취'가 원음에 가깝다. 또한, '누구 맘대로?'란 말이 나올 정도의 일방적인 지시같이 보이는 규범도 문제다. 'supermarket'이 '슈퍼마켓'인가? 아니면 '수퍼마켓'인가? 제대로 발음하면, 'Super Junior'는 [슈퍼주니어]가 아니라 [수퍼주니어]다.

이 조항이 잘 지켜지지 않는 이유는 사람에 따라 음운의 수를 달리 할 수 있다는 것이다. 이런 혼동은 폐음절 언어인 영어를 개음절화 시킬 때 발생한다. 위의 'hat trick'을 예로 들어 개음절화 시켜 적으면 '해트 트리크'다. 폐음절 표기 '햇 트릭' 사이에 '해트 트리크', '해트 트릭', '햇 트리크', '햇 트릭' 등 4 가지 표기가 생긴다. 「외래어 표기법」은 '해트 트릭'이 제대로 된 표기라고 하는데, 당연히 '왜?'라는 질문이 생긴다. 원칙이 없기 때문이다. '해트'는 개음절로, '트릭'은 폐음절로 적기 때문이다. 일본어처럼 폐음절로 할 수 없으면 몰라도, 영어와 같은 폐음절 언어인 한국어로는 '햇 트릭' 또는 '햇트릭'이라고 표기해야 한다. '햇 트릭'인지, '햇트릭'인 지에 관한 붙여적기는 별도의 꼭지를 만들어 다룰 예정이다.

제 3 항 받침에는 'ㄱ, ㄴ, ㄹ, ㅁ, ㅂ, ㅅ, ㅇ'만을 쓴다.

말과 글이 다른 경우, 즉 발음과 표기가 항상 같을 경우, 이 항은 큰 문제가 되지 않는다. 다만, 받침이 다음 음절의 모음에 연음될 경우, 가끔 혼란스럽다. 예를 들어, 'McArther'를 '맥아써'로 쓰면 연음으로 [매가써] 로 발음되나, 실제 발음은 [매카써] 로 'ㅋ'이 살아 있다. '맥아써'로 쓰면, 연음 상태에서 그런대로 실제 발음과 일치한다. '맥아써'로 쓰면 외래어 표기에 충실하지만, 원음과는 거리가 있고, '맥아써'로 쓰면 외래어 표기와는 거리가 있고, 원음에 충실하다. 개인적인 생각으로 '매카써'가 좋아 보이나, 어느 것을 사용할지 언중의 지혜가 필요하다.

제 4 항 파열음 표기에는 된소리를 쓰지 않는 것을 원칙으로 한다.

사람이 내는 모든 소리는 훈민정음으로 적을 수 있다. 훈민정음은 진실로 위대한 문자이나, 그 체계가 간단하지 않다. 현재 우리가 쓰는 한글은 세월이 지남에 따라 많이 간소화되기는 했어도 훈민정음의 위대함은 그대로 남아 있다. 그 중 하나가 알파벳 언어에는 없는 된소리의 표기다. 알파벳 언어에 된소리 없는 것이 아니다. 라틴어와 스페인어에는 모음 앞에 오는 'c', 'p', 's', 't'는 예외 없이 [ㄲ], [ㅃ], [ㅆ], [ㄸ] 로 발음된다. 우리가 아는 '마르코 폴로'는 [마르꼬 뽈로] 로 발음된다. [마르코 폴로] 는 [마르꼬 뽈로] 를 영어식으로 발음한 것이다. 이렇게 여러 언어를 원음 가까이 표기할 수 있는 겹자음이 있음에도 '된소리를 쓰지 않는 것을 원칙으로 한다' 는 규범 때문에 쓸 수 없다는 것이 납득할 만한가?

영어는 된소리에 인색하다. 하지만, 영어에도 된소리가 있는 바, 모음 'e' 와 'i' 앞에 오는 'c', 모음 'a, e, i, o, u' 앞에 오는 's' 는 [ㅆ] 로 발음된다. 'c' 의 경우, [쎄], [씨], 혹은 [써] 로 발음되며 (예로, center, cinema, circular), 's' 의 경우, [u] 발음 나는 'u' 를 제외한 모음 앞에서 [ㅆ] 로 발음된다. 'u' 의 발음은 [ə] 와 [u] 두 가지로, [ə] 발음일 경우, 'sum', 'sun' 처럼 [썸], [썬] 의 된소리로, [u] 발음일 경우, 'super' 의 [수퍼] 처럼 예사소리로 발음된다. 또한, 'thin' 같은 'th' 의 [θ] 발음도 [ㅆ] 에 가깝다.

제 5 항 이미 굳어진 외래어는 관용을 존중하되, 그 범위와 용례는 따로 정한다.

외래어 또는 외국어가 가장 많이 쓰이는 분야는 과학 기술 분야일 것이다. 우리가 쓰는 과학 용어는 주로 미국식 영어에서 유래된 것이다. 더 심각한 문제는 오래 전에 일본 사람들이 그들에게 편하게 옮긴 발음을 그대로 가져다 쓴 것이 지금에는 관행이 되었다는 점이다. 이에 관해서는 별도의 꼭지를 만들어 다룰 예정이다. 관용 (慣用) 이란 잘못됐더라도 오래전부터 써 오던 것을 그대로 쓴다는 말인데, [로저벨트] 인 미국 26 대 대통령 'Roosevelt' 를 [루즈벨트] 로, [머리] 인 'Murray' 를 [머레이] 로, [모어] 인 'Moore' 를 [무어] 로 관용상 계속 쓸 것인가? 잘못된 관용을 고집할 필요는 없다. 관용이야 새로 만들면 또 다른 관용이 된다.

지금까지 논지의 끝을 맺자면, 한글은 사람이 내는 모든 소리를 적을 수 있는 글자라고 알고 있듯이, 이는 들리는 대로, 소리나는 대로 적을 수 있다는 말인데, 물 흘러가듯 내버려 두면 될 일에 굳이 스스로 족쇄를 채울 필요가 있는가? 어차피 외래어야 한국어 사용권에서만 쓰이는 말이므로 크게 문제 될 것이 없다는 주장이 득세하는 환경이라면, 외래어는 그저 우리만 아는 암호일 뿐이다. 차라리, 새로운 한국말을 만들어 쓰는 수고라도 한다면 조그만 칭찬쯤은 들을 수 있을 것 같다.

꼭지 20. 외래어 표기 기호

사람 이름도 외래어로 친다면, 우리나라에 들어온 첫 번째 외래어는 '예수'와 '누가'로, 각각 'Jesus'와 'Luke'를 우리말로 편하게 발음한 것이다. 1882년, 중국 만주 지방에서 활동하던 선교사 로스 (John Ross) 를 중심으로 매킨타이어 (John MacIntyre), 우리나라 최초의 개신교 신자인 신의주 출신 이응찬, 백홍준, 서상륜, 이성하 따위가 『누가복음』을 번역한 최초의 한글 신약 전서인 『예수셩교누가복음젼셔』를 발간하는데, 제목에 두 말이 들어있다. Ross 는 이응찬의 도움을 받아 상당한 수준으로 조선어를 익혔다. 이를 바탕으로 1877 년 우리나라 최초의 영어로 쓰인 조선어 학습 교재인 『Corean Primer』 (조선어 입문서) 를 지었다. 『누가복음』의 번역은 조선인들이 중국어 번역 성경 『路加福音』을 조선어로 번역한 뒤, Ross 와 MacIntyre 가 감수함으로써 이루어졌다. 이 책은 중국 심양에서 출간되었다. '예수'와 '누가'는, 각각, 중국어 음차인 '耶穌'와 '路加'로부터 유래한다. '耶穌'의 중국어 발음은 [yēsū] ([예쑤]) 이다. 옛 어른들은 '예수교'를 '야소교'라 불렀으니, '야소'는 '耶穌'의 우리나라 독음이다. '路加'의 중국어 표준 발음은 [lùjiā] ([루찌아]) 이나, 중국 산둥 지방과 동북부에서는 [루가]* 로 발음되었다. '루가'에 두음법칙이 적용되어 '누가'가 되었다. 그러고 보니, 이 짧은 절에 '우리나라 최초'라는 말이 많이 들어있다. 최초의 외래어, 최초의 성경, 최초의 개신교 신자, 최초의 조선어 학습 교재 따위이다. 혹시, 이 글이 '누가'의 어원에 대한 '우리나라 최초'의 언급은 아닐까?

---

* 산둥 지방에서 '路加'의 발음이 [루찌아] 가 아닌 [루가] 로 *(뒤쪽으로 이어짐)*

바로 앞 꼭지에서, 1986년에 제정된 현행「외래어 표기법」의 문제를 논하였다. 1986년은 우리나라에 외래어가 들어온 지 거의 100년이 지난 시점이므로, 1986년 이전에 외래어를 표기하는 법(안)이 당연히 있었을 것이다. 그렇다면, 1882년부터 1986년 까지 우리말에서 외래어가 어떻게 표기되었는지 자못 궁금하다. 과거를 더듬어 봄으로써, 현행「외래어 표기법」이 지닌 문제점을 해결할 수 있다면 다행일 것이다.

본격적인 논의에 앞서, 오늘날, 우리말 낱말에서 외래어는 어떤 위치를 차지하고 있을까?『표준국어대사전』의 표제어 품사별 통계를 바탕으로 작성한 외래어와 혼종어의 언어별 현황을「부록 6」에 실었다. 모든 형태의 외래어 수는 27,000개다.

한편, 실생활에 쓰이는 낱말을 중심으로 <국어 연구원>에서 발행한 기초어휘 목록에는 40,000개 낱말이 등재되었다. 이 가운데, 외래어는 1904개 (순수외래어 1680개 + 혼종 외래어 224개)로, 약 4.8%를 차지한

(앞쪽에서 이어짐) 발음되는 이유는 동이족의 분포와 관계가 깊다. 동이족은 'ㄱ' 계통 한자음 (예를 들어, 加) 으로 [ㄱ] 을 유지하였지만, 한족은 많은 경우 '[ㄱ] → [ㅈ]' 의 발음 전환을 택했다. 혹자는, 거꾸로, 동이족이 '[ㅈ] → [ㄱ]' 의 발음 전환을 택했을지 모른다고 생각할 수도 있으나, 한자의 전신인 갑골문이 동이족의 문자이므로, 'ㄱ' 계통 한자의 원음은 [ㄱ] 이다.
우리나라의 중국 요리인 '깐풍기' 나 '라조기' 의 '기' 는 鷄 (계; 닭) 를 의미하는데, 鷄 의 중국어 표준 발음인 [지] ([jī]) 대신 산둥 지방에서는 [기] 로 발음된다. [ㄱ] 이 살아 있다. 이들 요리는 조선 말기에 산둥 지방에서 제물포로 이주한 중국 사람들에 의해 조선에 전해졌기 때문이다.

다. 거의 영어다. 실생활에서 쓰이지만 등재되지 않은 낱말을 포함하면, 우리말에서 외래어 (좁게 얘기하면, 영어) 의 비중은 적어도 5% 정도일 것이다. 여기에는 전문용어가 거의 포함되지 않는다.

이하, 외래어를 한글로 표기하는 문제를 다루는데 외래어로서 그리고 외국어로서 영어에 국한한다. 그 이유는 영어가 외래어의 대세일 뿐만 아니라, 외래어로 분류되지 않는 거의 모든 나라의 인명과 지명이 영어로 쓰이고 발음되고, 영어가 현재 거의 모든 분야에서 국제어로 기능하기 때문이다.

외래어를 한글로 표기하는 방식의 기준이 무엇이든 간에 한 가지 변하지 않는 원칙이 있다. '원어의 발음대로 표기한다.' 는 표음주의이다. 이 원칙은 잘 지켜지면서도 잘 지켜지지 않았다. 잘 지켜지지 않은 이유로 다섯 가지를 들 수 있는데, 첫째는 대응 기호 (또는 글자) 가 없고, 둘째는 우리의 문법 규범이 표음주의를 허락하지 않고, 셋째는 원어의 정의가 모호하고, 넷째는 우리말이 개음절을 선호하고, 다섯째는 표기한 말이 발음 면에서 언어 감정상 받아들이기 어렵기 때문이다. 이 이유들을 하나하나 논한다.

첫째, 대응 기호가 없다.

사실, 한글과 영어 사이의 대응 기호가 이 꼭지의 주제나 마찬가지다. 따라서 설명이 좀 길다.

소리는 있되 기호는 없거나, 기호는 있되 소리는 없는 경우는 한 언어 안에서도 발생한다. 전자의 예는 영어의 'sand' 를 [쌘드] 로 발음하는, 즉, [쓰] 발음에 글자 'ㅅ (S)' 를 쓰는 경우이고, 후자의 예는 우리나라 경상도에서 '쌀' 을 [살] 로 발음하는, 즉, 글자 'ㅆ' 의 발음이 [ㅅ] 인 경우이다.

소리와 기호의 관계가 한 언어 안에서도 이럴진대, 한 언어의 발음을 다른 언어로 표기하거나, 한 언어의 표기를 다른 언어로 발음하는 것은 어려운 일이다. 더구나, 마땅한 표기나 발음이 없으면, 소통이 전혀 안 되는 상황은 당연하다. 예를 들어, 'father, mother, brother'를 일본 사람들이라고 흉내 내지 못할 것이 없음에도, 그들은 '화자, 마자, 브라자'라고 발음한다. 이론적으로, 사람이 만든 소리는 모든 사람이 흉내 낼 수 있어야 하나, 습관이 흉내보다 먼저다. 입 안의 근육이 한 방향으로 굳어지면, 다른 방향으로 발음하기 쉽지 않다.

그렇다면, 우리말의 글자는 어떠한가? 『훈민정음』「해례」 정인지「서문」에 '훈민정음'의 특징을 기술한 다음의 말이 나온다.

字韻則淸濁之能辨 樂歌則律呂之克諧 (자운즉청탁지능변 악가즉율려지극해.)
無所用而不備, 無所往而不達 (무소용이불비, 무소왕이불달)
雖風聲鶴唳, 鷄鳴狗吠, 皆可得而書矣 [수풍성학여, 계명구폐, 개가득이서의.]

두 곳의 기관 또는 두 사람의 번역은 다음과 같다.

세종대왕기념사업회 (1971 년 번역)

글자의 운으로는 맑고 흐린 소리를 구별할 수 있고 음률로는 노랫가락이 다 담겨 있다. 글을 쓰는데 글자가 갖추어지지 않은 바가 없으며, 어디서든 뜻을 두루 통하지 못하는 바가 없다. 비록 바람소리, 학의 울음소리, 닭소리, 개 짖는 소리라도 모두 적을 수 있다.

강신항 (1974 년 번역)

자운(字韻)은 청·탁을 능히 구별할 수 있고, 악가(樂歌)는 율려(律呂)가 고르게 되며,

쓰는 데 갖추어지지 않은 바가 없고, 가서 통달되지 않는 바가 없으며, 비록, 바람소리, 학의 울음, 닭의 홰치는 것, 개가 짖는 것일지라도 모두 이 글자를 가지고 쓸 수가 있다.

박지홍 (1984 년 번역)

글자의 소리에 있어서는 청과 탁을 분간할 수 있고, 악곡의 가사에 있어서는 음계를 고를 수 있다. 사용해 보아 갖추어지지 아니한 것이 없고, (어떤 경우라도) 이르러 통하지 않는 것이 없다. 바람소리, 학의 울음 소리, 닭 우는 소리, 개 짖는 소리라도 모두 베낄 수 있다.

국립국어원 (2008 년 번역)

한자음은 청탁을 능히 구별할 수 있고, 악가는 율려(음계)가 고르게 되며, 쓰는 데 갖추어지지 않은 바가 없고, 가서 통달되지 않는 바가 없으며, 바람 소리, 학의 울음, 닭의 홰치며 우는 소리, 개 짖는 소리일지라도 모두 이 글자로 적을 수가 있다.

첫 줄 열여섯 자 (字韻則淸濁之能辨 樂歌則律呂之克諧) 의 해석이 분분하고, 뜻이 분명하지 않은 이유는 자운(字韻), 악가 (樂歌), 율려 (律呂) 의 해석과 뜻이 서로 다르기 때문이다. 아무튼, 전체적으로, 훈민정음 28 글자로 사람이 내는 소리, 동물이 내는 소리, 자연의 소리 따위를 적을 수 있다는 뜻이다.

훈민정음과 후신인 한글이 소리를 표기하는데 뛰어나지만, 알파벳을 쓰는 외래어, 특히, 영어가 들어오면서 현재 한글 24 자모로 적지 못하는 발음이 생겼다. 우리말 발음과 근본적으로 일치하지 않는 영어 발음은 모두 7 개로 [L], [R], [F], [V], [th (ð)], [th (θ)], [Z] 이다. 나머지 자음과 일부의 모음도 완전하게 일치하지 않으나, 그런대로 일치한다고 가정한다. 현대 우리말에 소리는 물론 글자가 없는 영어 발음은 [F], [V], [th (ð)], [th (θ)], [Z] 의 5 개다.

[L] 과 [R] 은 꼭지 1에서 언급한 바와 같이, 소리는 있되 글자로 둘의 구분이 불명하다. 이에, 외래어 낱말 초성에 한해 [L] 과 [R] 의 대응 글자로 각각 쌍리을 'ㄹㄹ' 과 'ㄹ'을 꼭지 2에서 제안하였다.

세종 때 중국어를 제대로 발음하기 위해 만든 글자 가운데 순경음 'ㆄ' 과 'ㅹ', 그리고 반시옷 'ㅿ' 은 각각 [F], [V], [Z] 를 가장 근사하게 발음할 수 있는 글자다. 한편, 1908 년에 발행된 영어 교재 『아학편』에는 [F] 의 대응자로 'ㅇㅍ' (철자명으로는 '에푸'), [V] 대응자로 'ㄹㄹ', [Z] 의 대응자로 'ㄹㄹ' 이 사용되었다. 종합해서, [F], [V], [Z] 의 대응자로 각각 'ㆄ' (또는 'ㅇㅍ'), 'ㅸ' (또는 'ㄹㄹ'), 'ㅿ'을 제안한다.

영어 교재 『아학편』에는 [th (ð)] 와 [th (θ)] 의 대응자로 'ㅇㅈ' 또는 'ㅇㄷ' 를 낱말에 따라 구별하거나 구별 없이 썼다. 'father, mother' 는 '퐈아쪄, 모쪄' 로, 'brother' 는 '쑤로쪄' 또는 '쑤로더' 로, 'earth, mouth' 는 '이아쯔, 마우쯔' 로, 'throat' 는 '뜨로트' 로 표기했다. [th] 의 발음이 [ㄹㄹ] 인 것은 아마도 일본어 영향인 듯 보인다. 아무튼, [th (ð)] 와 [th (θ)] 의 대응자를 만든다면, 각각 'ㅇㄷ'과 'ㅇㅅ'이 적당하지 않을까? 'father' 는 'ㆅ 더' 또는 'ㅃ 더' 로, 'mouth'는 '마우쯔' 로 쓸 수 있다.

[F], [V], [th (ð)], [th (θ)] 의 대응자로 'ㅇㅍ','ㅇㅂ', 'ㅇㄷ', 'ㅇㅅ' 의 겹낱자 형태의 가로쓰기 (병서 竝書) 를 제시하였으나, 'ㆄ' 와 'ㅸ' 처럼 각 글자 의 세로쓰기 (연서 連書) 도 가능하다.

이상, 우리말 발음과 일치하지 않는 영어 발음 7 개 ([L], [R], [F], [V], [th (ð)], [th (θ)], [Z]) 가운데, [R] 을 제외한 6 개 발음의 대응자를 제안하였지만, 이는 제안일 뿐이다. 다른 표기도 얼마든지 가능하다. 다만, 분명히 짚고 넘어갈 점은 7 개 발음 ([R] 을 제외하면, 6 개 발음) 에 대한 대응자를 만들 필요가 있다는 것이다.

둘째, 우리의 문법 규범은 표음주의를 허락하지 않는다.

1882 년 외래어가 도입된 이래 지금까지, 영어 발음을 한글로 표기하는 나름의 기준이 있어 왔다. 하지만, 그 기준이 너무 자의적이고 통일되지 않아, 외래어의 한글 표기가 쓰는 사람에 따라 달라서 혼란 그 자체였다. 특별한 원칙 없이 임의로 표기되던 외래어에 대해 그 원칙을 밝힌 내력과 원칙은 다음과 같다.

1. 「한글 마춤법 통일안」 (1933 년)
<조선어 학회> 에서 마련한 최초의 외래어 표기 규정이다.

   1. 새 문자나 부호를 쓰지 아니한다.
   2. 표음주의를 취한다.

이 규정은 이전의 외래어 표기에서 표기자에 따라 사용하기도 했던 'ㅐ', 'ㅍ' 등은 표기에 사용될 수 없음을 의미한다.

2. 「외래어 표기법 통일안」 (1941 년)
<조선어 학회> 를 중심으로, 최초로 공식적인 외래어 표기를 통일하였다.

   1. 모든 외래어는 표음주의로 하되, 현재 사용하는 한글의 자모와 자형만으로써 적는다.

2. 표음은 원어의 발음을 정확히 표시한 만국음성기호를 표준으로 하여 대조표에 준한다.

표기법 제정 이전부터 문제가 되어 왔던 [F] 의 표기는 'ㅍ'으로, [V] 는 'ㅂ'으로, [L] 과 [R] 은 'ㄹ'로 표기가 확정된다. 또한, 장음을 표기하지 않도록 명시하고 있으며, 표기법 제정 이전부터 사용되어 온 관용 표기를 인정한다.

3. 「들온말 적는 법」 (1948 년)
대한민국 정부가 제정한 외래어 표기법으로서 철저한 원음주의를 취한다. 외국어의 원음을 표기에 반영하기 위해 외래어 표기법 제정 이전에 보이던 한글 자모 이외의 글자나 부호를 사용한다. 즉, [F] 를 'ㆄ(ㅍ)', [V] 와 [β] 를 'ㅸ(ㅁ)'으로, [Z] 와 [ʒ] 를 'ㅿ'으로, [L] 을 'ㄹㄹ'로 표기한다. 또한 파열음의 된소리 표기를 인정하며, 장모음을 표기에 반영한다.

이러한 원음주의에 의한 표기 체제는 새로운 문자나 기호를 사용하여 국어에 없는 음운을 표기하는 등, 외래어 표기법 제정 이전의 단계로 되돌아간 상태가 되었다. 그러나, 전문적이고 복잡하여 일반인이 사용하기에 어려운 점이 있어 표기법으로서 정착되지 못한다.

4. 「로마 자의 한글화 표기법」 (1958 년)
대한민국 정부는 외래어 표기법의 문제를 해결하기 위하여, 1958 년 「로마자의 한글화 표기법」 을 발표한다.

1. 외래어 표기에는 현용 24 자모만을 쓴다.
2. 외래어의 1 음운은 원칙적으로 1 기호로 표기한다. 곧 이음이 여럿이 있을 경

우라도 음만을 표기함을 원칙으로 한다.

3. 받침은 파열음에서는 'ㅂ, ㅅ, ㄱ', 비음에서는 'ㅁ, ㄴ, ㅇ', 유음에서는 'ㄹ'만 쓴다.
4. 영어, 미어 (美語) 가 서로 달리 발음될 경우에는 그것을 구별하여 적는다.
5. 이미 관용된 외래어는 관용대로 표기한다.

이는 1941년의 「외래어 표기법 통일안」을 계승한 것으로, 국어에 없는 음을 표기하기 위하여 사용했던 새로운 문자는 외래어 표기에서 사라지게 된다. 대신 중복되는 경우가 있더라도 국어의 기존 음운을 이용하여 외래어의 원음에 유사한 표기를 한다. 받침은 7 개의 대표음으로 적는다.

5. 「외래어 표기법」(1986 년)
대한민국 정부는 제정한 이 법은 현행 외래어 표기법이다.

1. 외래어는 국어의 현용 24 자모만으로 적는다.
2. 외래어의 1 음운은 원칙적으로 1 기호로 적는다.
3. 받침에는 'ㄱ, ㄴ, ㄹ, ㅁ, ㅂ, ㅅ, ㅇ' 만을 쓴다.
4. 파열음 표기에는 된소리를 쓰지 않는 것을 원칙으로 한다.
5. 이미 굳어진 외래어는 관용을 존중하되 그 범위와 용례는 따로 정한다.

이 법은 '된소리를 표기에 반영하지 않음'을 제외하고는 「로마 자의 한글화 표기법」과 동일하다. 정리하면, 외래어를 표기하기 위해 현용 24 자모 외에 특별한 글자나 기호를 쓰지 않고, 국어의 말음법칙을 적용하고, 규정에는 파열음만 있지만, 실제로는 다른 된소리도 쓰지 않고 (예외: 껌, 빵, 중국어 'ㅉ', 일본어 'ㅆ'), 원칙에 어긋나지만, 이미 굳어져 쓰이는 외래어는 인정한다.

결론적으로, 한글 철자가 있는 된소리와 위의 7 개 자음에 관해, 현행 외래어 표기법은 외래어 표음주의를 버렸다. 그뿐만 아니라, 'ch', 단어 끝의 'ge', 'sh' 같은 모음가가 들어있는 복자음의 발음은 『아학편』의 발음보다도 퇴보되었다. 예를 들어, 'child', 'teacher' 는 『아학편』의 [촤일드], [티춰] 에서 현행의 [차일드], [티처] 로, 'brige', 'village' 는 『아학편』의 [쓰릿쥐], [앨에이쥐] 에서 현행의 [브릿지], [빌리지] 로, 'fish', 'ship' 은 『아학편』의 [ᇹ쉬], [쉽] 에서 현행의 [피시], [십] 으로, 『아학편』의 해당 자음 발음이 원음에 훨씬 가깝다.

셋째, 원어의 정의가 모호하다.

당장 영국식 영어와 미국식 영어의 발음 가운데 어느 것을 원어로 취하는가에 따라 모음 발음 (특히, 'O') 이 달라진다. 문제는 두 영어의 다른 모음 발음이 아니라, 표기자에 따라 두 가지가 일관성 없이 섞인다는 것이다. 예를 들어, 요즈음 군사 용어가 자주 노출됨에 따라, '발사대' 란 뜻의 'pod' 를 언론에서 '포드' 로 적는다. 이것은 영국식 영어로, 미국식 영어 발음은 '파드', 좀 더 원음에 가깝게 발음하면 '팟' (외래어를 적을 때, 받침 'ㄷ' 대신 'ㅅ'을 써야 한다는 원칙 때문에 '팟' 으로 쓴다.) 이다. 한편, 'podcast' 는 애플의 아이팟 (iPod) 의 pod 과 방송 (broadcast) 의 cast 가 합쳐진 단어이긴 하지만, 일관성이 있다면, 언론에서 '포드캐스트' 로 적어야 한다. 그러나, 우리는 '팟캐스트' 로 쓰면서 원래 미국식 발음에 충실하다. 이처럼, 하나의 단어의 두고도 다르게 적는다면, 현행 「외래어 표기법」 은 없는 것과 마찬가지다. 아니, 오히려 상황을 혼란스럽게 하니, 없는 것보다 못하다.

넷째, 우리말은 개음절을 선호한다.

위의 'pod'를 영국식으로라도 '포드'로, 아니면, '폿' 으로 적을지는 여전히 문제이다. 전자는 개음절이고 후자는 폐음절이다. 'hat'을 '햇'이라 적지만, 'hat trick'은 '해트 트릭'이라 적는 경우도 마찬가지다. 우리는 외래어의 끝 음절을 개음절로 적으나, 원음에 충실하다면, 폐음절로 적고 발음하는 것이 맞다. 'Sanscrit'은 '산스크리트'가 아닌 '산스크릿'이 맞고, 'strike'은 '스트라이크'가 아닌 '스트라익'이 맞다. 'book'이 '부크'가 아니고, '북'인 이유가, 'football'이 '푸트볼'이 아니고, '풋볼'인 이유가 다 있다. 하지만, 우리는 거의 대부분의 외래어 끝 음절을 개음절로 적고 발음한다.

외래어의 폐음절화는 영어를 그럴듯하게 발음하는데 필수적이다. 바로 위 절의 단어를 개음절로 바꾸어 발음하면, 예를 들어, 'trick'은 '트리크'라 발음하면, 원어민들은 잘 못 알아듣는다. 할 수 없다면 할 수 없지만, 할 수 있는데도 할 수 없다면, 그것은 어리석은 짓이다.

다섯째, 표기한 말이 발음 면에서 언어 감정상 받아들이기 어렵다.

말은 관습이다. 누군가가 "나 오늘 아침으로 싸씨쥐 먹었어."라고 말한다면, 이상하게 들릴 것이다. "여기는 여러분의 KBS 뢰이디오입니다"라고 말한다면, 참을 만한가? 예전에 누군가가 '오렌지'를 '아린지'로 발음해야 한다고 했다가, 전 국민에게 엄청 밉상으로 보인 적이 있다. 그러면, 우리는 이런 외래어 표기를 정서상 어디까지 받아들일 수 있는가? 어느 수준까지가 낯간지럽지 않을까? 만약, 처음부터 '싸씨쥐', '뢰이디오', '아린쥐'로 표기했다면 받아들여졌을까? 따라서, 외래어에 대한 거부감의 크기는 표기된 외래어에 우리가 얼마만큼 동의하느냐에 달려있다.

어떠한 언어이든 외래어를 자국어로 100% 완벽하게 표기할 수 없다. 다만, '될 수 있으면 가깝게'란 원칙을, 즉, 표음주의를 지킬 수만 있다면 다행이다. 영어를 우리말로 표기할 때, 표음주의를 지킬 수 없는 이유는 [L], [R], [F], [V], [th (ð)], [th (θ)], [Z] 에 대한 대응 기호가 없기 때문이다. [R] 의 대응 기호를 'ㄹ'로 정한다면, 6 개 자음 [L], [R], [F], [V], [th (ð)], [th (θ)], [Z] 이 문제이다. 현재 이들 자음에 대응하는 우리말의 영어 표기는 100여 년 전의 영어 교재 『아학편』의 그것보다 못하다. 이제라도 우리말에 없는 기호를 도입할 필요가 있다. 1908 년에 간행된 『아학편』과 1948 년에 공표된 「들온말 적는 법」에서 이미 시도한 적이 있으니, 새삼스러울 것도 없거니와 늦어도 한참 늦었다.

더 욕심을 부린다면, 짧은 음과 긴 음을 구별하는 수단도 도입했으면 좋겠다. 『아학편』에서는 긴 음 'heel'을 표기할 때 오른쪽 어깨 위에 방점을 찍어 '헤'일'로 표기함으로써, 짧은 음 'hill'의 표기 '힐' 과 구별하였다.

꼭지 21. 누가 이 사람을 모르시나요?

제목을 써 놓고 보니, 이 말의 어법이 맞는 것인지 다시 들여다보게 된다. 이 말은 1980년대, 한국 전쟁 시 헤어진 가족을 찾기 위한 공중파 방송의 표어였다. '누가 이 사람을 아시나요?'라고 해야 맞을 것 같은데, 반어법인가? 어쨌든, 다음은 어떤 사람 알아맞히기 열고개 문제다. 스무 개의 문제가 있으면 당연히 스무고개가 되겠으나, 도저히 열 개 이상의 문제를 만들 수 없어 열고개 문제가 되었다. 단서는 크게 나누어 3가지다. 첫 번째부터 여섯 번째 문제가 출생과 생애, 여덟 번째와 아홉 번째가 현대적 대중 매체를 통한 재인식, 열 번째가 최종적이면서 더 이상 결정적일 수 없는 단서다.

1. 영국 국적의 유명한 고전 음악가다.
2. 1685년에 태어나 1759년에 죽었으니, 후기 바로크 시대 음악가다.
3. 프로이센의 할레 (현재 독일 영토) 에서 태어났다.
4. 같은 독일 출신의 동갑내기 작곡가인 '바흐' 와 함께 바로크 음악의 양대 산맥으로 일컬어진다.
5. 젊은 시절 독일 함부르크, 이탈리아 피렌체 등지에서 활동하다, 1712년 이후 런던에 정착하였다.
6. 1726년 영국에 귀화하여, 죽을 때까지 영국에서 살았다.
7. 오페라 46곡과 오라토리오 23곡, 많은 수의 교회음악곡과 기악음악곡을 남겼다.
8. 오페라 「리날도」 (Rinaldo) 의 아리아 (오케스트라 반주가 있는 서정적 독창곡) 작곡자다. 그 곡 중의 하나는 「울게 하소서」 다.
9. 「울게 하소서」 는 1994년에 제작된 영화 「파리넬리」 (Farinelli) 의 카스트라토 음악이다.

10. 그의 대표적인 교회음악이 「메시아」 (Messiah) 다.

서양 고전 음악의 역사를 살펴보면, 유명한 영국 국적 고전음악가가 없다는 것을 알 수 있다. 일반적으로, 어떤 고전 음악가에 대해 출신지, 즉 태어난 곳이 언급되는 반면, 국적이 거론되는 경우는 거의 없다. 따라서, 언급된 '국적'이 중요한 단서가 될 수 있다. 이는 위의 세 번째, 네 번째, 다섯 번째 문제와 관련하여, 그의 음악적 성장 배경은 섬이 아닌 대륙임을 말해 준다. 그리고 보면, 서양 고전 음악은 당시 음악적 환경이 무척 중요함을 알 수 있다.

돌아가서, 출신은 독일이면서 국적은 영국인 유명한 고전음악가는 딱 한 사람밖에 없지만, 그를 집어낸다는 것은 놀라운 일이다. 만약 여섯 번째 이전의 고개에서 맞혔다면, 당신은 서양 고전 음악의 역사에 통달한 사람이리라.

그에 대한 중요한 단서는 「울게 하소서」 라는 곡이다. 그는 오페라 「리날도」 에 나오는 아리아들을 작곡하였는데, 「울게 하소서」 는 그 중의 하나다. 「리날도」 는 토르쿼토 타소가 쓴 십자군 전쟁의 서사시 「구원된 예루살렘」 의 일화를 기초로 작성된 대본이다. 십자군 용사인 리날도의 연인 알미레나가 이슬람 군주 아르간테에 의해 인질로 잡힌 후 마흔두 번째 부인이 되어 달라는 아르간테의 청혼에 자신의 상황을 비관하여 하늘에 대고 자유를 희망하는 기도 형식으로 부르는 소프라노 아리아가 「울게 하소서」 다. 원래 뜻은 '나를 울게 내버려 두세요' 다.

런던에서 초연된 「리날도」 에 나오는 상당수의 아리아들이 당시 유행한 카스트라토 (castrato) 곡으로 불렸다. 카스트라토는 'castrate' (거세하다)

리는 뜻에서 짐작할 수 있듯이, 변성기 전에 거세된 남성이 여성의 음으로 부르는 노래다. 카운터테너 (countertenor) 라고도 불린다. 오페라 「리날도」 는 그 후 200 년 동안 잊혔다가, 1984 년 뉴욕 메트로폴리탄 오페라 하우스에서 재연된다. 뉴욕 초연에서 「울게 하소서」 는 메조소프라노로 불려졌지만, 후에 카운터 테너와 함께 불려졌다.

「울게 하소서」 는 이탈리아 카스트라토 가수 파리넬리 (Farinelli, 1705-1782) 의 생애를 그린 1994 년 영화 「파리넬리」 에 삽입되어 대중적으로 유명해졌다. 파리넬리의 본명은 카를로 브로스키 (Carlo Broschi) 이다. 그의 예명 '파리넬리' 는 그의 후원자였던 '파리나' 형제의 성을 본따서 만들었다고 한다.

이 영화를 주의 깊게 본 사람이라면, 그가 누구인지 말할 수 있는 확률이 90% 는 될 것이다. 영화 「파리넬리」 에서 그가 참석한 가운데 파리넬리가 그의 곡 「울게 하소서」 를 부르는데, 그는 감동해서 거의 기절한다. 이는 실제와 다르지만, 어쨌든, 그는 이 영화에 등장한다.

영화 「파리넬리」 를 보지 않은 사람이라면, 그리고 대중적으로 유명한 그 곡이 그의 작품이라는 것을 모르는 사람이라면, 아직도 그에 대한 단서기 필요할 것이다. 열 번째 단서를 제시하긴 하는데, 이에 이르러서도 그가 누구인지 맞히지 못한다면 다른 어떤 단서가 더 필요할까에 대해 심각하게 고민하겠지만, 곧 그런 단서가 더 이상 없다는 점을 깨닫게 된다.

그는 '헨델' 이다. '헨델' 이 도대체 한국말과 무슨 관련이 있을까?

얼마 전, 우연히 외국어 인명의 한 단어를 보고 지금까지 50 년 넘게 사기를 당해 왔다는 당혹감 내지 황당함을 느꼈다. 그 단어는 'Händel' 이었다. [헨델] 이 아니라 [핸델] 이다.

Google에 '핸델' 을 검색하면, 수정된 검색어 '헨델' 에 대한 내용만 나온다. '핸델' 에 관한 내용은 일절 없다. 반드시 '헨델' 로 검색해야 우리가 아는 '헨델' 에 관한 내용이 나온다. 영어로 검색하면 어떨까? 'Hendel' 로 검색하면, 우리가 아는 '헨델' 에 관한 내용은 일절 없다. 맨 이상한 상품 광고만 나온다. 반면, 'Handel' 로 검색하면, 우리가 아는 '헨델' 에 관한 내용만 나온다. 그러니까, 한국어로는 '헨델', 영어로는 'Handel' 이 'Händel' 에 대한 올바른 Google 검색어가 된다. 참고로, 'Handel' 의 영어 발음은 손잡이 핸들 (Handle) 과 같다. 영어를 쓰는 사람에게 [헨델] 혹은 [핸델] 로 발음하면 처음에 당연히 못 알아듣는다.

'헨델' 의 「메시아」 인가? 아니면, '핸델' 의 「메시아」 인가?

결론적으로 독일 출신 음악가 '핸델' 이 한국으로 건너와서 '헨델' 이 되었다는 얘기인데, 이것이 맞는 얘기인가? 왜 이런 현상이 발생했을까?, 이것이 잘못되었다면, 누구의 잘못일까? 잘못을 인정하면, 앞으로 바로잡을 수 있을까?

아니면, [ㅐ] 가 [ㅔ] 로 바뀌었기로서니 그게 무슨 대수인가? 의사소통에 전혀 문제가 없으니, [헨델] 이면 어떻고 [핸델] 이면 어떤가?

일반적으로, 말은 정확하지 않더라도 글은 정확하기 마련이다. 글을 말로 옮길 때 발음부호대로 발음되지 않는 현상은 거의 모든 언어에서 나타난다. 초성, 중성, 종성으로 이루어진 우리 글의 경우, 초성과 종성을 이루는 자음의 발음은 큰 문제가 없으나 (종성 복자음이더라도 말하는 사람들의 동의만 있으면 문제가 되지 않는다), 중성인 모음으로 복모음이 오면 쓰인 대로 발음이 안 되는 경우가 있다. 대표적인 발음이 [ㅢ] 다. [나의 집] 을 [나애 집], 또는 일부 지방에서 [나으 집] 으로 발음하는 사람들이 많다. [나의 집] 을 [나애 집] 으로 발음하지만 '나에 집' 으로 쓰기도 하니, [핸델] 을 '헨델' 로 쓰는 것과 같아,
이 꼭지의 주제와 밀접하다.

이중모음은 그렇다 치고, [ㅔ] 는 단모음임에도 불구하고 [ㅐ] 로 발음되는 현상을 어떻게 설명할까?

한글은 21 개의 모음과 19 개의 자음으로 이루어진다. 모음은 8 개의 단모음과 13 개의 이중모음으로 이루어진다. 단모음은 'ㅏ', 'ㅓ', 'ㅗ', 'ㅜ', 'ㅐ', 'ㅔ', 'ㅡ', 'ㅣ' 다. 'ㅚ' 와 'ㅟ' 도 이론적으로 단모음이나, 현실적으로는 이중모음이다.

'ㅏ', 'ㅓ', 'ㅗ', 'ㅜ', 'ㅐ', 'ㅔ', 'ㅡ', 'ㅣ' 를 발음해 보면, 사람에 따라서 2 무리로 나뉜다. 하나는 8 개 모음을 정확하게 발음하는 무리, 그리고 다른 하나는 [ㅐ] 와 [ㅔ] 를 거의 구별하지 않으니 애매하게 발음하는 무리다. [ㅐ] 와 [ㅔ] 는 분명히 다른 부호임에도 불구하고 두 번째 무리가 존재하고, 우리 대부분은 두 번째 무리에 속한다. 다시 말해, 실생활에서 많은 사람들은 'ㅔ' 와 'ㅐ' 의 구분이 사라진 7 개의 단모음을 사용한다. 경상도의 일부 지역에는 'ㅓ' 와 'ㅡ' 의 구분이 없는 6 개의 단모음만 사용된다.

'과연, [ㅐ ≑ ㅔ] 라는 등식이 성립할까?'

잠깐 음성학을 거론해 보자. 관심이 없으면 건너뛰어도 상관없다. 음성학 (音聲學; Phonetics) 은 언어학의 한 분야로, 소리가 발음될 때 사용되는 발음 기관의 물리적 특성을 과학적으로 연구하는 학문이다. 모음은 발음할 때 기류의 흐름이 자연스러운 소리로서, 혀의 앞뒤 위치, 혀의 높이, 입술의 모양을 기준으로 분류된다. 단모음은 발음할 때 처음부터 끝까지 혀의 위치나 입술의 모양에 변화가 없는 모음이다.

혀의 위치는 '입천장 앞쪽 부근이냐 (전설모음) 뒤쪽 부근이냐 (후설모음)' 를 말한다. 혀의 높이는 입이 벌어진 정도인 개구도와 직접적으로 관련되어, 높으면 입이 적게 벌어지고, 낮으면 입이 크게 벌어진다. 높이에 따라 고모음, 중모음, 저모음으로 구분된다. 입술의 모양은 평평하면서 튀어나오지 않느냐 (평순) 동그라면서 튀어나오느냐 (원순) 를 말한다.

8 개의 단모음을 기준으로 볼 때, 모음은 혀의 앞뒤 위치에 따라 전설모음 (ㅣ, ㅔ, ㅐ) 과 후설모음 (ㅡ, ㅓ, ㅏ, ㅗ, ㅜ) 으로 나뉘며 혀의 높이에 따라서는 고모음 (ㅣ, ㅡ, ㅜ), 중모음 (ㅔ, ㅓ, ㅗ), 저모음 (ㅐ, ㅏ) 으로 나뉜다. 입술의 모양에 따라서는 평순모음 (ㅣ, ㅔ, ㅐ, ㅡ, ㅓ, ㅏ) 과 원순모음 (ㅗ, ㅜ) 으로 나뉜다.

[ㅐ] 와 [ㅔ] 의 음성학적 분류를 살펴보면, 전설모음이면서 평순모음으로 분류되나, [ㅐ] 는 저모음인 반면, [ㅔ] 는 중모음임을 알 수 있다. 다시 말해, [ㅐ] 는 [ㅔ] 보다 혀의 높이는 낮으며, 입을 벌린 정도는 크다. 결론적으로, [ㅐ] 는 [ㅔ] 는 음성학적으로 다른 발음이며, 이론적으로 [ㅐ ≒ ㅔ] 라는 등식이 성립할 수 없다.

'그렇다면, 왜 실생활 발음에서 [ㅐ] 와 [ㅔ] 가 거의 구별되지 않거나 애매하게 발음될까?

그 이유는 두 가지로, 하나는 [ㅔ]는 정확하게 발음하기 어려우며, 다른 하나는 [ㅐ]를 정확하게 발음하지 않기 때문이다. [end]와 [and]를 발음해 보라. 만약 비슷하게 발음한다면, 둘 중 하나는 틀리며 아니면 둘 다 틀리다. [ㅔ]는 입을 생각보다 조금 벌려야 되는 발음이다. 부단한 연습이 필요하다. 이 발음을 제일 잘하는 부류는 성악가들이다. 그런데, 듣기에는 무척 어색하다. 이 발음을 듣는 것조차 어색한 우리가 잘 발음하면 그것이 오히려 이상할 것이다. 노래를 부르는 같은 부류지만, 대중음악 가수 중에서 [ㅔ]를 정확하게 발음하는 가수를 본 적이 없다. 노래를 자연스럽게 부를 목적이 주된 이유가 아니라, 아마도 발음 연습조차 안 했을 것이다.

평순모음의 입 벌어지는 정도는 'ㅏ' 〉 'ㅐ' 〉 'ㅓ' 〉 'ㅔ' 〉 'ㅡ' 〉 'ㅣ' 순이다. [class]와 [glass] 같은 단어의 원어민 발음을 들어보면, 오히려 어색하게 들릴지 모르겠다. [ㅐ]는 우리가 평소에 벌리던 입보다 더 많이 벌려야 정확하게 발음된다. [ㅏ]를 발음할 때 보다 입을 약간 적게 벌려야 한다. 자동적으로 혀의 위치는 약간 올라간다. 그러나 이것 또한 어색하다. 소리가 어색한 것이 아니라, 입 벌리기가 어색하다.

영어 단어 'apple'을 원어민이 발음하면 [애쁠]로 들리고, 우리들이 발음하면 [애플]로 들리는 원리에서 [ㅐ]의 입 벌리기 정도를 알 수 있다. 입을 많이 벌려 [ㅐ]를 발음한 후 [ㅍ]와 [ㅃ]를 발음해 보자. 그리고 입을 적게 - 그러나 당연히 [ㅔ]보다는 많이 - 벌려 [ㅐ]를 발음한 후, [ㅍ]와 [ㅃ]를 발음해 보자. 그러면서 입술로 소리나는 [ㅍ]와 [ㅃ]의 차이점을 느껴 보자. [ㅍ]와 [ㅃ]는 같은 입술 소리지만, 입술이 마주 닿는 정도는 다르다. 즉, [ㅍ] 는 입술이 마주 닿는 면적이 넓은 반면, [ㅃ] 는 입술 끝이 살짝 닿는 정도에서 발음된다. 입을 많이 벌린 [ㅐ] 에서 [ㅍ] 와 [ㅃ] 를 발음해 보고, 입을 적게 벌린 [ㅔ] 에서 [ㅍ] 와 [ㅃ] 를 발음해 보자. [애쁠] 과 [애플] 가운데 어느 발음이 더 쉬운지 금방 알아차리게 된다. 입을 많이 벌린 상태에서 [ㅍ] 를 발음하는 것보다, 즉 입술을 많이 마주 닿게 하는 것보다 [ㅃ] 를 발음하는, 즉 입술을 살짝 닿게 하는 것이 훨씬 쉽다. 한편, 입을 적게 벌린 상태에서 입술을 많이 마주 닿게 하는 것은 쉽지만, 즉 [ㅍ] 는 쉽게 발음되지만, [ㅃ] 를 발음하기 위해서는, 즉 입술 끝이 살짝 닿게 하는 것은 입을 더 벌려야 하기 때문에 [ㅍ] 보다는 쉽지 않다. 만약, 여러분이 [애플] 을 편하게 느끼면 [ㅐ] 를 제대로 발음하는 것이 아니며, [애쁠] 을 편하게 느끼면 [ㅐ] 를 제대로 발음하는 것이다. [ㅐ] 란 그런 발음이다.

지금까지, 실생활에서 [ㅔ] 를 발음할 때 [ㅐ] 로 발음되는 이유를 살펴보았다. 우리는 [ㅐ] 의 정확한 발음, 즉 입을 많이 벌리는 것에 익숙하지 않다. 따라서, 입을 적게 벌리는 [ㅐ] 는 입을 벌려야 하는 원래의 정도보다 많이 벌리는 [ㅔ] 의 발음과 비슷해질 수밖에 없다. 다시 말해, 부정확한 [ㅐ] 와 부정확한 [ㅔ] 가 합쳐져 [ㅐ ≒ ㅔ] 라는 등식이 성립하는 것이다.

실생활 우리말에서 [ㅔ] 가 정확히 [ㅔ] 로 발음되는 경우는 거의 없다. '거의' 란 말은 있긴 있다는 말인데, '게' 와 '개' 처럼 두 개의 음이 별도의 한 글자 단어를 구성하는 경우에는 그런대로 [ㅔ] 와 [ㅐ] 를 구별할 수 있다. '네'와 '내', '베' '배'가 다른 예다. 한편, [ㅐ] 가 [ㅔ] 를 압도하여 [ㅐ] 가 표준어인 것 같은 착각을 부르기도 한다. '금세' 와 '금새' 의 경우가 그렇다.

'참고로, 영상매체 자막, 활자매체, 책을 비롯한 인쇄물에서 흔히 보이는 'ㅐ → ㅔ' 잘못 쓰임의 많은 예 가운데 일부는 다음과 같다. 반드시 고쳐져야 할 것이다.

    메기의 추억 → 매기의 추억 (When you and I were young, Maggie)
    메리 → 매리 (Mary)
    메릴랜드 → 매릴랜드 (Maryland)
    메릴린 → 매릴린 (Marilyn)
    게리 → 개리 (Gary)

자, 이제 이 꼭지의 원래 주제로 돌아가자. [헨델] 이 [핸델] 로 발음되면서 적어도 'Händel' 은 부정확한 [핸델] 로 발음된다. 문제는,' 발음도 그러한 [핸델] 은 왜 'Hendel' 로 적혔느냐' 이다. 이 단어를 지은 작자 (作者) - 말 그대로 작자이다 - 는 도대체 무슨 생각으로 발음도 [핸델] 인 'Händel' 을 'Hendel' 로 적었을까? 좋게 봐서, 영어에 움라우트가 없어 'ä' 를 'a' 로 적어 [핸델] 로 발음되는 것보다, 차라리 'e' 로 적어 그나마 비슷하게 발음되게 하는 의도였다고 위로해 본다.

'Händel' 이 'Hendel' 로 적히면서 우리나라에서 표기되는 모든 글에서 '헨델' 로 바뀌었다. 단언하건대, '핸델' 로 표기된 글은 단 하나도 없다.

이 표기를 바로잡을 방법이 있을까? 'Hendel' 과 '헨델' 을 만든 작자는 십중팔구 음악계 사람일 것이니, 음악계 사람들이 그 업보를 먼저 짊어지는 것이 순서리라. 문제를 문제로 인식하는 것이 우선이다. 그러면, 언젠가는 '헨델' 을 '핸델 로 표기될 때가 올 것이다.

나아가, 음악계가 두 가지를 더 바로잡기 바란다면 욕심일까? 하나는, 현재 '바하'로 표기되는 'Bach'도 '바흐'로 바로잡음이 마땅하다. 매체에 '바흐'의 표기가 종종 나타나는 것으로 보아, 이것은 어느 정도 성취가 있어 보인다. 다른 하나는, 미국 음악가 포스터가 아내 제인 맥도웰을 위해 만든 '금발의 제니 (Jeanie with the light brown hair)'인데, '금발'을 '연갈색 머리'로, '제니'를 '지니'로 고쳐야 한다. 금발은 연갈색 머리와 분명히 다르며, 제니 (Jenny) 와 지니 (Jeanie) 모두 제인 (Jane) 의 다른 이름이긴 하나, 그것 또한 분명히 다르다. '이러면 어떻고 저려면 어떠냐?' 혹은 '잘못 되었더라도 반 세기 이상 사용해 온 관행을 바꾸면 어떻게 하냐?'라고 생각하는 사람들을 설득하는 것이 쉽지는 않겠지만, 해야 할 것이라고 인지하는 한, 알맞게 고치는 것이 멀지만 제대로 가는 길이다.

참고로, 흔히 'ㅔ'를 'ㅐ'로 잘못 쓰는 경우의 예를 적어 본다. 오른편에 제대로 된 발음과 원어를 함께 적었다.

트래킹　→　트레킹 (trekking)
배팅　→　베팅 (betting)

꼭지 22. 최첨단 해적

아래 내용은 'AESA 레이더'와 'AESA 레이다'를 검색어로 구글링한 결과 가운데, 2020년 이후 대중매체의 기사 제목 혹은 내용 일부를 적은 것이다. 물론, 관련 기사 전부는 아니다. 그 수가 너무 많아 무작위로 추출했다. AESA는 Active Electronically Scanned Array 의 머리글자만 따온 말로서, 우리말로는 '능동형 전자주사식 위상배열'이다.

2023. 12. 10. 『세계일보』

F-15 제작사인 미국 보잉이 담당할 성능개량 사업은 기계식 레이더를 능동전자주사(AESA) **레이더**로 교체, 목표물 탐지 및 추적 능력을 대폭 강화한다.

2023. 10. 17. 『동아일보』

국내 최초 항공용 공랭식 AESA **레이다** 개발… 세계시장 조준한다.

2023. 05. 22. 『브릿지경제』

[비바100] 현대 공중전 핵심 'AESA **레이더**', 한국형 전투기 눈 될까.

2023. 05. 19. 연합뉴스

[그래픽] AESA **레이더** 개요.

국방과학연구소와 한화시스템 [272210] 이 공동 개발한 한국형 전투기(KF-21) AESA **레이다**가 '잠정 전투용 적합' 판정을 받아 양산 절차를 눈앞에 두게 됐다.

2023. 03. 22. Hanwha TV (YouTube)

대한민국의 기술력, AESA **레이다**

2023. 03. 04. KBS 뉴스

AESA **레이더**를 탑재하고 시험비행을 수행한 KF-21 시제 3호기 (단좌형) 는 올해 1월 5일 첫 비행에 성공했습니다.

2022. 03. 04. 『한겨레』

한화시스템은 한국형 전투기 (KF-21) 의 핵심 장비인 능동형위상배열(*AESA*) **레이다**를 탑재한 시험항공기 (FTB) 가 국내 비행시험을 위해 오는 주말

2020. 08. 07. 『동아사이언스』

'한국형 전투기의 눈' AESA **레이더**는 무엇인가

위 검색어를 선택하여 이 꼭지의 주제로 삼은 이유는 외래어를 한 번 잘못 도입하면 얼마나 고치기 어려운지를 보여주기 위함이다.

다시 말하지만, 외래어는, 될 수 있는 한, 원문 발음 표기 방식을 존중해 이를 국가 표준어로 삼는 것이 바람직하다. 하지만, 일부는 원래 발음과 다르게 표기되어, 실생활에서 많은 혼란을 야기한다. 'radar' 는 그 중의 하나다.

'radar' 는 `RAdio Detection And Ranging` 의 머리글자만 따온 용어다. 원래, 'radar' 는 제 2 차 세계대전 중에 개발되어, 우리나라에서 오랫동 안 '레이다' 로 표기되어 왔다. 그러다가, 1986 년에 제정된 「외래어 표기 법」 에 따라 '레이다' 가 '레이더'로 수정 표기되면서 혼란이 시작됐다. '레이다' 가 '레이더'로 수정 표기된 이유는 오리무중이다. 'ㅏ' 다르고 'ㅓ' 다른데, 이상한 논리가 적용된 것이다.

해당 학계는 잘못된 관용 외래어 '레이더' 의 표기를 바로잡기 위해 오랫 동안 해당 정부 부처에 개정을 건의해 온 바, 2015 년, '레이다' 는 국가

표준어로 그 지위를 되찾았다. 하지만, 『표준국어대사전』에는 희한하게 '레이더'도 기본 표제어로 지정하면서 '레이더 = 레이다'라고 기술하여, '하나 마나' 개정의 표준을 제시하고 있다. 이 같은 혼란스런 표기는 <국립국어원> 발행 『우리말샘』에서도 마찬가지다. <국립국어원>「외래어 표기 용례집」에는 '레이다'가 단독으로 등재되어 있으나, 그 파생어에는 '레이더'가 포함되어 있다. 참으로 난감하지 않을 수 없다.

사실, 'radar'는 군사 관련 사회의 전문 용어로, 일반 사회에서 사용할 일이 별로 없었으나, 최근 한국형 전투기 개발과 관련하여 'AESA 레이다'라는 용어는 일반 국민들에게도 엄청나게 노출된 외래어가 되었다. 하지만, 불행하게도, 유튜브 운영자는 물론이고, 군사 전문기자조차 '레이더'라는 용어를 사용한다. 한편, 위에서 인용한 기사의 일부에서 인용된 바대로 '레이다'를 사용하는 매체도 종종 보이며, 활자매체 전체를 놓고 보면, '레이다'와 '레이더'가 표기되는 매체의 수는 반반 정도로 추산된다. 만약, AESA 레이다를 제작하는 한화마저 '레이더'라는 용어을 사용했더라면, 절망할 뻔했다.

이제, 'ㅏ' 다르고 'ㅓ' 다른 이유가 '레이다'와 '레이더'에 어떻게 적용되는지 살펴보자. 'radar' 처럼 '-ar'로 끝나는 영어 단어는 합성어를 포함하여 약 5,600 개에 이른다. 이 중 대부분은 'circular'와 'molecular' 처럼 '-lar'로 끝나며, 우리 말의 접미사 형태로 쓰인다. 'a'의 발음은 단어에 따라서 [a]와 [ə]로 발음된다. 그러니까, 단어만 보면, [a] 인지, [ə] 인지 짐작할 수 없다는, 즉 '-ar'로 끝나는 단어마다 고유의 발음이 있다는 얘기다. '-ar'로 시작하거나 중간에 있는 단어의 경우 앞뒤에 오는 철자의 영향을 받기 때문에, 역시 짐작하기 어렵다. 논지는, 철자를 보고 그 발음을 짐작하기 어려우니, 각각이 가지는 발음에 신경을 써야 한다는 말이다.

'radar' 의 발음은 [레이다] 이다. 보다 근사한 발음은 [뤠이다] 이나, 이 [R] 발음은 우리가 감당할 정도가 못 되니, 넘어간다. 'radar' 가 [레이더] 로 발음되어서 안 되는 이유는 [레이더] 의 철자가 'raider' 이기 때문이다. 'raider' 는 해적이다. 미식프로축구팀 중의 하나인 Las Vegas Raiders 라는 팀이 있는데, 이름에서 알 수 있듯이, 현재 연고지는 라스베이거스다. 한때는 로스앤젤로스에 연고지를 둔 적도 있었다. 이 팀을 상징하는 그림이 해적이다. 이 말대로 한다면, 한화는 최첨단 해적을 만드는 셈이고, 앞으로 만들 KF-21 에는 AESA 해적이 탑승할 예정이다. 외국 사람이 보거나 들으면, 우리나라가 해적을, 그것도 AESA 를 사용하는 최첨단 해적을 양성하는 국가라고 오해할지도 모를 일이다. 'ㅏ' 다르고 'ㅓ' 다르다는 말은 우리말뿐만 아니라 영어에서도, 아니, 모든 언어에서 마찬가지다.

우스개 소리로 했지만, 'radar' 가 [레이더] 로 발음되어서는 안 되는 이유는 [레이더] 가 해적으로 들리기 때문은 물론 아니다. 강조하고 싶은 것은 각 단어의 고유 발음이 있으니, 임의로 바꾸지 말라는 얘기고, 그렇게 바꾸어 말하면 외국 사람들은 당연히 못 알아듣는다. 당장, 'car' 를 [커] 로, 'guitar' 를 [기터] 로, 'seminar' 를 [쎄미너] 로 말하면, 당신은 알아듣겠는가?

참고로, 유튜브를 비롯한 매체에서 [ㅏ] 를 [ㅓ] 로 잘못 발음하는 외래어의 예를 들면 다음과 같다. 오른편에 제대로 된 발음과 원어를 함께 적었다.

데이터 → 데이타 (data)

스터디 → 스타디 (study)

컬러 → 칼러 (color)

말 나온 김에, 반대 경우, 즉, [ㅓ] 를 [ㅏ] 로 잘못 발음하는 외래어의 예를 들면 다음과 같다. 오른편에 제대로 된 발음과 원어를 함께 적었다.

파스타 → 파스터 (pasta)

알람 → 얼람 (alarm)

아나운서 → 어나운써 (announcer)

꼭지 23. 흉민 쏜

이 꼭지의 주제는 우리말을 로마자로 표기할 때 생기는 문제점을 짚는 것인데, '다섯째 마당 외래어'에 딱히 맞지 않는다. 그렇다고 이 하나의 주제만으로 별도의 마당을 만드는 것도 민망스러워, 이 꼭지에 억지로 구겨 넣었다.

영국 프로 축구 English Premier League 의 토트넘 (Tottenham) 경기에 대한 영국 중계 방송이나 해설을 들을 때, 손흥민을 집어 말하면서 '흥민 쏜'이라고 정확하게 발음하는 방송 진행자를 본 적이 없다. 보통은 '흉민 쏜'이나 '형민 쏜'으로 발음한다. 그네들은 'Son'을 '손'이라 발음할 수 없으니 '쏜'으로 발음하는 것은 그렇다 칠 수 있다. 물론, 'Son'을 '손'에 가깝게 발음하게 표기하려면, 'Sohn'(이것도 독일어로는 아들 son이다) 이 더 낫다. '형민'은 그런대로 이해되지만, '흥민'을 '흉민'으로 발음하는 것은 잘 이해 안 될 수 있다. 하지만, 이는 그들의 발음 문제가 아니라, 우리 로마자 표기법의 문제라는 것이 이 꼭지의 주제다.

거의 모든 분야에서 국제적인 교류가 이루어지는 현재, 최소한 자국의 인명, 지명 등의 고유명사를 국제적으로 많이 통용되는 로마자로 표기해야 할 경우가 비일비재하다. 하지만, 어떤 언어든 자국어를 정확하게 로마자로 치환하는 것은 불가능하다. '발음상 최대한 가깝게' 라는 방침만이 유효할 뿐이다. 한 언어의 로마자 표기법을 국가적인 차원에서 통일하는 것은 여러 가지 이로운 점이 있어, 우리나라 정부도 표기법을 개선하는 방향으로 여러 표기안이 제시되어 왔다. 2014년에 고시한 「국어의 로마자 표기법」은 정부가 공식적 표기 체계로 고시한 다섯 번째 표기법이며 최신판이다.

국어를 로마자로 표기하는 데 있어서 늘 문제가 되는 것은 다음이다. (출처: 『한국민족문화대백과사전』)

1. 예사소리, 된소리, 거센소리 등을 어떻게 구별하여 적을 것인가?
2. 'ㄱ, ㄷ, ㅂ, ㅈ' 등의 무성음 (無聲音) 이 유성음 (有聲音) 사이에서 유성음화 될 경우, 이를 표기에 반영할 것인가?
3. 'ㅡ, ㅓ, ㅐ, ㅚ' 처럼 대응되는 로마자가 없는 모음들을 어떻게 표기할 것인가?
4. 형태음소적 변화를 어느 정도까지 허용하여 표기할 것인가?

현행 「국어의 로마자 표기법」 을 요약하여 「부록 7」 에 실었다. '국어의 로마자 표기' 라 하나, 영어가 세계 공용어가 되다시피한 현재의 상황에서 사람들이 영어로 발음하니, 실제로는 「국어의 로마자 표기법」 은 '국어의 영어 철자 표기법' 이라 불러도 이상할 것이 없다. 대한민국 정부의 「국어의 로마자 표기법」 이 실생활에서 어떤 문제가 있다 함은, 국어 글자를 표기하는데 있어, 로마자와 영어 철자의 차이를 말하는 것이다. 고약한 것은 영어 모음의 발음이 부호를 필요로 할 정도로, 보이는 것과 다르다는 사실이다. 이건 순전히 영어의 문제다. 더욱 고약한 것은 정부 부처의 표기마저 (예를 들어, 도로 표지판) 제각각인 경우가 많다는 점이다.

먼저, 문제 자음을 살펴보면, 국어 한 자음에 두 개의 로마자가 상응하는 'ㄱ, ㄷ, ㄹ, ㅂ' 과 된소리 'ㄲ, ㄸ, ㅃ, ㅆ, ㅉ' 이다. [L] 과 [R] 을 구별 못 하는 태생적 한계로 인해, 'ㄹ' 은 제외한다. 'ㄷ' 과 'ㅂ' 의 문제는 각각 'd, t', 'b, p' 의 간단한 문제다. 그쪽 분야의 전문가가 결정하면 될 일이다. 대응 로마자로 'g' 를 쓰는 'ㄱ' 의 경우, 뒤에 오는 모음에 따라 [ㅈ] 으로 발음될 수 있다는 것이 문제다. '김포' 를 'Gimpo' 로 쓰면, [짐포] 로 발음될 수도 있다.

영어의 된소리는 [ㅆ] 뿐으로, [ㄲ], [ㄸ], [ㅃ], [ㅉ] 소리가 없으니 당연히 대응 철자가 없다. [ㅆ] 조차 's' 다음에 'a, e, i, o' 와 [ㅓ] 발음의 'u' 가 오면, [ㅆ] 로 발음된다는 불문율이 있을 뿐, 철자가 따로 없다. 'Sam Sung' 으로 표기되는 [삼성] 은 [쌤씽] 으로 발음된다. 예전에, '쌍용' 이라는 회사가 'ㅆ' 을 표기하기 위해 영어명을 'Ssang Yong' 으로 했는데, 'Sang Yong' 으로 했으면, [쌩용] 으로 발음되니, 그 궁여지책이 이해된다. 하지만, 'ss' 는 외국인이 처음 보는 철자로, 당연히 [쌍용] 으로 발음하지도 않거니와, 도대체 'ss' 가 무엇이냐고 묻는 것이 먼저였다. 이 'ss' 가 현실적으로 쓰이는 곳이 있으니, Google 번역기에 '쌀을 영어로' 란 명령어를 넣으면, 한국어로 'ssal' 이라 적힌다.

'kk, tt, pp, jj' 도 이하 동문이다. 사실, [짬뽕] 을 'Jjambbong' 이라고 써놓고 보면, 난감할 뿐이다. 이건 아니다 싶어, 'Jambong' 이라고 해도 역시 마찬가지다. 안 되는 건 안 된다는 것을 알지만, '이거 해결하실 분?' 이라 외치고 싶다.

모음을 보면, 대응 로마자가 없는 4 개 'ㅡ, ㅓ, ㅐ, ㅚ' 와, 그럴 듯한 대응자가 있어 문제가 될 것 같지 않은 'ㅏ' 가 문제다. 'ㅓ, ㅐ' 로부터 유래되는 이중모음 'ㅕ, ㅒ' 도 문제가 되나, 원조가 문제이지, 그것 자체는 문제가 아니다. 원조가 해결되면, 자손은 저절로 해결된다.

영어를 비롯한 서구 언어의 발음체계에 능통한 한국 사람들에게 로마자 'eu, eo, ae, oe' 를 발음해 보라고 하면, 'ㅡ, ㅓ, ㅐ, ㅚ' 로 발음하는 사람이 몇이나 될까? 아마도 흔하지 않을 것이며, 이는 곧 4 개 모음에 대한 로마자 표기법이 잘못되었다는 것에 대한 반증이다. 이것들과는 별개로,

'ㅏ'의 문제도 짚어 본다.

'ㅡ'는 이 꼭지의 제목인 '흥민 쏜'의 '흥'에 대한 문제다. 음바페, 은돔벨레, 응우엔의 예를 보면, 이 문제는 간단히 해결된다. 우리 식으로 쓰면, Eumbape, Eundombele, Eunguyen 이지만, 그들의 영문 표기는 Mbape, Ndombele, Nguyen 로서, 아무 모음 없이 'M' 만으로 [음], 'N' 만으로 [은], 'Ng' 만으로 [응] 으로 발음된다. 영어에는 [ㅡ] 에 대한 발음 기호가 따로 없고, 여러 자음이 연속으로 이어지면, 모음이 없는 자음 발음은 자동으로 [ㅡ] 로 발음된다. 음절은 자음과 모음으로 이루어진다는 우리의 고정 관념으로는 이해할 수 없다. 그런 고정 관념을 버리고, '흥'을 'Hng' 으로 바꿔, 'Hngmin Son' 이라 쓰면, 분명히 [흥민 쏜] 을 들을 수 있을 것이다. '흥' 이외에 우리 이름에서 그렇게 쓸 수 있는 글자는 '승 (Sng)' 이 제일 많을 것이고, 드물게 '능 (Nng)', 아주 드물게 '긍 (Kng 또는 Gng)' 정도다. 다만, 성씨 '음' 과 '은' 에 대한 고민은 필요하다. 위 원리를 적용하면, '음 소영'은 'Soyoung M' 으로, '은 소영' 은 'Soyoung N' 으로 써야 하는데, 당사자가 받아들이는 것도 문제고, 글자를 보는 사람이 각각 [음], [은] 이라 발음하느냐도 문제다. 성씨 '엠' 이 될 확률이 크다. 그렇다고 'Eum' 이라 쓰면 '윰' 이나 '염' 이 될 확률도 크니, 굽도 젖도 못하게 생겼다. 개인적으로는, 성씨 '음' 에 대응하는 로마자는 'Um', '은' 에 대응해서는 'Un' 이 좋을 것 같다. 다만, 'Um' 은 성씨 '엄' 이 될 수도 있다는 점이 거슬린다. 성씨 '엄' 도 'Eom' 보다는 'Um' 이 나아 보인다.

'ㅓ'의 로마자 표기는 'eo' 로, 무슨 글자라도 반드시 써야 하는 모음의 특성상, 아무것도 안 쓰는 것이 차라리 상책인 'ㅡ' 보다 더 고약하다.

'Seoul'을 '서울'로 발음해 달라는 것은 억지다. 1982년, 서울이 1988년 올림픽 개최지로 선정될 때, 사마란치 IOC 위원장은 [쎄울]로 발음했다. 1883년 말부터 1884년 초에 걸쳐 서울을 방문한 미국인 Percival Lowell 은 1886년 조선에 관한 기록 『Chosön, The Land of the Morning Calm: A Sketch of Korea』을 펴냈는데, '조선'을 'Chosön'이라 표기하였다. 그는 'ㅓ'의 표기에 'ö'를 사용한 바, 그로서는 그것이 최선이었던 모양이다. Percival Lowell 은 언어학 전공자는 아니지만, 그 분야에 조예가 깊었다.

한편, Arnold Landor 는 영국의 화가이자 여행가로 1890년대에 중국과 조선을 장기간 여행한 후, 1895년 『Corea or Cho-sen: The Land of the Morning Calm』을 펴냈는데, '조선'을 'Cho-sen'이라 표기하였다.

'Chosön' 이든 'Cho-sen' 이든, 둘 다 현행 표기의 'Choseon' 보다 훨씬 세련되어 보인다. 누가 'Choseon'을 [조선] 이라 발음하겠는가? 'ö'를 쓸 수 없는 상황이라면, 차라리 'o'를 사용하여, 'Chosön'을 'Choson'으로, 'Seoul'을 'Soul'로 표기하는 것이 차라리 원음에 가깝다. 애당초 'Seoul'을 'Soul'로 표기했더라면, 아무 뜻도 없는 서울시 구호 'I Seoul You' 대신 'I Soul You' 가 됐을 것이며, '나는 당신의 영혼 속에 있습니다' 라고 그럴듯한 억지라도 부릴 수 있을 터인데, 좀 아깝게 되었다.

한편, 'Cho-sen' 에서 [ㅓ] 발음의 'e' 는 현재 중국어 병음 표기에서도 사용되는데, [ㅡㅓ] 이지만, [ㅡ] 가 아주 약해, [ㅓ] 로 들린다. 중국 당국도 [ㅓ] 를 표기하기 위해 고심이 컸을 것으로 짐작된다. 'e' 는 [ㅓ] 의 표기라고 세뇌시키면, 그렇게 발음한다.

'ㅐ'의 표기 'ae'도 'ㅐ'로 발음되기 어렵다. '현대' 차가 사용하는 'Hyundai'에서 볼 수 있듯이, 'ai' 또한 'ㅐ'로 발음할 수 있다. 미국에서 실제 발음은 [헌다이] 이다. 주의하지 않으면, [혼다] 로 들린다. 'ae'든, 'ai' 든 모두 'ㅐ'로 발음된다고 세뇌시키는 방법밖에 없다.

'ㅚ'의 'oe'는 순 우리식이다. 'o'와 'e'를 붙여 빨리 말하면, [ㅚ] 로 들리기도 한다.

'ㅕ'와 'ㅒ'의 표기는 'ㅓ'와 'ㅐ'의 표기 앞에 'y'만 더하면 되기 때문에, 이는 곧 'ㅓ'와 'ㅐ'의 문제다.

'ㅏ'의 'a'가 무슨 문제지? 라고 의아해 하는 사람들이 있을 것이다. 표기의 문제가 아니라, 순전히 영어 발음의 문제다. 파생어와 합성어를 포함해 'a'로 시작하는 영어 단어는 약 63,000 개로, 그 중, 'al'과 'ar'로 시작하는 약 11,000 개의 단어의 반 정도가 [ㅏ] 로 발음된다. 이를 계산하면, 'a'로 시작하는 영어 단어의 약 10% 가 [ㅏ] 로 발음된다. 'a'의 대부분은 강세가 있으면 [æ] 로, 없으면 [ə] 로 발음된다. 그래서, 반포를 'Banpo'나 'Panpo'로 표기하면, [밴포] 나 [팬포] 로 발음된다. 다시 말하지만, 'ㅏ'의 문제가 우리에게 있는 것이 아니므로, 'a'의 [ㅏ] 발음도 세뇌가 필요하다.

이상에서, 한글의 로마자 표기 시, 제일 문제가 되는 한글 모음은 'eu'로 표기되는 'ㅡ'. 'eo'로 표기되는 'ㅓ', 'yeo'로 표기되는 'ㅕ'임을 살펴 보았다. 만약, '서 정건' 과 '염 경현' 처럼, 세 자 이름에 'ㅓ'와 'ㅕ'가 섞이든 안 섞이든 모두 들어있어. 예를 들어, 'Jeong Keon Seo'과 'Kyeong Hyeon Yeom'으로 표기한다면, 제대로 된 영어 발음을 들을 확률은 0 이다. 한글 이름을 영어로 표기할 때, 'eu', 'eo', 'yeo'의 사용을 재고하는 것이 안 하는 것보다 훨씬 좋다고 생각한다. 예를 들어, 'eu'는 없애고, 'eo'와 'yeo'는 'o'와 'yo'로 표기하는 것이 어떨지 모르겠다. 그러면, 성씨 '서'가 성씨 '소'로 될 수 있는 염려도 있으나, '서'로 불러 달라고 부탁하면 그만이다. 영국 프로 축구를 좋아하는 사람이면 알 만한 'Leicester'를 [레스터] 라고 발음하는 것에 비하면, 무리한 부탁은 아니다.

꼭지 24. 일본식 영어 외래어

일본식 영어 유래 외래어를 별도의 꼭지 주제어로 삼은 이유는 우리말에 스며든 일본식 영어 유래 외래어의 심각성을 상기하고, 그 문제점을 알아보고자 함이다. 그 심각성은 단순히 일본 것이라서가 아니라, 일본식 영어가 가지고 있는 발음과 자의적 변형으로 영어 외래어가 외래어의 범주를 벗어남에서 비롯된다.

일본식 영어 외래어의 한계는 일본어 자체에서 온다. 개음절어인 일본어로 폐음절어인 영어를 정상적으로 발음할 수 없어, 음절 수가 늘어남을 의미한다. 예를 들어, 4 음절 '맥도날도'가 6 음절 '마구도나루도'로 발음된다. 조금 더 고약한 것은 48 개의 음으로 발음되는 일본어가 48 개 이외의 영어음을 발음하기 위해서는 영어 발음이 변형되어야만 한다. 그것들을 영어 알파벳과 1:1 로 대응시켜 비교할 생각은 없으나, 아주 특별한 변형만 언급한다. 자음의 경우, 'f'를 'ㅎ'으로, 'th (ð)'를 'ㅈ'으로 적는다. 여러분이 '화자', '마자', '부라자'의 영어 원음을 짐작할 수 있다면, 일본어를 어느 정도 아는 사람이다. 각각, 'father', 'mother', 'brother'를 가리킨다. 차라리 'th (ð)'를 'ㄷ'으로 적으면 더 나아 보이는데, 일본어는 그렇게 발음이 안 되는 모양이다. 모음의 경우, 일본어에는 5 개 모음 (ㅏ, ㅣ, ㅜ, ㅔ, ㅗ) 밖에 없어, 'ㅓ, ㅐ, ㅡ'를 적으려면, 'ㅓ'와 'ㅐ'는 'ㅏ'로, 'ㅡ'는 상황에 따라 나머지 4 개 모음으로 적을 수밖에 없다. '어나운서 (announcer)'를 '아나운사 (アナウンサー)'로, '샐러드 (salad)'를 '사라다 (サラダ)'로, '애플 (apple)'을 '아쁘루 (アップル)'로 적는 예를 보면, 일본어 모음의 한계를 알 수 있다. 아주 고약한 것은 [L] 과 [R] 이 [R] 한

가지로 발음된다는 점이다. [lice]와 [rice]가 모두 [rice]로 발음된다. 이가 몸에 기어 다니는 것이 아니라, 쌀이 몸에 기어 다닌다.

일본식 영어 유래 외래어는 크게 2가지 범주로 나눌 수 있다. 하나는 영어 단어 전체를 일본식으로 발음하는 것으로, 이것은 여느 언어에서 외래어를 받아들이는 일반적인 경향이다. 다른 하나는 소위 재플리쉬로, 일본인들이 자의적으로 영어를 변형시켜 사용하는 것이다. 각 범주의 예를 들지만, 이는 작은 일부분임을 유념하기 바란다.

범주 1: 정상적 외래어

발음	일본어	한국어	영어
구리스	グリース	윤활유	grease
마후라	マフラー	머플러 (소음기)	muffler
바께쓰	バケツ	양동이	bucket
브라자	ブラジャー	브래지어	brassiere
밧데리	バッテリー	배터리 (축전지)	battery
빠꾸	バック	후진, 퇴짜	back
빠따	バッター	타자 (打者)	batter
빤쓰	パンツ	팬티	(under)pants
사루비아	サルビア	샐비아	salvia
세라	セーラー	쎄일러	sailor
신나	シンナー	희석제, 씨너	thinner
쓰레빠	スリッパ	슬리퍼	slippers
오라이	オーライ	오라이	all right
카라	カラー	옷깃	collar
화이바	ファイバー	안전모, 헬멧	fiber (glass)
히로뽕	ヒロポン	필로폰	philopon

범주 2: 재플리쉬

재플리쉬란 일본식 영어표현 (Japnese English) 을 가리키는 말로서, '쟁글리시 (Japnese English)' 라고도 한다. 영어에서 유래했으나, 소위 '일본화' 가 많이 진행되어, 모국어가 영어인 사람들도 이해 불가인 것이 대부분이다. 문제는 재플리쉬의 일부분이 그대로 우리나라에 들어와, 마치 외래어처럼 쓰인다는 점이다. 재플리쉬의 심각한 문제는 일본식 발음과 얽혀, 하나하나 아랑곳하지 않으면 그 어원조차 알 수 없다는 것이다.

'일본화' 에는 다음의 5 가지 유형이 있다.

1. 영어 단어의 일부분만 떼어낸다.
2. 합성어를 비롯한 두 단어 영어에서 한 단어 또는 일부만 취한다.
3. 두 단어 영어에서 각 단어의 일부분을 떼어내 합친다.
4. 영어 아닌 영어를 일본에서 자체적으로 만든다.
5. 왜곡된 영어를 사용한다.

아래에 각 유형의 예를 제시한다. 제일 오른쪽 칸은 실제로 쓰이는 영어와, 필요한 경우, 비고를 적는다.

1. 영어 단어의 일부분만 떼어낸다.

발음	**일본어**	**발췌**	**영어**	**비고**
가쓰	カツ	cut	cutlet	
공구리	コンクリ	concre	concrete	콘크리트
니스	ニス	nish	varnish	광택용 도료
다스 (12개)	ダース	doz	dozen	
데모	デモ	demo	demonstration	
레지	レジ	regi	register	찻집 여성 종업원
로케	ロケ	loca	location	

멘스	メンス	mens	menstruation	요즘에는 잘 안 씀
아파트	アパート	apart	apartment	
악셀	アクセル	accel	accelerator	
에로	エロ	ero	erotic	
엑기스	エキス	ex	extract	
인프라	インフラ	infra	infrastructure	
캐파	キャパ	capa	capacity	
콜라보	コラボ	collabo	collaboration	
테레비	テレビ	televi	television	
트랜스	トランス	trans	transformer	
파마	パーマ	perma	permanent	
펑크	パンク	punc	puncture	
프로	プロ	pro	program	
프로	プロ	pro	professional	
홈	ホーム	form	platform	기차승강장

2. 합성어를 비롯한 두 단어 영어에서 한 단어 또는 일부만 취한다.

발음	일본어	발췌	영어
니트	ニット	knit	knitwear
난닝구	ナンニング	running	running shirts
빠루	バール	bar	crowbar
슈퍼	スーパー	super	supermarket
스텐	ステン	stain	stainless steel
오바	オーバー	over	overcoat
콘센트	コンセント	concent	concentric plug

3. 두 단어 영어에서 각 단어의 일부분을 떼어내 합친다.

발음	일본어	합성	영어
레미콘	レミコン	remicon	ready-mixed concrete
리모콘	リモコン	remocon	remote control

볼펜	ボールペン	ballpen	ballpoint pen
애드벌룬	アドバルーン	adballoon	advertising balloon
에어콘	エアコン	aircon	air conditioner
코스프레	コスプレ	cospla	costume play
OB	オービー	OB	old boy

4. 영어 아닌 영어를 일본에서 자체적으로 만든다.

발음	일본어	일본 영어영어	비고
네임밸류	ネームバリュー	name value	notability
렌터카	レンタカー	rent a car	car rental
리어카	リヤカー	rear car	hand cart
마이카	マイカー	my car	my own car
백댄서	バックダンサー	back dancer	backup dancer
백미러	バックミラー	back mirror	rear view mirror
베드타운	ベッドタウン	bed town	commuter town
샌드백	サンドバッグ	sandbag	punch(ing) bag
샐러리맨	サラリーマン	salaryman	salaried employee
숏컷	ショートカット	short cut	short hair
스킨십	スキンシップ	skinship	physical contact
싸이드브레이크	サイドブレーキ	side brake	parking brake
싸인	サイン	sign	signature
싸인펜	サインペン	sign	pen marker
쎈터링	センタリング	centering	cross
씰버타운	シルバータウン	silver town	retirement community
애프터서비스	アフターサービス	after service	customer service
오토바이	オートバイ	autobi	motorcycle **auto**bi**cycle** 에서 발췌
올드미스	オールドミス	old miss	old maid
올백	オールバック	all back	combed-back hair
원룸	ワンルーム	one room	studio
캠핑카	キャンピングカー	camping car	recreational vehicle
탱크로리	タンクローリー	tank lorry	tank truck

탤런트	タレント	talent	TV personality 방송인 우리나라에서는 연기자
팬티스타킹	パンティーストッキング	panty stocking	pantyhose
프런트	フロント	front	reception desk
헤딩	ヘディング	heading	header
NG	エヌジー	no good	blooper 일본에서는 금지의 뜻도 있다.
OL	オフィス・レディー	office lady	female office worker

5. 왜곡된 영어를 사용한다.

발음	일본어	왜곡된 영어	영어	비고
글래머	グラマー	glamour	busty	
레포트	レポート	report	term paper	
매직	マジック	Magic Ink	marker pen	상표
벤처	ベンチャー	venture	startup	
비닐	ビニール	vinyl	plastic	
뺀찌	ペンチ	pincers	pliers	
샤프	シャーペン	Sharp	mechanical pencil	상표
스타일	スタイル	style	figure	
스탠드	スタンド	stand	desk lamp	
스펙	スペック	specification	qualification	
써비스	サービス	service	free	
써클	サークル	circle	club	
와이셔츠	ワイシャツ	Y-shirts	white shirts	
자크	チャック	Chack	zipper	상표
잠바	ジャンパー	jumper	zip-up jacket	
컨닝	カンニング	cunning	cheating	
트럼프	トランプ	trump	playing cards	
핸들	ハンドル	handle	steering wheel	
호치키스	ホチキス	Hotchkiss	stapler	상표

이상에서 기술된 일본식 영어 유래 외래어는 빙산의 한 모퉁이다. 2 차 세계대전 이후에는 엄청난 수의 영어 유래 외래어가 일본에 도입되었다. 영어 이외에도, 에도 시대에 포르투갈과 네덜란드로부터, 메이지 유신 이후 일본의 근대화 과정에서 독일과 프랑스로부터 많은 단어를 빌려왔다. 심지어, 인도 동남부의 타밀어까지 외래어로 쓰였다.

일본식 영어 유래 외래어가 우리나라에서 많이 쓰이게 된 이유로 적어도 두 가지를 들 수 있다. 하나는 개음절인 일본어는 발음하기 쉽다는 점이다. 더구나, [L] 발음이 없는 일본어는 [L] 발음을 꺼리는 우리나라의 말버릇과 잘 맞아떨어진다. 이러한 [L] 발음의 [R] 발음 전환 현상은 궁극적으로 말의 어원을 모호하게 만든다.

다른 하나는, 일본이 외국의 문물을 받아들인 역사는 우리나라에 비해 상당히 길고, 근대화 과정의 속도와 맞물려, 일본은 새로운 말을 만들 새도 없이 밀려 들어오는 외국어를 받아들이면서, 다양한 분야에서 다양한 외래어를 만들었다. 우리나라의 경우, 그 과정이 일본보다 더 급급했거니와, 많은 분야에서 일본을 모방했기 때문에, 일본에서 만든 외래어를 그대로 받아들이는 것이 유용했을 것이다. 아니, 우리나라는 말을 새로 만든다는 생각을 할 여유조차 없었을 것이다. 그러나, 옷감에 번지는 물감처럼, 한번 퍼진 말을 거두어 다른 말로 바꾸는 것은 많은 시간과 노력이 필요하다. 사회적 소통이 엄청나게 빠른 지금도 '어플'이란 말을 '앱'으로 바꾸는 일이 얼마나 어려운지 실감하고 있다. 한 번 흐르기 시작한 강의 물줄기를 바꾸는 것과 같다. 말이란 그런 것이다.

재플리쉬를 보면 일본인들의 특성이 잘 드러난다고 말하면 지나칠까? 긴 것을 짧게 만드는 재주를 이용한 압축, 발췌, 합성, 그리고 오만해 보이기까지 한 조작과 왜곡, 그래서 시간이 지나면, 원본을 알 수 없을 정도가 되는 상황 말이다. 일본인들이야 저 좋아서 그런다 해도, 그런 그들이 만든 말들을 서슴없이 가져다 쓰는 우리는 무엇이 되는가?

우리가 쓰레기처럼 느껴지는 때가 어느 때냐 하면, '일본화'된 영어를 들여와 한 차례 가공을 거쳐 '한국화'된 영어가 압도적인 우점종이 되어, 다른 말로 대체 불가한 상황에 이른 것을 볼 때다. 대표적인 말이 '파이팅'이다. 일본에서 'fight'란 단어, 그들 발음으로 '화이토 (ファイト)'라는 외래어는 주로 군대에서 사기를 북돋우는 말로 쓰이다가 일반 사회로 흘러 들어온 말이다. 일본에서는 일반적으로 거의 쓰이지 않는 말이다.

'fight'의 사전적 의미는 '무기를 사용하는 전투'나 '주먹이 왔다 갔다 하는 싸움'을 의미하거나, 드물게 '병마와 싸우다' 정도로 쓰인다. 부부싸움 후 남편이 영어가 모국어인 사람한테 'I fought with my wife.'라고 말하면, 그 사람은 부부가 서로 치고받은 것으로 알고, 뜨악한 표정으로 '너희 부부 언제 이혼할 건데?'라고 되물을지도 모를 일이다. 단순히 말싸움 했다면, 'I argued with my wife.'라고 해야 한다.

이 '화이토'가 한국으로 건너와 한국인의 말맛에 잘 맞았는지, 'ing'를 붙인 한국화 영어 'fighting'이 되었고, 우리는 '파이팅'으로 쓰고 있다. 이것마저 하나로 못 쓰고, 어떤 때는 '화이팅'이라 외친다. 'fighting'이란 말을 들으면 사기를 북돋아지는지 정말 궁금하다. 옛날에는 운동선수들 사이에서만 쓰이던 말이 지난 삼사십 년 동안 그 빈도가 점점 늘어나서, 지금에는, 술자리나, 정당 전당대회나, 회사 신년 모임이나, 시험 치러 갈 때나, 혼자서 회견할 때나, 심지어, 가족이 모일 때조차, 시도 때도 없이 쓰인다.

사기를 북돋우는 말은 어느 사회이건 초기에 만들어진 말 가운데 하나일 것이다. 우리에게도 분명히 있었을 것이다. 중간중간 변화는 있었을지언정 수천 년 동안 전해 내려왔을 말이 안타깝게도 남아 있지 않은 이유로, 근래 수십 년 사이에, 호전적인 일본사람들한테나 어울릴 외국어에 의해 말 그대로 점령당했으니 부끄럽기 짝이 없다.

아마도, 사기 진작용 구호로 발음도 엉성한 외국어를 쓰는 민족은 지구상에 우리밖에 없을 것이다. 이제는 찾아야 한다. 진심을 다해서 찾아야 한다. 정 찾을 수 없으면, 제대로 만들기라도 해야 하고, 이미 만들었다면, 하루라도 빨리 바꾸어야 한다. 정부 산하 기관에서 공모를 통해 선정한 '가즈아'와 '아자아자'를 '파이팅'의 대체어로 제시하였지만, 언중의 동의가 이루어지지 않았는지, 실생활에서는 제대로 쓰이는 것 같지 않다. '파이팅'의 대체어를 만들어 쓰지 못한다면, 우리는 얼이 없는 민족이다. 살다 보면, 한국 때문에 영어권 국가들에서 '파이팅'이란 구호를 알아들을 수 있을지 모르겠지만, 아마도, 그들은 처음에 '파이팅'이 'fighting'인지도 모르고, 그런 한국말이 있나 보다 정도로 여길 것이다. 아무튼, '파이팅'은 정말로 안 듣고 싶은 구호이다.

안 듣고 싶은 또 다른 구호는 '플레이 플레이 홍길동'이라는 응원 구호다. 어렸을 적, 그 당시 초등학교 야구나 축구 대항전에서나 들었던 이 구호가 운동 경기장에서 아직도 울려 퍼질 줄은 몰랐다. 그때야 촌스러운 때였으니, 그러려니 하지만, 지금 우리는 엄청 세련된 시대에 살고 있지 않나? 그냥, '힘내라 홍길동' 정도면 충분하지 않을까?

꼭지 25. 낭만에 대하여

다음은 대중가요 「낭만에 대하여」의 가사다.

> 궂은 비 내리는 날 그야말로 옛날식 다방에 앉아
> 도라지 위스키 한 잔에다 짙은 색소폰 소릴 들어 보렴
> 새빨간 립스틱에 나름대로 멋을 부린 마담에게
> 실없이 던지는 농담 사이로 짙은 색소폰 소릴 들어 보렴
> 이제 와 새삼 이 나이에 실연의 달콤함이야 있겠냐마는
> 왠지 한 곳이 비어있는 내 가슴이 잃어버린 것에 대하여
>
> 밤늦은 항구에서 그야말로 연락선 선창가에서
> 돌아올 사람은 없을지라도 슬픈 뱃고동 소리를 들어 보렴
> 첫사랑 그 소녀는 어디에서 나처럼 늙어갈까
> 가버린 세월이 서글퍼지는 슬픈 뱃고동 소릴 들어 보렴
> 이제 와 새삼 이 나이에 청춘의 미련이야 있겠냐마는
> 왠지 한 곳이 비어있는 내 가슴에 다시 못 올 것에 대하여 낭만에 대하여

노래로 들을 때는 몰랐는데, 글로 옮기고 보니 솜씨가 보통이 아니다. 가수 최백호가 지은 노랫말이다. 노래 제목은 '낭만'이지만, '낭만'이란 단어는 2절 마지막 줄에 딱 한 번 나온다. 내용을 살피면, 잃어버린 것 또는 다시 못 올 것이 낭만이다. 가슴이 벅차오르던 청년 시절, 실연으로 끝났지만 열정적이었던 첫사랑이 낭만인 듯 보인다. 한편, 낭만이라는 말을 떠올리면 아마도 꽃다발과 양초로 장식된 테이블에 앉아 한 잔의 포도주를 기울이는 장면을 상상할지 모르겠다. 그런데, 낭만이란 무슨 말인가?

『표준국어대사전』은 '낭만' (浪漫) 을 다음과 같이 정의한다.

> 현실에 매이지 않고 감상적이고 이상적으로 사물을 대하는 태도나 심리. 또는 그런 분위기. (예시: 젊은 시절의 낭만, 정열과 낭만이 넘치던 학창 시절, 낭만에 젖다)

우리말의 58% 는 한자어고, 한자가 뜻글자인지라 그 의미를 알 수 있다. '浪漫' 은 '물결' 을 뜻하는 '浪' 과 '넘치다, 흩어지다, 흐드러지다' 를 뜻하는 '漫' 의 조합이니, 글자 그대로 해석하면 '물결이 넘치다, 물결이 흩어지다' 란 뜻이다. 우리가 쓰는 거의 모든 말은 누가 언제 어떻게 만들었는지 모른다. 이 '거의 모든' 에 해당되지 않는 단어 중 하나가 '낭만' 이다. 만약, '浪漫' 이란 글자를 보고 위 사전적 정의에 합당한 상태를 느낄 수 있다면, 이 말을 지은 사람은 매우 흡족해 할 것이다.

'낭만' 이란 단어를 지은 사람은 일본 메이지 시대의 최고 문호로 꼽히는 나츠메 소세키 (夏目漱石) 이다. 고양이에 관심 있는 사람들은 한 번쯤 들어보았음 직한 소설 『나는 고양이로소이다』 를 지은 사람이다. 소설가이자 영문학자인 그가 당시 일본인들이 사용하던 '로망스 (Romance)' 의 음역어 '로만 (ロマン)' 을 같은 발음의 '浪漫' 이라는 한자어로 대체한 사람이다.

로망스는 11 세기 무렵 십자군 전쟁을 주도한 프랑스 지방에서 유행했던 모험, 연애, 전쟁, 영웅에 관한 이야기 문학이었다. 내용은 허구적이고 다소 황당하지만, 재미있는 상황 설정과 뛰어난 이야기 전개로 인해 대중적인 사랑을 받았다. 로망스는 로마와 지정학적으로 아무 관련이 없으며, 단지, 프랑스의 지방 라틴어로 쓰인 통속 설화를 의미하였다. 로망스 리틴어는 로마의 귀족들이 쓰던 고전적인 라틴어에서 벗어나, 프랑스에서는 대중적이지만, 로마의 입장에선 저속하다고 보았다. 한 마디로 얘기하면, 로망스 라틴어는 중세 프랑스어를 말하고, 로망스란 중세 프랑스어로 쓰인 설화를 의미한다.

시간이 지나면서 의미가 변하여, '감성적인, 사랑에 관련된, 비현실적인, 환상적인, 공상적인'이라는 의미를 갖게 되었다. 로망스 이야기 작품들은 현실과 동떨어진 허구적인 내용이 주류였고, 따라서, 현실도피적이었다. 이러한 경향은 18 세기 말 프랑스, 독일, 영국 등 서유럽에서, 이성적인 계몽주의와 형식을 중요시하는 고전주의에 대립된 개념으로, 감정을 우선하는 'Romanticism'이란 문예사조로 등장한다. 그 후 약 60 년 동안, 철학, 사상, 종교, 음악, 미술, 건축, 정치, 사회 전반에 걸쳐 한 시대를 풍미한다. 문학계에서는 『주홍 글자』의 너쌔니얼 호손, 『젊은 베르테르의 슬픔』의 괴테, 『초원의 빛』의 윌리엄 워즈워스, 『레 미제라블』의 빅터 위고, 『돈 주앙』의 바이런 경 (卿), 『로렐라이』의 하이네, 『프랑켄슈타인』의 매리 쉘리, 『제인 에어』의 샬럿 브론테, 『폭풍의 언덕』의 에밀리 브론테 등이 여기에 속한다.

일본의 경우, 1888 년 독일에서 돌아온 모리 오가이 (森鷗外) 가 낭만적 단편소설 『무희』(舞姬) 를 발표하여 낭만주의의 싹을 틔웠고, 1893 년부터 1896 년 사이 『분가쿠카이』(文學界) 동인들의 활동 시기를 초기 낭만주의, 1897 년부터 1907 년 사이 『묘죠』(明星) 동인들의 활동 시기를 중기 낭만주의, 1907 년 이후 몇몇 작가들의 활동 시기를 후기 낭만주의로 본다. 나츠메 소세키는 후기 낭만주의에 속한다.

나츠메가 '浪漫'을 도입하기 전, 19세기 일본인들은 한동안 'Roman' (로망)을 'ロマン'으로 음역하여 사용했다. '로만틱'(ロマンチック), '로만티시즘'(ロマンチシズム)도 음역되었다. 그 당시 일본에 들어온 문예사조인 계몽주의, 고전주의, 사실주의를 의역한 것과 달리, '로만'과 관련된 용어들은 외래어로 받아들인 것이다. 20세기 초, 나츠메가 '浪漫'을 '로만'의 대체어로 쓰기 시작하면서 한국과 중국으로 수출된다. 우리나라에서는 '浪漫'의 우리말 발음인 '랑만'을 거쳐, 두음법칙의 영향으로 '낭만'이 되었다. 이것이 우리나라에서 낭만주의가 낭만주의로 된 짧은 역사다.

일본인들은 당연히 '浪漫'을 '로만'이라 발음하며, '浪漫'이리는 한자의 의미를 생각하기도 전에 'Roman'을 떠올릴 것이다. '浪漫'이란 한자 자체는 특별한 뜻이 없어, 우리가 아는 'Romance'를 연상시키지는 않는다. 하지만, 나츠메라는 대문호가 선택한 '浪漫'이란 한자는 로만티시즘의 핵심을 포착한 것이라며, 글자에 의미를 부여하는 우리나라 사람도 있다. 글쎄다. 한편, 박경리는 나츠메를 단순한 표절 작가로 낮추어 보았다.

우리가 무심코 쓰는 말 중에, 아무 뜻이 없는 중국식 음역어와 일본식 음역어가 우리나라에 들어와 우리식 한자음으로 읽혀 무슨 말인지도 모르고 사용하는 단어가 꽤 있다. 대체어를 만들기 곤란한 인명이나 지명 등 고유명사는 말할 것도 없고, 많은 불교 용어는 중국식 음역어이며, 일본식 음역어도 눈에 띈다. 그 이유는 한자를 발음하는 방식이 세 나라 모두 다를뿐더러, 우리의 경우, 두음법칙으로 인해 한 단계 더, 음의 변성이 일어났기 때문이다.

중국식 음역어를 중국 사람이 발음하거나, 일본식 음역어를 일본 사람이

발음하면, 원음 또는 그들이 임의로 줄인 원음과 비슷하여 그 뜻을 알 수 있거나 짐작할 수 있다. '로맨스는 낭만적인 사랑을 말한다.'라는 글을 일본 사람들이 보면, 'ロマンスとはロマンチックな愛のことを言う', 즉 '로맨스는 로맨틱한 사랑을 말한다.'라는 의미를 가진다. 반면에, 그것들을 우리식으로 발음한 '낭만'은 원음의 흉내도 못 내니, 그것을 가져다 쓰는 우리를 보면서 중국인과 일본인들이 '너희들의 말은 내 알 바 아니니, 군소리 말고 그냥 가져다 써.'라고 조롱해도 할 말이 없다. 정녕, 이런 황당함에서 벗어날 방법은 없는가?

단순히 '로만'의 소리 단어인 일본어 '浪漫'이 우리나라로 건너와서 정말로 낭만적인 단어가 되었다. '낭만'을 보거나 들을 때, 그 사전적 정의가 떠오른다면, 언어가 사고를 지배한다는 이론을 뒷받침하는 좋은 예가 될 수 있겠다. 일본에서 만들어진 지 100년 정도 되는 뜻없는 글자가 우리나라에서 뜻을 가지게 된 예 말이다. 한편, 근래 우리나라에서는 로망, 로맨틱, 로맨티시즘의 어감이 원래 의미와 다르다. '달콤하다, 부드럽다, 그윽하다, 멋지다' 등, 한 단어로 표현하기 힘든 어떤 것을 표현하는 말이기도 하고, '중년의 로망' 같이 '이루고 싶지만, 꿈으로 끝날 것 같은 꿈, 제일 갖고 싶은 것, 간절히 원하는 것' 등, 갖고만 있어도 좋은 소망을 뜻하는 말이기도 하다.

위에서 말한 중국식 음역어, 일본식 음역어 모두가 우리나라에서 뜻을 가지게 된 것은 세뇌의 결과다. 사실, 언어 자체가 세뇌의 결과다. '아름답다'라는 글자를 보면, 왠지 아름다울 것 같은 기분이 든다. 심지어, 뜻글자인 한자어도 그렇다. 중국은 간자체로 인해 뜻글자의 의미가 퇴색했으며, 우리나라에서는 한자를 모르면서도 그 의미에 맞게 말을 사용한다.

윗줄의 '심지어'만 해도 그렇다. 한자로 '甚至於'인데, 심할 甚, 이를 至, 어조사 於로 이루어진 말로서, '더욱 심하다 못하여 나중에는'이라는 뜻이다. 또 심지어, '감기가 심하다, 장난이 심하다'의 '심'이 '甚'인지 아는 사람은 많지 않을 거라 생각한다.

글자를 보고 그 의미를 떠올리게 하는 단어를 만드는 것은 고유한 문자를 가진 민족에게 일종의 의무다. 중국식 음역어와 일본식 음역어에 의한 문자적 의미 세뇌는 자존심의 문제다. 우리 발음으로 원음과 거리가 먼 '낭만' 대신, 차라리, '로망' 발음을 가진 한자어, 예를 들어, '로' 발음의 魯, 露, 路, 老, 盧, 勞, 怒 중에서 그럴듯한 한 글자, '망' 발음의 望, 忘, 網, 茫 중에서 그럴듯한 한 글자를 조합해 '로망'을 만들었으면 어땠을까? 무슨 글자를 써도 두음법칙에 의해 '노망'으로 변했을 터이니, 아마 제대로 수용될 가능성은 없었다고 봐야 한다.

개인적인 관점에서 볼 때, 위에서 언급된 로맨티시즘의 의미가 범위의 특성을 고려해 우리말로 표현한다면, 제일로는 감성주의 (Sentimentalism), 그 다음으로 정서주의 (Emotinalism), 세 번째로 정감주의 (Emotivism) 가 잘 어울린다고 생각한다. 다만, 이것들이 철학과 문학에서 통용되는 용어이기 때문에 혼동을 가져올 수 있다. 참으로 어려운 일이다. 그래서, 로맨티시즘의 대체어로 '달콤하다'는 뜻의 감미주의 (甘味主義) 를 감히 제안한다. 로망, 로맨틱, 로맨티시즘에 대한 우리말을 정 만들 수 없다면, 그냥 외래어로 받아들이면 된다. 제일 쉬운 방법이다. 아무거를 택해도 '낭만'보다는 낫다.

참고로, '그는 플라토닉 러브를 추구하는 로맨티스트다.' 에서 보이는 로맨티스트의 올바른 표기는 로맨티시스트 (romanticist) 다.

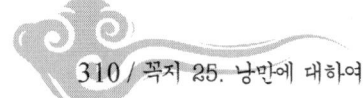

맺는 말

한국어는 참 어려운 말이다. 한국어를 반드시 배워야 할 운명이라면, 한국어가 모국어인 것이 참 다행이란 생각이, 그리고 다른 나라에서 태어나 한국어를 제 2 외국어로 배울 운명이었다면 끔찍한 생각이 든다. 좋은 언어는 언어의 규칙을 적용할 때 발생하는 예외가 적어야 한다. 규칙이 복잡하더라도 하나를 가르쳐주면 열을 알 수 있는 언어가 과학적인 언어다. 예외가 많으면, 아주 극단적인 경우, 열을 모두 가르쳐 주어야 한다. 한국어의 경우, 어법에 예외가 너무 많다. 심지어, 예외의 예외도 흔하다.

언어의 특징은 지문처럼 태생적이어서 고칠 수 없다. 한국어의 결정적 단점인 서술어 후치와 수식어 전치가 그 예이다. 한국어 문법을 정리한 역사가 100 년 정도로 그 시간이 길지 않으나, 어법과 문법이 잘 정리되더라도 상황이 조금 나아지는 정도일 것이다. 그렇다면, 한국말을 다듬기 위해, 정리는 정리대로 하되, 고칠 것은 과감하게 고쳐 한국말이 더 이상 망가지지 않게 세심한 주의를 기울이는 수밖에 없다. 특히, 정부 차원에서 초등학교 고학년 때쯤 글쓰기를 제대로 가르쳐야 한다. 글쓰기와 말하기를 직업으로 삼는 기자, 방송인, 유튜버 등을 대상으로 글쓰기 자격시험 같은 것도 만들어 봄 직하나, 현실을 고려하면, 실현 가능성이 거의 없을 거라 생각한다.

얼마 전 신문 기사에서 학생들이 수학 용어 '대변 (對邊)'과 과학 용어 '매질 (媒質)'을 각각 '똥'과 '매로 때리는 일'로 알아서 애먹었다는, 그래서 학생들의 문해력을 걱정하는 선생님의 한탄을 읽은 적이 있다. 그 글을 읽은 사람들은 한자 교육의 중요성을 떠올렸을 가능성이 크다. 하지만,

이것은 문해력과 한자 교육의 문제가 아니라, 누가 봐도 혼동이 뻔한 상황에서 그런 용어를 만든 (또는 아마도 일본어 용어를 그대로 도입한) 어른들의 잘못이다. 우리나라에서 부르는 외국의 나라 이름은 그 극치이다. 예를 들어, 일부만 떼어내는 일본식 외래어 조어법에 의해 Deuchland 가 Deuch 가 되고, 이것이 일본어 발음 [ドイツ] 로, 아무 뜻도 없는 같은 발음의 獨逸 ([ドイツ]) 로 음차된 말을 우리나라에서는 '독일' 로 읽어, Deuchland 가 독일이 되었다. 우리나라에서는 '도이칠란트' 로 쓰는 것이 맞다. 우리말로 원어를 쓰지 않은 외국의 나라 이름은 중국식 음차어나 일본식 음차어를 우리식 한자 발음에서 비롯된 것이 대부분이다. 또한, 'Romance' 의 아무 뜻도 없는 일본 음차어인 '낭만 (浪漫; ろうまん)' 이 우리나라에서는 낭만적인 말이 된 현상은 어떻게 설명해야 할까? 대체로, 어른들이란 걱정은 하지만, 바꾸려는 생각은 안 하는 사람들이다. 물론, 깬 어른들이 더러 있기는 하지만, 그 정도로는 어림도 없다. 어문 정책이란 국가 차원에서 추진하지 않으면 결실을 보기 힘들다.

우리가 쓰레기라고 느끼는 때는 뜻이 심하게 왜곡되어 말도 안 되는 일본식 영어 외래어를 거침없이 하는 경우이다. 일본 군국주의 잔재인 '파이팅 (화이팅)' 이란 말은 광복 후 80 년이 된 현재도 사회 모든 곳에서 어른, 아이, 여자, 남자 할 것 없이, 주야장천 외쳐지고 있다. 또한, 어떤 공중파 예능 방송에서는 잘 알아듣게 한답시고 띄운 자막에는 이상한 외국어 투성이다. 정말이지, 자막이 없으면, 무슨 말인지 모를 지경이다. 도대체 제정신을 갖고 사는 사람들인지 의아하다. 구어체 말을 주로 사용하는 편성물에서는 그른 말이 거의 걸러지지 않아, 대중의 그른 말 사용에 방송이 일조를 한다고 감히 말할 수 있다. 근래 1 인 방송이 급격히 증가함에 따라,

그른 말들이 홍수처럼 넘친다. 방송에 비할 바는 못 되지만, 이 같은 점은 눈으로 보는 신문이나 잡지 등의 종이 매체에서도 마찬가지다. 바꾸지 않으면, 나아지는 것은 없다.

한국말에는 수많은 문제가 있다. 문제를 고치지 않는다 하더라도 살아가는 데 큰 지장은 없지만, 자존심의 문제이다. 과연, 한국말의 문제는 무엇인가? 문제를 모르면, 답도 없다. 답만 간단히 적으면, 한국말의 문제는 한국 사람이다.

부 록

부록 1. 두음법칙이 적용된 한자

두음법칙이 일어난 대표적인 글자는 **진한 글자**로 표시되었다. 'ㅇ' 전환 두음법칙은 [le] 계와 [ne] 계 글자에서 일어나며, [y] 계와 [ne] 계 글자는 발음을 비교하기 위해 적었다. 'ㄴ' 전환 두음법칙은 [le] 계 글자에서 일어나며, [ne] 계 글자는 발음을 비교하기 위해 적었다. 괄호 안에는 두음법칙에 해당되는 한자의 수를 적었다.

'ㅇ' 전환 두음법칙					'ㄴ' 전환 두음법칙		
한글	[le]	[ne]	[y]	[ri]	한글	[le]	[ne]
약 (2)	略		藥	弱	나 (8)	羅	那
양 (15)	梁糧凉	孃	陽	壤讓	낙 (6)	落樂洛	諾
여 (20)	旅呂麗	女	如	餘	난 (8)	蘭亂	難
역 (7)	歷力	逆	易		날 (2)	剌辣	捺
연 (11)	戀聯軟	年	研	然	남 (10)	藍	南
열 (6)	列劣		閱	熱	납 (3)	拉	納
염 (8)	廉	念	鹽	染	낭 (9)	浪	囊
엽 (1)	獵		葉		내 (4)	來	內
영 (18)	嶺	靈寧	英	榮	냉 (1)	冷	
예 (6)	禮例	霓	豫	銳芮	녹 (7)	錄綠鹿	
요 (14)	料	尿	要	繞	논 (1)	論	
용 (1)	龍		用	容	농 (6)	籠	農
유 (14)	柳	紐	有	乳儒	뇌 (8)	雷賂賴	腦
육 (3)	陸		育	肉	누 (13)	樓累	
윤 (6)	倫		尹		늑 (2)	肋勒	
율 (3)	律率栗		聿		늠 (1)	凛	
이 (25)	李利理	泥	二	異	능 (6)	陵凌	能
익 (2)		匿	益				
인 (9)	隣		因	人忍			
임 (7)	林賃	恁	姙	任			
입 (4)	立			入			

부록 2. 두음법칙이 적용된 텃말의 예가 나오는 원전의 약어와 출처

비고에 저자, 간행 년도, 해설 (『한국민족대백과사전』 참조) 순으로 적었다.

약어	원전	비고
家禮	家禮諺解 (가례언해)	신식. 1632 년. 주희의 『가례』 를 언해. 에서.
龜鑑	龜鑑諺解 (귀감언해)	미상. 1569 년. 서산대사 휴정의 『선가귀감』 를 언해.
救急	救急方諺解 (구급방언해)	미상. 1466 년. 의서 『구급방』 을 언해.
同文解	同文類解 (동문류해)	현문항. 1748 년. 청어 역관들의 교재.
杜解	杜詩諺解 (두시언해)	유윤겸, 의침 등. 1481 년. 당나라 시인 두보의 한시를 풀이한 언해서. 번역은 1443 년에 시작.
萬言詞	만언사	안조원. 정조 때. 유배 가사.
武豪歌	무호가	강응환. 조선 영, 정조 때. 가사
朴解	朴通事諺解 (박통사언해)	미상. 1677 년. 『박통사』 의 중국어 독음을 언해한 중국어 학습서.
飜小	飜譯小學 (번역소학)	김전, 최숙생. 1518 년. 송나라 유자징의 『소학』 을 풀이한 언해서.
兵學	兵學指南 (병학지남)	미상. 1787 년. 명나라 척계광의 『기효신서』 의 군대 조련 방법을 요약한 병서.
扶餘路程	扶餘路程記 (부여노정기)	정부인 (貞夫人) 연안 이씨. 영조, 순조 때. 규방 가사.
四解	四聲通解 (사성통해)	최세진. 1517 년. 『홍무정운역훈』 의 음계를 보충하고, 『사성통고』 를 보완하기 위한 운서.
三綱	三綱行實圖 (삼강행실도)	설순 등. 1434 년, 삼강 (군신, 부자, 부부) 에 모범이 될만한 우리나라와 중국의 충신, 효자, 열녀의 행실을 모아 편찬한 언행록.
釋譜	釋譜詳節 (석보상절)	수양대군, 김수온 등. 1446 년. 석가모니의 일대기와 설법을 담아 편찬한 불교 경전 언해본.

石千	石峰千字文 (석봉천자문)	한석봉. 1583년. 중국 양나라 주흥사의 『천자문』에 언문으로 석과 음을 달아 간행한 교재.
宣小	小學諺解 宣祖版 (소학언해 선조판)	미상. 1587년. 『소학』에 토를 달고 풀이한 언해서.
宣賜內訓	內訓 宣祖內賜本 (내훈 선조내사본)	소혜왕후. 1475년. 부녀자의 훈육을 위해 편찬한 교양서. 원간본은 전하지 않고, 1573년의 내사본이 가장 오래되었다.
續三綱	續三綱行實圖 (속삼강행실도)	신용개. 1514년. 『삼강행실도』의 속편인 교훈서
雅言	雅言覺非 (아언각비)	정약용. 1819년. 어휘에 대한 풀이와 올바른 용법을 제시한 유서(類書).
王郎傳	왕랑전	보우(普雨). 1637년. 불교소설.
女四解	女四書諺解 (여사서언해)	이덕수. 1736년. 중국의 『여사서』와 소혜왕후의 『내훈』을 언해한 교훈서.
永嘉	永嘉集諺解 (영가집언해)	학조. 1482년. 『영가대사증도가남명천선사계송』을 국역한 번역서.
譯解	譯語類解 (역어류해)	신이행. 1690년. 중국어의 발음과 뜻을 언문으로 풀이한 중국어사전.
倭解	倭語類解 (왜어류해)	미상. 18세기 후반. 일본어 어휘집.
龍歌	龍飛御天歌 (용비어천가)	권제, 정인지, 안지 등. 1447년. 세종 선조인 목조(穆祖) - 태종(太宗)의 6대의 행적을 노래한 서사시. 완성 년도 1445년.
圓覺	圓覺經諺解 (원각경언해)	미상. 1465년. 『원각경』에 언문으로 구결을 달고 번역한 언해서.
月印	月印千江之曲 (월인천강지곡)	세종. 1448년. 석가모니의 공덕을 찬양하는 시가집.
類合	新增類合 (신증류합)	유희춘. 1576년. 『유합』을 증보, 수정한 한자 입문서.

약어	원전	설명
人日歌	인일가	이상계. 조선 후기. 인일 (人日: 음력 정월 초이렛날) 밤에 친지들이 부른 가사.
重杜解	重刊杜詩諺解 (중간두시언해)	유윤겸, 의침 등. 1632 년. 두시언해 번역 중간본. 목판본으로, 초간본 발간 이후 150여 년 뒤에 간행.
輯要	朝野輯要 (조야집요)	미상. 순조 때. 제 1 대 왕 태조부터 제 23 대 왕 순조까지 사실(史實)을 편년체로 기록한 역사서.
初杜解	初刊杜詩諺解 (초간두시언해)	유윤겸, 의침 등. 1481 년. 두시언해 번역 초간본.
草堂曲	초당곡	이상계. 조선 후기. 가사.
靑丘	靑丘永言 (청구영언)	김천택. 조선후기. 시조 580수를 엮어 편찬한 가집. 해동가요, 가곡원류와 함께 3 대 시조집의 하나. '청구'와 '영언'은 각각 '조선'과 '노래'를 뜻한다.
胎謠	胎産集要 (태산집요)	허준. 1608 년. 산부인과 계통의 처방과 치료 방법을 엮은 의서.
閑中錄	한중록	혜경궁 홍씨. 1795 년. 회고록.
漢淸	漢淸文鑑 (한청문감)	이담, 김진하 등. 1779 년. 만주어를 한문과 한글로 풀이한 사전.
海謠	海東歌謠 (해동가요)	김수장. 조선후기. 시조 883 수를 작가 별로 모은 가집.
訓註	訓民正音註解 (훈민정음주해)	김민수. 1957 년.『훈민정음』을 해석한 주석서.
訓解	訓民正音解例 (훈민정음해례)	정인지, 신숙주 등. 1446 년.『훈민정음』「예의」, 「해례」, 정인지「서문」등을 담은『훈민정음』해설서.

부록 3. 두음법칙이 적용된 텃말

고어	현대어	고어 예

1. ㄴ → ㅇ 전환

고어	현대어	고어 예
녀기다	여기다	어엿비 녀기거시놀 (三綱, 列7)
녀느	여느	녀느 쉰 아히도 다 出家ㅎ니라 (釋譜6:10)
녀름	여름	ᄇᆞ롬비 時節에 마초ᄒᆞ야 녀르미 드ᅵ어야 (釋譜9:34)
녀ᄆᆡ다	여미다	옷깃 녀ᄆᆡ어 길녀메 나ᅡ 가놋다 (初杜解8:20)
녀흘	여울	채석강 뱃머리가 녀흘을 맛내난듯 (扶餘路程)
녑	옆	녑爲脅 (訓解, 合字)
녓줍다	여쭙다	천만 번이나 녓줍고 (閑中錄166)
녙다	옅다	공이 녀트며 기푸믈 (釋譜19:8)
녜	예	軍容이 녜와 다ᄅᆞ샤 (龍歌51章)
뇨	요	셤거적 ᄉᆞ드뎌 펴니 션단 뇨히 되엿거놀 (萬言詞)
농ᄒᆞ다	용하다	재죠 농ᄒᆞᆫ 內弓匠人 무어ᄂᆡ니 활이로다 (武豪歌)
눆	윷	ᄒᆞᆫ 밤 자면 제석 오니 ᄉᆞ더국 먹고 눆 노ᄌᆞᄂᆡ (萬言詞)
니	이	齒논 니라 (訓註6)
니기다	이기다	불휘를 조히 시서 디호ᄃᆡ 니균 ᄒᆞᆰ ᄀᆞ티 (救急 上47)
니다	이다 (지붕을 ~)	지불 ㅂ뒤로 니시고 ᄀᆞ리디 아니ᄒᆞ시며 (宣賜 內訓2 下72)
	이다 (머리에 ~)	닐 듸 (倭解 下38)
니러나다	일어나다	赤帝 니러나시릴 ᄊᆡ (龍歌22章)
니로	이루	경계ᄒᆞ오시던 말숨은 니로 다 ㅂ식디 몯ᄒᆞ며 (閑中錄40)
니르다	이르다 (장소에 ~)	아래로 阿鼻地獄에 니르며 (釋譜19:13)
	이르다 (말하다)	聖經을 니르시니 (龍歌92章)

니마	이마	눈서비 놉고 길며 니마히 넙고 (釋譜19:17)
니밥	이밥	니밥 그며 비단옷 니브리오 (家禮7:16)
니불	이불	지븨며 니블ㅅㄲ히며 (釋譜11:22)
니야기	이야기	니야기 (同文解 上24)
니영	이영	니녕이 다 거두치니 울잣신들 셩홀소냐 (古詩調, 許珽, 靑丘)
니웃	이웃	옛 신선 노든 곧을 니웃ᄒ야 젓ᄃㅣ 두고 (草堂曲)
닉다	익다 (熟)	우케ᄂᆞᆫ 하늘 ᄇᆞᄅᆞ매 니겟도다 (杜解7:16)
	익다 (익숙하다)	佛子돌ᄒㅣ 根機 니군 고들 보시고 (釋譜19:17)
닉이다	익히다	음식 닉이는 ㅅ다히라 (宣小3:26)
닐	일 (事)	일언 일 절언 ㅅ듯즐 뉘라셔 짐작ᄒ리 (武豪歌)
닐굽	일곱	숢바을 닐굽과 (龍歌89章)
닐온바	이른바	ᄇ서 나니 닐은밧 命이라 (宣小4:50)
닐흔	일흔	닐흔 살 쏘샤 닐희늬 ᄂᆞ치 맛거늘 (龍歌40章)
넑다	읽다	이 經을 넑고 (釋譜9:30)
님	임	數萬里ㅅ 니미어시니 (龍歌31章)
님금	임금	올모려 님금 오시며 (龍歌16章)
님자	임자	刹帝利ᄂᆞᆫ 田地ㅅ 님자히라 ᄒ논 마리니 (釋譜9:19)
닙	입 (口)	닙은 丹砂로 적은 듯ᄒ다 (古時調, 海謠)
닙다	입다	눌근 옷 니버 시름 ᄀ장하니 (月印 下57)
닛다	잇다	믈 우희 니ㅅㅓ티시나 (龍歌44章)
닝어	잉어	닝어로 ㅂ서 달힌 믈에 (胎謠19)
닞다	잊다	천하 창생을 니즈시리잇가 (龍歌21章)
닢	잎	남기 새 닢 나니이다 (龍歌84章)

2. ㄹ → ㅇ 전환

룡두레	용두레	룡 드레 (漢淸 10)
룡슈	용수	룡 슈 (四解 下67)
률모	율무	薏苡者草珠也 方言云栗母 (雅言 一 薏苡者)
리	이 (사람)	지빗 사르미 알 리 업거늘 (圓覺 序43)
리를다	이르다 (到)	리를 지 (至), 리를 도 (到) (類合 下8)
리불	이불	침변알 곡쳥 말고 라불 미틔 사담 마소 (人日歌)
릴굽	일곱	나히 열릴구베어미 병ᄒ야 (續三綱, 孝29)
릴움	이름 (云)	무러도 일훔 릴우믈 즐기지아니ᄒ고 (重杜解8:1)

3. ㄹ → ㄴ 전환

라괴	나괴 (나귀)	쇠어나 모리어나 약대어나 라귀어나 두외야 (釋譜9:15)
라발	나발	라발 부다 (譯解 上20)
라올	너울	俗名曰羅兀也 (輯要2)
락시	낚시	락시 구 (鉤) (類合 上15)
랄	날 (日)	랄마다 모로메 (飜小9:2)
랄라리	날라리	랄라리 (漢淸3:54)
러비	너비	러비 두로믈 즐기는 스르믄 (龜鑑 下49)
러피다	넓히다	진실로 츠여 러피시다 니르리로다 (永嘉 序7)
렓다	넓다	날과 둘이 양의의 비침을 렓게 ᄒ며 (女四解4:20)
력	녁	東려긔 가아 보더니 (三綱, 忠5)
로고	노구, 노구솥	로고 (朴解 中11)
로래	노래	안즌 손이 로래 블룰者 잇거든 엇디 ᄒ리잇고 (家禮6:34)
로새	노새	로새를 티오ᄂ니 (月釋21:8)

롤나다	놀라다	랑이 롤나 괴이히 녀겨 닐오ᄃᆡ (王郞傳1)
루르다	누르다	루를 거 (石川18)
루ᄅ다	누르다 (黃)	루른 긔ᄂᆞᆫ 듕에 쇽ᄒᆞ니 (兵學1:12)
룰리이다	눌리다	룰리인 것 들라 (漢淸7:27)
르릅나모	느릅나무	르릅나모 (譯解 下42)
를굼	늙음	ᄇᆞ불 더 머거어루 룰구믈 扶持ᄒᆞ리로소니 (重杜解7:19)
ᄂᆞ리오다	내리다	다 ᄒᆞᆫ 층을 ᄂᆞ리오고 (家禮6:31)

부록 4. 한자 부수 명칭

위치	설명	예시
변 (邊)	글자 왼쪽	休 (人), 話 (言)
방 (旁)	글자 오른쪽	劍 (刀), 獻 (犬)
머리	글자 위	符 (竹), 花 (艸)
발	글자 아래	熱 (火), 恩 (心)
엄 (广)	왼쪽 위 혹은 오른쪽 위를 감쌈	廣 (广), 氣 (气)
받침	왼쪽 아래 혹은 오른쪽 아래를 감쌈	道 (辵), 颱 (風), 越 (走), 建 (廴)
몸	전체 (한쪽 방향이 뚫렸거나, 양옆 또는 상하)	圍 (口), 問 (門), 區 (匚), 凶 (凵), 街 (行), 衰 (衣)
제부수[1]	글자 자체가 부수인 것	一, 至, 龍
기타	알 수 없는 것	

1. 제部首.

부록 5. 획별 한자 부수 목록

번호	글자	부수	이름 (훈음) 형태	주요 해당 한자

일 획

1	一	한 일	제부수	丁, 七, 丘, 不, 上
2	ㅣ	뚫을 곤	제부수	中, 串
3	丶	점 주	제부수	丹, 丸, 主
4	丿	삐침 별	제부수	乃, 乖, 乘, 乎, 之
5	乙	새 을	발, 제부수 (乙), 방 (乚)	乾, 九, 亂, 乳, 也
6	亅	갈고리 궐	제부수	了, 事, 予

이 획

7	二	두 이	머리, 몸, 변, 발	于, 互, 五, 云, 井
8	亠	돼지 해 (亥) 머리 두	머리	京, 亥, 亡, 交
9	人	사람 인	머리, 변 (亻)	仁, 今, 來, 價, 像
10	儿	어진 사람 인	발	光, 兀, 兒, 克, 兄
11	入	들 입	제부수	內, 全, 兩
12	八	여덟 팔	머리, 발	其, 共, 公, 具, 兼
13	冂	멀 경	몸	再, 冒, 円, 冊
14	冖	덮을 멱	머리	冠, 冥
15	冫	얼음 빙	변, 발	冷, 凍, 冬, 凜
16	几	안석 궤	병, 발	凱, 凡
17	凵	입 벌릴 감	몸	凶, 凸, 凹, 出, 函
18	刀	칼 도	방 (대체로 刂), 발	初, 分, 切, 刃, 利
19	力	힘 력	방, 발	勇, 勢, 動, 勸, 勵

20	勹	쌀¹ 포	몸	包, 匍, 勿
21	匕	비수 비	방	北, 化, 匙
22	匚	상자 방	몸	匣, 匡, 匪
23	匸	감출 혜	몸	區, 匿, 医
24	十	열 십	제부수, 머리, 변, 발	半, 南, 卍, 卑, 協
25	卜	점 복	제부수, 머리, 방	占, 卡, 卨
26	卩	병부² 절	방, 발 (㔾)	卽, 卵, 卿, 危, 卷
27	厂	기슭 엄	엄	厄, 厭, 原
28	厶	사사로울 사	제부수, 머리, 발	去, 參
29	又	또 우	방, 발	友, 及, 反, 叛, 取

삼 획

30	口	입 구	변, 머리, 발	口, 叩, 哭, 告, 品
31	囗	나라 국	몸	回, 固, 國, 四, 圖
32	土	흙	변, 머리, 발	土, 地, 均, 基, 坤
33	士	선비 사	제부수, 변, 방, 머리	士, 壬, 壻, 壯, 壽
34	夂	뒤처져 올 치	머리, 발, 받침	夂, 备, 変, 処
35	夊	천천히 걸을 쇠	발	夊, 夏, 复
36	夕	저녁 식	제부수, 변, 방, 발	夕, 多, 外, 夜, 夢
37	大	큰 대	제부수, 머리, 발	大, 失, 央, 奇, 契
38	女	계집 녀	변, 발	女, 娘, 委, 威, 嫌
39	子	아들 자	변, 머리, 발	子, 孑, 孔, 孟, 季
40	宀	집 면	머리	宀, 守, 宗, 家, 客
41	寸	마디 촌	방, 발	寸, 封, 專, 對, 導
42	小	작을 소	머리, 발	小, 少, 当, 尒

43	尢	절름발이 왕	제부수, 방, 받침	尢, 尤, 就, 尨
44	尸	주검 시	제부수, 엄	尸, 尺, 局, 尹, 屋
45	屮	왼손 좌	제부수, 머리, 발	屮, 屰, 出, 屯, 㞢
46	山	뫼 산	변, 머리, 발	山, 峰, 岸, 島, 巖
47	巛	내 천	제부수	巛, 巜, 巢, 巡, 巠
48	工	장인 공	제부수, 변, 발	工, 巨, 巧, 左, 差
49	己	몸 기	제부수, 머리, 발	己, 已, 巳, 巴, 巷
50	巾	수건 건	변, 발	巾, 帽, 常, 席, 帆
51	干	방패 간	제부수, 발	干, 年, 平, 幸, 幹
52	幺	작을 요	제부수, 변	幺, 幾, 幽, 幼, 幻
53	广	집 엄	엄	广, 康, 庫, 廣, 廳
54	廴	길게 걸을 인	받침	廴, 建, 廻, 延
55	廾	받들 공	발	廾, 弁, 弄, 弊
56	弋	주살 익	방, 엄	弋, 弌, 弍, 式, 弑
57	弓	활 궁	제부수, 변, 발	弓, 強, 弱, 弔, 張
58	彐	돼지 머리 계	머리	彖, 彝, 彔, 归
59	彡	터럭 삼	방	彡, 彬, 彰, 影, 彩
60	彳	조금 걸을 척	변	彳, 往, 徐, 得, 德

사 획

61	心	마음 심	변(忄), 발(가끔 㣺)	心, 志, 感, 恭, 情
62	戈	창 과	방, 엄	戈, 戊, 成, 戟, 戰
63	戶	집 호	변, 엄	戶, 所, 扇, 房
64	手	손 수	제부수, 변(扌), 발	手, 才, 打, 拜, 擧
65	支	지탱할 지	방	支, 敱

66	攴	칠 복	방 (대부분 攵), 발	攴, 敲, 故, 敎, 敬
67	文	글월 문	변, 머리, 발	文, 斑, 爛, 斉, 斐
68	斗	말 두	방, 머리, 발	斗, 料
69	斤³	근 근, 날 근	방, 발	斤, 斧, 新, 斷
70	方	모 방	변, 발	方, 旅, 旁, 族, 旗
71	无	없을 무⁴	제부수, 방	无, 旡, 既
72	日	날 일	변, 머리, 발	日, 明, 景, 旬, 晝
73	曰	가로 왈	제부수, 머리, 발	曰, 曲, 曷, 更, 書
74	月	달 월	제부수, 변, 발	月, 有, 馥, 朞
75	木	나무 목	제부수, 변, 머리, 발	木, 東, 樹, 果, 權
76	欠	하품 흠	방	欠, 歌, 次
77	止	그칠 지	제부수, 변, 머리, 발	止, 正, 此, 歲, 歷
78	歹	살 바른 뼈 알	제부수, 변	歹, 死, 殃, 殉
79	殳	몽둥이 수	방	殳, 殺, 段, 殴, 毅
80	毋	말⁵ 무	제부수, 발	毋, 毌, 母
81	比	견줄 비	머리, 발	比, 毕, 毘
82	毛	터럭 모	방, 발, 받침	毛, 氈, 毫, 毯
83	氏	각시 씨	제부수, 머리	氏, 民, 氐
84	气	기운 기	엄	氣, 氛
85	水	물 수	제부수, 변 (氵), 머리, 발	水, 永, 氷, 海, 洋
86	火	불 화	변, 발 (대부분 灬)	火, 然, 炎, 熱, 無
87	爪	손톱 조	머리 (爫, 爫), 받침	爪, 爲, 爬
88	父	아버지 부	머리	父, 爸, 爺
89	爻	사귈 효	제부수	爻, 爽, 爾

90	爿	나무 조각 장	변	爿, 壯, 牀, 牆
91	片	조각 편	변	片, 版, 牌
92	牙	어금니 아	제부수, 변, 발	牙, 牙, 犽, 掌
93	牛	소 우	변, 발	牛, 牟, 物, 牢
94	犬	개 견	변(犭), 방, 발	犬, 狀, 狗, 獄, 獻

오 획

95	玄	검을 현	변	玄, 玆, 率
96	玉	구슬 옥	제부수, 변(王), 발	玉, 王, 璧, 理
97	瓜	오이 과	방, 몸	瓜, 瓣, 瓢
98	瓦	기와 와	방, 발	瓦, 瓶, 瓮
99	甘	달 감	변, 머리, 발	甘, 甜, 甚, 替
100	生	날 생	변, 발	生, 産, 甥
101	用	쓸 용	제부수, 발	用, 甫, 甩, 甬
102	田	밭 전	제부수, 변, 머리, 발	田, 申, 男, 畓, 略
103	疋	짝 필	변, 방	疋, 疑, 疎
104	疒	병 들어 기댈 녁	엄	疾病, 痛症, 癌, 療
105	癶	등질 발	머리	發, 癸, 登
106	白	흰 백	변, 머리, 발	白, 的, 皇, 百
107	皮	가죽 피	변, 방, 발	皮, 皺, 皰
108	皿	그릇 명	발	皿, 盛, 監, 盡, 盧
109	目	눈 목	변, 머리, 발	目, 相, 眼, 看, 督
110	矛	창 모	변, 머리	矛, 矜, 喬
111	矢	화살 시	변, 발	矢, 短, 矣, 矮
112	石	돌 석	변, 발	石, 硬, 碧, 磬

113	示	보일 시	변 (礻), 발	示, 神, 祈禱, 禁, 福
114	内,	발자국 유	발	内, 禽, 离, 禹
115	禾	벼 화	변, 머리, 몸, 발	禾, 秋, 秀, 秉, 積
116	穴	구멍 혈	머리	穴, 空, 窓, 突
117	立	설 립	변, 머리, 발	立, 端, 竟, 競

육 획

118	竹	대 죽	머리 (⺮)	竹, 簡, 籐, 筆, 算
119	米	쌀 미	변, 머리, 발	米, 糟, 糠, 糞, 粱, 糖
120	糸	가는 실 멱	변 (糹), 발	糸, 系, 繁, 緊, 繼
121	缶	장군[6] 부	변, 발	缶, 缺, 磬
122	网	그물 망	머리 (罒, 가끔 冗, 冈)	网, 罕, 罵, 羅, 罷
123	羊	양 양	머리 (羊), 변 (羊), 발	羊, 美, 羚, 羔, 義
124	羽	깃 우	변, 방, 머리, 발	羽, 翼, 翁, 翅, 翰
125	老	늙을 로	머리 (일부 耂)	老, 考, 耆
126	而	말 이을 이	변, 머리, 발	而, 耐, 耑, 耍[7]
127	耒	가래[8] 뢰	변	耒, 耕, 耗
128	耳	귀 이	변, 발	耳, 聽, 聲, 聞, 職
129	聿	붓 율	머리, 방, 발	聿, 肅, 肆
130	肉	고기 육	변, 발, 방[9]	肉, 腐, 脚, 肩, 胡
131	臣	신하 신	변	臣, 臨, 臥
132	自	스스로 자	변, 머리	自, 臭
133	至	이를 지	변, 발	至, 致, 臺
134	臼	절구 구	머리, 발	臼, 舅, 舊, 興
135	舌	혀 설	변, 발	舌, 舒, 舍

세종의 실수 / 331

136	舛	어그러질 천	발	舛, 舞
137	舟	배 주	변	舟, 船, 般, 艇
138	艮	괘 이름	간방, 발	艮, 良, 艱
139	色	빛 색	방	色, 艶
140	艸	풀 초	제부수, 머리 (艹, ⺿)	艸, 葡萄, 蔡, 蘇
141	虍	호피 무늬 호	엄, 방 (주로 虎의 꼴)	虎, 虜, 虐, 號
142	虫	벌레 훼	변, 방, 발 (가끔 蚰의 꼴로)	虫, 蟲, 蝕, 螳螂
143	血	피 혈	변, 머리, 발	血, 衆, 衄
144	行	다닐 행	몸	行, 街, 衛, 術
145	衣	옷 의	변(衤), 발, 몸	衣, 袋, 裏, 裙, 複
146	襾	덮을 아	제부수, 머리	西, 要, 覆

칠 획

147	見	볼 견	방, 발	見, 視, 親, 覺
148	角	뿔 각	변, 발	角, 解, 觜, 觸
149	言	말씀 언	변, 발	言, 許, 語, 論, 譽
150	谷	골 곡	변, 방	谷, 谿
151	豆	콩 두	변, 발	豆, 豌, 豈
152	豕	돼지 시	변, 방, 발	豕, 豚, 象, 豬[10]
153	豸	벌레 치	변	豸, 貌, 豹
154	貝	조개 패	변, 발	貝, 財, 賣買, 貨, 貪
155	赤	붉을 적	제부수, 변	赤, 赦, 赫
156	走	달릴 주	받침	走, 起, 趙, 越
157	足	발 족	발, 변 (𧾷)	足, 路, 蹇, 跳
158	身	몸 신	변	身, 軀

159	車	수레 거	변, 발	車, 軌, 軋, 轢
160	辛	매울 신	방	辛, 辭, 辨
161	辰	별 진	머리, 발	辰, 辱, 農
162	辵	쉬엄쉬엄 갈 착	제부수, 받침 (辶)	辵, 近, 造, 道, 選, 邊
163	邑	고을 읍	제부수, 방 (阝)	邑, 郡, 部, 鄕, 鄭
164	酉	닭[11] 유	변, 방, 발	酉, 酒, 醉, 醫
165	釆	분별할 변	제부수, 변	釆, 采, 釋
166	里	마을 리	변, 방, 발	里, 野, 量, 重

팔 획

167	金	쇠 금	변, 발	金, 銀, 銅, 釜, 鏊
168	長	길 장	제부수, 변 (镸)	長, 镻
169	門	문 문	몸	門, 問, 聞, 閻, 關
170	阜	언덕 부	제부수, 변(阝), 몸	阜, 防, 院, 隊, 陳, 隣
171	隶	미칠 이	제부수, 방	隶, 隸[12]
172	隹	새 추	방, 머리, 발	隹, 雄, 集, 雙, 離
173	靑	비 우	머리	雨, 雪, 電, 露, 霜, 霧
174	靑	푸를 청	제부수, 변, 방	靑, 靜, 靖
175	非	아닐 비	머리, 발	非, 靠, 靟

구 획

176	面	낯 면	변, 발	面, 靤, 靨
177	革	가죽 혁	변, 발	靲, 靴, 鞠, 鞏
178	韋	가죽 위	변, 방[13]	韋, 韓, 韜
179	韭	부추 구	제부수, 발	韭, 韮
180	音	소리 음	변, 발	音, 韻, 響

세종의 실수 / 333

181	頁	머리 혈	방	頁, 頃, 領, 順, 頭, 顯
182	風	바람 풍	변, 방	風, 颱, 飄
183	飛	날 비	방	飛, 飜
184	食	밥 식	변(𩙿), 발	食, 飮
185	首	머리 수	제부수, 변, 방, 발	首, 馗, 馘
186	香	향기 향	제부수, 변, 발	香, 秘, 馨, 馥

십 획

187	馬	말 마	변, 발	馬, 駐, 騎, 駕, 驚, 驛
188	骨	뼈 골	변	骨, 體, 髓
189	高	높을 고	제부수, 변	高, 髙[14], 亢, 鬍
190	髟	늘어질 표	머리	髮, 鬚
191	鬥	싸울 투	몸	鬥, 鬪
192	鬯	울창주 창	발	鬯, 鬱
193	鬲	막을 격	변, 발	鬲, 敲, 鬹
194	鬼	귀신 귀	받침, 방, 발	鬼, 魂, 魅, 魔, 魏

십일 획

195	魚	물고기 어	변, 발	魚, 魯, 鮮, 鯉
196	鳥	새 조	변, 방, 발	鳥, 鴻, 鵬, 鶴, 鷹, 鸞
197	鹵	소금 로	제부수, 변	鹵, 鹽, 鹹
198	鹿	사슴 록	제부수, 엄, 변, 발	鹿, 麗, 麒麟, 麝
199	麥	보리 맥	변	麥, 麵
200	麻	삼 마	제부수, 엄	麻, 麾

십이 획

| 201 | 黃 | 누를 황 | 제부수, 변 | 黃, 黏 |

202	黍	기장 서	제부수	黍, 黎
203	黑	검을 흑	제부수, 변, 발	黑, 默, 點, 黨
204	黹	바느질할 치	제부수, 변	黹, 黼, 黻

십삼 획

205	黽[15]	맹꽁이 맹	발	鼈, 鼇, 黿
206	鼎	솥 정	발	鼎, 鼐
207	鼓	북 고	머리, 발	鼓, 鼔[16], 鼕
208	鼠	쥐 서	제부수, 변, 발	鼠, 鼱, 鼩

십사 획

| 209 | 鼻 | 코 비 | 제부수, 변 | 鼻, 鼾 |
| 210 | 齊 | 가지런할 제 | 제부수, 몸 | 齊, 齋 |

십오 획

| 211 | 齒 | 이 치 | 제부수, 변, 발 | 齒, 齡, 齧 |
| 212 | 龍 | 용 룡 | 발 | 龍, 龕, 龖, 龘 |

십육 획

| 213 | 龜[17] | 거북 귀 | 방, 발 | |

십칠 획

| 214 | 龠 | 피리 약 | 변 | 龠, 龡, 龢, 龣 |

---

1. '감싸다' 의 뜻.

2. 卩 또는 㔾는 사람이 꿇어 앉은 모습이다. '꿇어 앉을 절' 이라고도 한다. 그 모습이 병부 (발병부의 줄임 말) 와 닮아서, '병부 절' 이라 부른다. 병부 (兵符) 는 군사를 전쟁터에 출병, 즉 발병하는 일을 신중하게 하기 위해, 탁구채를 반으로 쪼갠 모습의 병부를 왕과 兵權 (병권) 을 맡은 지방관이 나누어 가지던 信標 (신표) 이다.

3. 도끼 모양으로, 부수로 쓰일 때. '칼 刀' 와 마찬가지로 '자르다' 라는 의미를 가진다.

4. '없을 無' 와 같은 글자.

5. '타는 말', '한 말 두 말' 의 '말' 이 아니라 동사 '말다' 의 꾸밈 형.

6. 배가 불룩하고 목 좁은 아가리가 있는 질그릇.

7. '장난감 쇠' 라는 한자이다. 要 (중요할 요) 와 다르다.

8. 흙을 파헤치거나 떠서 던지는 기구로, 자루가 긴 삽. 삽 목에 두 밧줄을 매어, 양쪽에서 당긴다. 삽자루를 조종하는 사람까지 3 명이 필요하다. '호미로 막을 것을 가래로 막는다.' 에 나온다.

9. 육달 월 (月) 이 방으로 쓰이는 경우는 매우 드물다. 상용자 중에서는 胡 (되 호) 가 유일하다.

10. 猪의 본자.

11. 본래 '술' 이라는 뜻이었는데, '열째 지지' 라는 뜻으로 가차되었다.

12. 隶와 같은 자.

13. 韓에 한정.

14. 高의 속자.

15. 鼈 (자라 별), 龞 (거북 벽), 鼀 (두꺼비 축) 이 있다. 별주부전 (鼈主簿傳) 의 '별' 은 자라를 뜻하고, '주부' 는 조선시대 8 품 관직이다.

16. 북 칠 고. 鼓와 같은 자.

17. 훈음이 '거북 귀', '땅이름 구', '터질 균' 의 세 개다. 예외로, 지명 龜州는 '구주' 또는 '귀주' 로 읽는다 (예, 강감찬의 '귀주 대첩'). 균열 (龜裂) 은 거북이 등처럼 갈라진 형상을 말한다. 이 부수가 사용된 실용 한자는 없다.

부록 6. 외래어와 혼종어의 언어별 현황[1]

언어	순외래어	+한자어	+고유어	+다른 외래어	+한자어 +고유어	합계
영어	11,797	7,431	724	368	209	20,529 (76%)
독일어	418	548	16	43	17	1,042 (39%)
프랑스어	522	102	11	37	4	676 (25%)
이탈리아어	452	28	2	10	0	492 (18%)
라틴어	179	69	13	2	7	270 (10%)
그리스어	115	85	4	17	0	221 (8.2%)
일본어	144	19	34	9	2	208 (7.7%)
러시아어	78	14	0	2	1	95 (3.5%)
에스파냐어	67	11	7	1	0	86 (3.2%)
네덜란드어	28	33	3	2	1	67 (2.5%)
아랍어	59	2	0	0	0	61 (2.3%)
산스크리트어	47	12	0	1	0	60 (2.2%)
중국어	38	13	3	0	4	58 (2.1%)
/(병기)[2]	0	2,071	0	52	881	3,004 (11.1%)
기타	108	20	1	14	0	143 (5.3%)
합계	14,052	10,458	818	546	1,126	27,000 (100%)[3]

1. 계 50 개 미만의 언어는 '기타' 로 통합되었다.
2. 주로 한자 음역어다. 예를 들어, '커피' 의 한자 음역어 '가배' 는 음만 같은 두 가지 한자어 '咖啡/珈琲' 로 적는다. 한자는 아무 뜻이 없다. 실생활에서 거의 쓰이지 않는다.
3. 한자 음역어가 대부분인 '/(병기)' 의 3004 개는 외래어라고 부르기 민망하다. 이 숫자를 빼면, 실제 외래어의 숫자는 약 24,000 개다. 이를 기준으로 하면, 영어는 외래어의 86% 에 이른다.

부록 7. 현행 「국어의 로마자 표기법」 요약

자음				모음			
ㄱ	g, k	ㄲ	kk	ㅏ	a	ㅑ	ya
ㄴ	n			ㅓ	eo	ㅕ	yeo
ㄷ	d, t	ㄸ	tt	ㅗ	o	ㅛ	yo
ㄹ	r, l			ㅜ	u	ㅠ	yu
ㅁ	m			ㅡ	eu		
ㅂ	b, p	ㅃ	pp	ㅐ	ae	ㅒ	yae
ㅅ	s	ㅆ	ss	ㅔ	e	ㅖ	ye
ㅇ	ng			ㅚ	oe		
ㅈ	j	ㅉ	jj	ㅟ	wi		
ㅊ	ch			ㅘ	wa		
ㅋ	k			ㅙ	wae		
ㅌ	t			ㅝ	wo		
ㅍ	p			ㅞ	we		
ㅎ	h			ㅢ	ui		

도움이 된 자료

사 전

표준국어대사전

이 사전이 나오기 전에는 민간 출판사나 대학 연구소가 한국어 사전 편찬 사업을 주도해 왔으나, 기존 한국어 사전들이 표제어 표기가 일치하지 않는 등 일관되지 않았다. 이를 개선하기 위해 1992년부터 6년 동안 국어학자 500여 명이 참여하여 1999년 10월 1일 초판본이 출판된 국가 편찬 사전이다. (『위키백과』 참조)

한국민족문화대백과사전

한민족의 문화유산과 업적을 체계적으로 정리, 집대성하여 편찬한 백과사전이다. 1979년 한국정신문화연구원 (현 한국학중앙연구원) 에서 당시까지의 한국학 연구를 집대성한 편찬 작업을 시작하여 1991년 총 27권으로 완간하였다. 2017년 5월 현재, 총 76,238여 백과사전 항목, 114,565건의 멀티미디어 (도판) 자료를 온라인으로 열람할 수 있다.

서 적

고어사전

1997년 남광우가 증보판으로 간행한 사전이다. 330종의 우리 고문헌에서 사례를 수집해 2만 개 표제어의 용례와 수록 문헌을 실었다. 1960년 본격적인 사전형태를 갖춘 고어사전으로서는 처음이라 할 수 있는 초판을 동아출판사에서 간행한 후, 1971년 일조각에서 보정판을 내고, 1997년 교학사에서 증보판을 내놓았다.

동국정운

한자음을 바로잡아 통일된 표준음을 정하려는 목적으로 1448년에 간행된 책이다. 한자음을 훈민정음으로 표기하였다. 한민족 최초 표준음에 관한 책이자 운서 (韻書) 이다. 명나라의 운서인 『홍무정운』 (洪武正韻) (1375 년 간행) 에 관한 동국 (즉, 조선)의 표준적인 운서라는 뜻이다.

소학언해

1587 년 선조 때에 『소학』 에 토를 달고 풀이하여 직역 (直譯) 을 원칙으로 간행한 언해서이다. 중종 때에 간행된 『번역소학』 은 의역 (意譯) 되어 있음에 이를 고쳐 직역하였다. 『번역소학』 이 비교적 구어에 가까운 언어 현실을 보여준 반면, 『소학언해』 는 유사한 내용을 직역하였기 때문에 『번역소학』 에 비하여 원문에 사용된 한자어를 그대로 사용한 경우가 많으며, 구문에서도 차이를 보인다. 따라서 두 문헌을 비교하는 것은 다른 언해서의 해독과 연구에도 중요한 영향을 미친다. 그리고 영조 때에 다시 한번 번역되어, 『어제소학언해』 (御製小學諺解) 로 간행되었다. (한국민족문화대백과사전 참조)

식민사학 동북공정

최춘태. 2017. 북랩

갑골음의 주인공 상은 (商殷) 이 한민족의 조상이라는 것은 중국 역사학자들에게는 보편적인 상식이다. 반면 우리는 모르고 있다. 민족이 같으면 언어가 같아야 하는 것은 불변의 진리이다. 갑골음으로 상·고대 자료를 읽으면 식민사학과 동북공정의 거짓이 모두 드러난다. 그뿐 아니라 묻혀 있는 우리의 역사를 새로 밝혀낼 수 있다. 이 책은 난해한 갑골음 복원법을 일반인들도 습득할 수 있도록 쉽게 풀어내어 대중화했다.

아학편

다산 정약용 선생이 강진 유배 생활 중 저술한 아동용 한자 학습서인 『아학편』 을 모태로 1908 년 지석영, 전용규 선생이 영어, 일본어, 중국어 독음을 추가하여 재구성한 외국어 교재.

어리둥절 한국말

김완. 2023. 하얀책.

현재 많은 사람들이 한국어를 잘못 사용하는 여러 가지 예를 들어 한국어를 제대로 쓰는데 목적을 둔 책이다.

예수성교 누가복음 젼셔

1882 년 스콧랜드 선교사인 John Ross는 이응찬 등의 도움을 받아 『예수성교누가복음젼셔』를 한글로 번역하여 만주 선양에서 간행한다.

용비어천가

조선 세종 때 권제, 정인지, 안지 등이 왕의 명을 받아 세종 선조인 목조 (穆祖)에서 태종 (太宗) 에 이르는 여섯 용 (龍) 의 행적을 노래한 서사시다. 1445 년에 지어 1447 년에 간행하였다. 훈민정음 창제 후 최초의 한글 문헌이며 악장이다. 모두 125 장으로 구성되었다.

훈민정음 언해

『훈민정음』「해례」를 한글로 풀이한 언해본이다. 이것은 단행본이 아니고 『월인석보』(1459 년 간행) 제 1 권에 실린 것으로, 책 이름을 『세종 어제 훈민정음』(世宗御製訓民正音) 이라고 하였다.

훈민정음 해례

1446 년에, 정인지, 신숙주 등이 『훈민정음』「예의」, 「해례」, 정인지「서문」등을 담아 간행한 『훈민정음』 해설서. 크게 「예의」 와 「해례」 로 나누어져 있다. 「예의」 는 세종이 직접 지었는데, 한글을 만든 이유와 한글의 사용법을 간략하게 설명한 글이다. 「해례」 는 성삼문, 박팽년 등 집현전 학사들이 한글의 자음과 모음을 만든 원리와 용법을 상세하게 설명했다.

Chosön: the land of the morning calm - a sketch of Korea

Lowell, P. L. 1886. Ticknor and Company.

1882년 미국과 수교 후, 1883년 미국에 파견되는 조선의 수교사절단인 보빙사(報聘使)를 일본 여행 중에 만나 미국까지 안내했으며, 다시 미국에서 일본까지 인도한 뒤에 고종의 초청을 받아 그 해 12월 조선을 방문하였다. 3개월의 방문 동안 조선의 정치, 경제, 문화, 사회 등을 백과사전 형식으로 자세히 기록했다. 고종의 어진(御眞)을 포함하여 저자가 직접 촬영한 당시의 조선 풍경 사진 25매와 삽화가 수록되었다.

Korea and her neighbors

Bishop, I. B. 1898. J. Murray.

여행가며 작가인 영국인 이사벨라 버드 비숍이 19세기 말 우리나라를 여행하며 느끼고 체험한 소감을 그대로 적은 역사 여행서이다. 그녀가 본 우리나라의 첫인상부터 풍속과 당시 시대적 배경, 종교와 관습, 생활 모습 등이 삽화와 함께 사실적으로 그리고 있다.

Corea, the Hermit Nation

Griffis, W. E. 1882. Harper & Brothers.

미국 필라델피아 출신의 그리피스는 1870년 일본에 건너가 도쿄 대학의 물리학 및 화학 교수로 있으면서 일본 연구에 몰두하던 중, 일본을 바르게 이해하려면 고대로부터 일본 역사에 깊은 영향을 준 한국을 먼저 알아야 됨을 깨닫고 한국 연구에 뜻을 두게 되었다. 외국어로 쓴 한국사 중에서 가장 흥미있고 포괄적인 저술로 평가받는다. 우습게도, 그리피스는 조선을 방문한 적이 없다.

신문

독립신문

1896 년 4 월 7 일에 창간된 우리나라 최초의 민간 신문. 일간지. 국문판과 영문판으로 구성되었으며, 격일간지로 출발해 일간지로 발전하였다. 한글 역사의 관점에서 보면, 한글 전용과 띄어쓰기가 최초로 시도되었다. 1899 년 12 월 4 일자로 폐간되었다.

동아일보

1919 년 3.1 운동 이후 조선총독부는 이른바 문화 통치의 일환으로 1920 년 4 월 1 일, 김성수를 비롯한 박영효, 김홍조, 장덕준 등을 중심으로 타블로이드판 4 면 체제로 발간되었다. 이 책에서는 1940 년 강제 폐간 이전의 기사만 참고하였다.

조선일보

3·1 운동 후 일제가 문화정치를 표방하면서 1920 년 3 월 5 일 창간하였다. 일제 치하에서 『동아일보』의 '브나로드 운동'과 함께 문맹 퇴치, 농촌 계몽에 큰 성과를 거두었다. 이 책에서는 1940 년 강제 폐간 이전의 기사만 참고하였다.

자료집

한글 맞춤법

문자 체계로 한글 자모를 확립하여 국어를 표기하는 규범. 한글 맞춤법의 제정은 크게 다섯 단계로 구분될 수 있다. 첫째는 훈민정음 단계, 둘째는 국문 연구 의정안 단계, 셋째는 언문 철자법 단계, 넷째는 한글 맞춤법 통일안 단계, 「다섯째는 한글 맞춤법 단계 등이 그것인데, 첫째 단계로부터 부분적인 개정을 거쳐 현재의 다섯째 단계에 와 있는 것이다. 특별한 언급이 없으면, 한글 맞춤법은 다섯째 단계를 의미한다.

한글 맞춤법 통일안

1933 년 <조선어 학회>가 제정한 「한글 맞춤법 통일안」을 토대로 한 한국의 정서법 (正書法) 통일안. 한글 맞춤법 통일안은 많은 호응을 받아 널리 채택되다가, 1948 년 정부에서 공식적으로 채택함에 따라 그 뒤 우리나라 정서법의 법전 (法典) 이 되었다.

논 문

박창원, 김수현. 2004. 외래어 표기 양상의 변천. 새국어생활. 제 14 권. 59-102.

이동석. 훈민정음의 자음. 2017. 冠嶽語文硏究. 第42輯. 125-193.

이상규. 2013. ≪세종실록≫ 분석을 통한 한글 창제 과정의 재검토. 韓民族語文學. 第65輯. 5-56.

도움이 된 누리집

국립국어원

www.korean.go.kr

국어의 발전과 국민의 언어생활 향상을 위한 사업의 추진과 연구활동을 관장하는 대한민국 문화체육관광부의 소속기관으로 2004년에 발족하였다. 누리집에 들어가면 『표준국어대백과사전』, 『온라인가나다』, 『한국어기초사전』에 연결할 수 있다.

나무위키

namu.wiki

파라과이에 본사를 둔 Umanle S.R.L.이 운영하는 한국어 위키위키이다. 『나무위키』는 대부분 문서의 출처를 요구하지 않아, 신뢰성과 전문성 면에서 떨어진다.

네이버 지식백과

terms.naver.com/

네이버가 운영하는 서비스이다. 네이버 어학사전, 번역기와 함께 네이버 사전 서비스를 이룬다. 단일 백과사전이 아닌 여러 사전들을 종합 제공하는 방식을 취하고 있다. 『위키백과』와는 달리, 여러 가지의 백과사전과 전문 사전을 데이터베이스로 모아 제공한다.

위키피디아

www.wikipedia.org

전 세계적으로 가장 널리 알려진 인터넷 백과사전이다. 『위키백과』와 같은 말이다. 모든 사용자의 기여를 허용하는 집단지성의 백과이다. 각 언어별 판이 따로 존재하며, 한국어 『위키백과』 는 2002 년에 시작되어, 2020 년 기준 약 52만여 개의 문서들이 있다.

파파고

papago.naver.com/

네이버에서 운영하는 인공지능 번역기.

DeepL

www.deepl.com

기계 번역 서비스 DeepL Translator 등을 운영하는 독일의 기업이다.

찾아보기

간결체 153

감미주의 310

감성주의 310

갑골문 15, 34, 171-172, 175, 177, 179, 202, 260

개음절 15, 34, 253, 255-256, 261, 269, 295, 301

개음절어 295

개음절화 34, 255

격조사 86-90, 94, 132, 137-138, 146

겹낫표 73, 154

겹낱자 17-18, 264

겹따옴표 73

고립어 120

고어사전 18, 40-41

고유명사 9, 24, 28-29, 48, 50, 154, 287, 308

과두문자 173

관형절 123-124, 129-131

괄호 33, 54, 59-67, 69-78, 80, 85, 87, 152, 154, 162, 167-168

교착 120-121

굴절 120, 134, 228

권설음 7, 9-10, 23-24, 32

글쓰기 104, 149-151

금문 171-173, 195

기수사 143-144

기초한자 167, 174

김정호 47

남광우 18, 40

낭만 305-310

낭만주의 307-308

누가복음 259

단모음 18, 23-25, 31-34, 275-276

단위명사 13, 53, 64, 122, 144-145

단음절어 53

대괄호 59, 65, 67, 69, 75-76

대능합성어 56-57

대명사 54-55, 69, 79, 82, 94, 122, 127, 129, 136, 145-146

독립신문 20, 59-60, 74, 162-163

독립어 139

독음 20, 167, 181, 243, 259

동국여지승람 47

동국정운 11, 13

동문학 19, 60

동여도 47-48

동음이의어 35, 181

동종품사 54

동종합성어 56

된소리 34, 251, 254, 256-257, 266-268, 288-289

두문자어 85-86

두음법칙 1, 5, 18, 21, 24, 27-43, 183, 220, 232, 259, 308, 310

띄어쓰기 1, 20, 36, 45, 48-50, 53, 57, 59-60, 62-64, 66-67, 71-72, 74-76, 82, 85, 100, 149, 152, 162

레이다 281-284

레이더 281-284

로망스 306-307

리을 17-18, 22-25, 264

만연체 123-124, 151-153

말버릇 108-110, 113, 116-117, 301

말음법칙 267

말투 102, 108, 136, 189

명사 9, 13, 18, 24, 27-29, 42-43, 47-50, 52-57, 64, 69, 77-79, 82-83, 90-91,94

명사구 64, 83

모음 8-11, 14-15, 17-20, 22-26, 29, 31-35, 85-86, 165, 252-253. 255-257

목적어 93, 120, 122-124, 130, 139, 141-142, 152

무음화 31

바라나시 49

반쌍점 76

발췌 297-299, 302

보빙사 13

보어 139

보조사 87-89, 137

부사 18, 52, 54-55, 69, 79, 82, 86-87, 89, 93-94, 101, 105, 122-124, 129

부사격 조사 87

부사어 122-123, 131-134, 137, 139, 151-152, 155-156, 221

부사절 123-124, 129, 131-132, 157

부수 20, 166, 178-180, 324-329, 331-335

부호 1, 7, 54, 59-60, 63, 69, 71, 73-77, 85, 126, 133, 152-154, 162, 178, 255

붙여쓰기 36, 47, 49-50, 52-54, 56, 63, 74-75, 77, 83-85, 100, 152, 154

비한자어 39

사자성어 239, 243

상용한자 37, 175, 178-179

샘이깊은물 169

서술어 55, 83, 101, 122-124, 131, 139, 142, 151-152, 154-156

서재필 60

선어말어미 98-101, 134-136, 138

설음 6-15, 18, 20-26, 32, 35

설측음 6-12, 14-15, 18, 20-26

성삼문 14-15

세대어 107, 110, 114

소괄호 59, 61, 65-67, 69, 76-78, 85

소전 172

소학언해 14

손흥민 287

수사 52, 54-55, 69, 79, 143-144

수식어 122, 127-131, 151, 154, 156

수식합성어 54

순경음 6, 8, 12, 254, 264

순우리말 39

시대어 109-110

시제 88, 97-98, 100-105, 124, 136, 282

신숙주 13, 15

쌍글자 18

쌍리을 17-18, 22-25

쌍점 76

아학편 20, 22, 25, 264, 268, 270

알로하오에 49

앞말 1, 26, 50-51, 59, 61, 63, 65-66, 69-70, 73, 77, 83, 85-87, 91, 94, 152, 193

어간 7, 77-78, 82, 98-100, 103, 120, 129, 132, 134-135, 137-138, 143, 166, 173, 208, 217, 284

어말어미 98-101, 134-136, 138

어미 69, 77-80, 82, 89, 98-104, 120, 122, 129, 131, 134-139, 147, 152, 165, 193

어족 119-120

언문 41, 161, 165

연결어미 89, 100, 135, 152

연음 8-11, 256

연음규칙 9

영어 7, 9-10, 12-13, 15, 18-26, 31-32, 47, 55-56, 59-60

예서 172

예수 196, 259

외국어 21, 49, 91, 94, 148, 174, 249-250, 255, 257, 261, 266, 273, 301, 303, 311-312

외래어 21-22, 39, 49, 66, 98, 142-143, 165, 173, 247, 249-261, 263-270, 282-285, 287, 295-297, 301-302, 308, 310, 312

용언 51, 53, 55, 98, 129-132, 134, 138

운회 13

원음주의 266

유음 6, 267

육영공원 19-20, 60, 155

융합합성어 56

음성학 22-23, 276

음역어 227, 306, 308-310

음운 9-10, 27, 37, 121, 251, 255, 266-267

음절 9, 14-15, 18, 25-27, 34, 36-37, 42-43, 51, 53, 69, 85-87

의존명사 27-28, 50, 90-91, 137, 144, 181, 185, 187

이종품사 64

이종합성어 56

이중모음 31-34, 275

이희승 80

인칭대명사 122, 136, 145-146

일본어 10, 15, 18-20, 48, 82, 93, 120-121, 147, 174, 250, 253, 256, 264. 267

일본화 297, 302

입성 6-7

자모 6, 17, 33, 85, 173, 178, 214, 232, 251, 254-255, 263, 266-267

자음 1, 3, 5, 8, 12-13, 15, 17-19, 21-22, 27-28, 30-34, 39, 41, 43, 80, 86, 98, 243

재귀대명사 146

재플리쉬 296-297, 301

전성어미 131, 135

전이 10, 20-21, 26, 102, 301

전치 82, 94, 311

전치사 82, 94

접두사 28-30, 62, 230

접속조사 87-88

정감주의 310

정서주의 310

정약용 20, 150

정인지 262

조사 1, 40-41, 50-52, 54-55, 57, 60, 62-64, 69-94, 122, 128-129, 132

종결어미 99, 129, 135, 138

종결형 129-131

종성 5-10, 15, 32, 274-275

주어 55, 70, 88, 93-94, 101, 120-124, 129-132, 139-141, 148, 151-154

주체 69-70, 72, 79, 82-83, 87, 90-91, 100, 111-112, 131

준말 29, 85-86, 165, 183-185, 187-188, 190-191, 206, 209, 220, 225, 229, 232

중괄호 59, 65-66, 69

중성 274-275

집현전 16

청구도 47

체언 18, 69, 79, 82, 87, 89-90, 132-133

초성 5, 8-15, 18-26, 40-41, 73, 76, 264, 274

추임새 108, 116

탄설음 6-15, 18, 20-26, 35

탄설음화 9-11, 14, 20, 35

텃말 8, 19, 22, 39-43, 122, 142-144, 173-174, 186, 199, 211, 243

토박이말 39

파열음 251-252, 254, 256, 266-267
파이팅 302-303, 312
폐음절 15, 34, 253, 255-256, 269, 295
폐음절어 295
폐음절화 34, 269
표어문자 171, 178
표음주의 261, 265, 268, 270
표준국어대사전 79, 136, 142, 173, 181, 193, 217, 249, 260, 283, 306
품사 9, 42-43, 52, 54-55, 57, 64, 69, 79, 86, 93-94, 132, 138-139, 142, 173, 181
프리마돈나 49
피수식어 121, 127-128, 130-131, 154

한국민족문화대백과사전 47, 49-50, 65, 145, 167, 288
한글전용 161-164, 166-169, 171
한문 5-6, 12, 43, 69, 71, 94, 99-100, 115, 126, 131, 150 152, 161, 167
한자 7, 10-11, 14-15, 17, 19-20, 22, 24-25, 27-35, 37, 39-43, 47-50
한자어 7, 11, 14-15, 19, 22, 25, 35, 39, 41-43, 49, 66, 77-78, 81, 122
합성어 28-29, 42, 54-57, 200, 249, 283, 292, 297-298
합성조사 79
해서 5, 8-9, 11, 18, 27, 32, 35-37, 40, 53,

55, 64, 67, 82, 86, 92, 98, 102, 109
핸델 274-275, 279
헨델 273-275, 279
현재진행형 88, 110, 169
형태소 85, 100, 171
혼종어 143, 173-174
홑낫표 73, 154
홑따옴표 73
홑리을 23-24
화이팅 302, 312
후치 82-83, 127, 145, 311
후치사 82
훈 5, 7-8, 10-11, 13-17, 20, 22, 40, 76, 97, 102, 119, 143, 147, 161, 166, 181
훈몽자회 17
훈민정음 5, 7-8, 10-11, 13-17, 22, 40, 76, 119, 143, 161, 256, 262-263
흉민쓴 287, 290

Romance 306, 308, 312
SVO형 120
brace 59
bracket 59
cobalt 251
parenthesis 59
vonMollendorff, P.G. 19

한국말, 무엇이 문제인가?
세종의 실수

펴낸날 · 2025.02.01 초판
지은이 · 김 완 (金 莞)
펴낸곳 · 도서출판 하얀책
    E-mail · whitebooks21@naver.com
    블로그 · https://blog.naver.com/whitebooks21
인　쇄 · AutoPress

ISBN 979-11-975561-1-1 03700
값 · 20,000원